本书由云南大学"一流大学建设创新团队项目""一流大学国家级智库建设项目""人文社会科学研究国家级培育项目"资助

徐晓勇 晏月平 吕昭河 著

junheng renkou yu
yunnan kechixu fazhan yanjiu

均衡人口与
云南可持续发展研究

人 民 出 版 社

责任编辑：侯俊智
助理编辑：程　露
封面设计：王春峥
责任校对：秦　婵

图书在版编目（CIP）数据

均衡人口与云南可持续发展研究/徐晓勇，晏月平，吕昭河 著. —北京：
　人民出版社，2021.12
ISBN 978 - 7 - 01 - 023779 - 4

Ⅰ.①均…　Ⅱ.①徐…②晏…③吕…　Ⅲ.①人口社会学-研究②区域
经济发展-可持续性发展-研究-云南　Ⅳ.①C92-05②F127.74

中国版本图书馆 CIP 数据核字（2021）第 194760 号

均衡人口与云南可持续发展研究
JUNHENG RENKOU YU YUNNAN KECHIXU FAZHAN YANJIU

徐晓勇　晏月平　吕昭河　著

人民出版社 出版发行
（100706　北京市东城区隆福寺街 99 号）

廊坊市靓彩印刷有限公司印刷　新华书店经销

2021 年 12 月第 1 版　2021 年 12 月北京第 1 次印刷
开本：710 毫米×1000 毫米 1/16　印张：17.5
字数：270 千字

ISBN 978 - 7 - 01 - 023779 - 4　定价：55.00 元

邮购地址 100706　北京市东城区隆福寺街 99 号
人民东方图书销售中心　电话（010）65250042　65289539

目　　录

前　言………………………………………………………………… 1

第一章　均衡人口概念、内涵及理论演进 ……………………… 1

　　第一节　均衡人口概念和内涵………………………………… 1

　　　　一、均衡人口的相关概念………………………………… 1

　　　　二、均衡人口的内涵……………………………………… 5

　　　　三、均衡人口的特征……………………………………… 17

　　第二节　均衡人口的理论演进 ……………………………… 20

　　　　一、20 世纪之前的人口理论与思想 …………………… 21

　　　　二、20 世纪以来的人口理论——生育率理论 ………… 25

　　　　三、人口转变理论………………………………………… 28

　　　　四、适度人口理论………………………………………… 29

　　　　五、人口承载力理论……………………………………… 30

　　　　六、可持续发展理论……………………………………… 31

　　　　七、人口安全思想………………………………………… 33

　　　　八、"两个统筹"思想…………………………………… 35

第二章　均衡人口与区域发展关系的理论探讨 ………………… 37

　　第一节　均衡人口视角下人口系统的要素构成与系统关系 … 37

　　　　一、均衡人口视角下的系统要素构成…………………… 37

　　　　二、均衡人口视角下的系统相互作用关系 …………… 40

第二节　均衡人口与区域发展的关系 ·················· 49

一、人口特征与区域发展 ····················· 50

二、区域发展中的人口失衡问题 ················ 57

三、人口失衡对区域发展的影响 ················ 70

第三章　均衡人口与云南可持续发展Ⅰ:基本态势与内部均衡特征········ 81

第一节　云南人口均衡发展的新态势和新内涵 ·········· 81

一、云南均衡人口的新形势 ·················· 82

二、云南人口均衡发展在新时期的新内涵 ·········· 87

第二节　云南人口内部均衡性分析 ·················· 88

一、云南人口数量增长状况及其对人口内部均衡性的影响 ····· 89

二、云南人口素质状况对人口内部均衡性的影响 ······· 97

三、云南人口自然结构状况对人口内部均衡性的影响········ 109

四、云南人口空间特征其变动及其均衡性分析··········· 120

第四章　均衡人口与云南可持续发展Ⅱ:人口外部均衡特征 ·········· 151

第一节　云南资源环境系统发展状态及其与人口系统均衡性评价 ··· 151

一、云南省主要自然资源开发利用状况················ 152

二、云南省生态环境状况 ··················· 160

三、云南人口系统与资源环境系统均衡性分析··········· 175

第二节　云南经济系统发展状态及其与人口系统均衡性评价········ 183

一、经济新常态下云南经济发展新特征··············· 184

二、云南人口系统与经济系统均衡性评价 ··········· 189

第五章　均衡人口与云南可持续发展Ⅲ:基于协调度的实证分析和对策

研究 ·································· 196

第一节　基于协调度对云南均衡人口的测度分析 ········ 196

一、指标体系的构建·························· 196

二、分析方法····························· 199

三、结果与分析 ··························· 201

第二节　研究启示与对策思考……………………………………… 209

第六章　"产业新区"人口与经济协调发展研究——基于"滇中产业
　　　　新区"案例的分析…………………………………………… 217
　　第一节　滇中产业新区形成的背景与任务目标………………… 218
　　　　一、滇中产业新区形成的背景………………………………… 218
　　　　二、滇中产业新区建立和后续发展…………………………… 220
　　　　三、滇中产业新区的地域范围及其发展状况………………… 221
　　第二节　滇中产业新区人口结构现状及特点…………………… 222
　　　　一、滇中产业新区人口自然结构……………………………… 223
　　　　二、滇中产业新区人口社会结构……………………………… 230
　　　　三、滇中产业新区人口经济结构……………………………… 234
　　　　四、滇中产业新区人口空间结构……………………………… 238
　　第三节　滇中产业新区产业结构与人口结构的相互影响……… 241
　　　　一、产业结构对人口结构的影响……………………………… 241
　　　　二、滇中产业新区人口结构对产业结构调整的影响………… 246
　　第四节　滇中产业新区产业结构与人口结构互动耦合的对策
　　　　　　思路…………………………………………………………… 248
　　　　一、优化人口结构,促进产业结构升级 ……………………… 248
　　　　二、调整产业结构,实现人口结构效率最大化 ……………… 251

参考文献……………………………………………………………… 254
后　记………………………………………………………………… 266

前　　言

　　人口是决定社会经济发展的基础性、长期性和战略性要素,对于人类社会发展状态的影响毋庸置疑。当人口的数量、质量、结构、分布等特征及其变动与特定时空内的经济、社会、环境发展特征相协调时,人口变动是社会经济发展的重要驱动力量,当区域人口特征无法满足经济、社会、资源、环境等其他发展要素的需求时,人口就会成为发展的障碍和问题。因此,寻求人口与经济、社会、资源、环境之间的协调和均衡关系,通过人口均衡发展创造有利于推动社会经济长期发展的人口条件,是统筹解决人口问题、实现人类社会可持续发展的有效举措。

　　当前,中国的发展进入了一个重要的转折点,关键性的发展要素都已经或正在发生重大转变。从人口要素来看,随着人口转变的快速完成以及人口流动规模、频率的日益提高,中国人口表现出三个重要的变化和特征:第一,中国成为典型的少子老龄化国家,老年人口数量增长进入加速期,劳动力无限供给时代已经结束;第二,中国即将进入人口零增长、负增长时代,尽管按照目前人口数量变动的趋势,中国人口总量的增长只能维持 10 年左右,但人口总量的规模在较长时期内将仍然保持在 14 亿人以上,人口生存和发展的压力仍然巨大;第三,人口城镇化与人口空间分布的变动进入一个加速期,区域人口分布格局正在"重塑"。从经济要素来看,经济生产和消费正处于转型升级的关键时刻。生产方面,劳动力无限供给时代形成的通过增加劳动力、资源、资本、环境承载投入获得经济增长的要素投入型经济增长模式,已经无法为经济长期高质量增长提供动力,经济增长更多地转向依赖人力资本、科技进步和制度创新,需求集约型和创新驱动型成为新的经济生产模式。在消费方面,随着

2019 年中国跨越中等收入国家门槛,消费升级成为一种必然趋势,个性型、舒适型、健康型消费成为居民消费的主要类别。从社会要素来看,社会的开放包容越来越强,对个人意愿的尊重显著提高,个人的偏好和需求成为婚育、迁移、居住、就业以及消费决策的主要决定因素。从资源环境来看,一方面,空气污染、水体污染、植被破坏等生态破坏行为得到扼制,但经济社会长期快速发展对生态系统的压力不断积累,导致重大生态退化风险增大,尤其是地下水污染、土壤污染、小剂量持续性有机污染以及原生态系统破碎化等领域风险极高;另一方面,人口规模和消费升级导致环境承载的稀缺性持续提高,在生态安全的条件下提高环境承载资源的总量和利用效率面临着重大挑战。

在一段时期之内,人口、经济、资源、环境等影响中国发展的关键性要素都处于剧烈变化的态势,人口与经济、人口与社会、人口与环境、环境与经济等要素之间的关系也处于不稳定的状态。如何根据新阶段中国发展的历史性变化,以及由此产生的新需求、新目标、新问题,寻求发展要素之间的协调与均衡,产生国家和区域发展的新动能,是中国发展亟须解决的战略性问题。均衡人口与人口均衡发展的研究就是面对这一现实问题,从人口自身发展和与其他发展要素之间关系的均衡与协调的角度探讨有利于国家、区域长期可持续发展人口形态和人口条件的理论和实践体系。

均衡人口与人口均衡发展概念的提出,是基于中国人口情势的重大变化,在统筹解决人口问题理念基础上的重要理论创新。由于人口规模过于庞大,人口发展与经济发展不同步,人口问题一直是中国发展中最急迫需要解决的难题。因此,在 20 世纪 70 年代以后,控制人口数量、提高人口质量成为缓解人口抚养负担、提高经济生产效率的指导思想。由此使得中国快速收获了人口红利,并创造世界发展史上罕见的经济长时间持续高速增长的奇迹。然而,随着发展的推进,中国人口与经济发展情势都发生了重大变化。生育率的快速持续下降,使得中国快速进入超低生育率国家,由此带来了人口老龄化加速、劳动力规模收缩、人口性别比失调、人口城镇化严重滞后于工业化等新的问题。这些问题与人口规模问题相互交织,使得人口问题的解决更加复杂,也迫使中国的人口政策重心由单一的数量控制导向转变为追求人口均衡的复合型政策导向。这种变化可以从中国主要人口国策文件中关于人口政策目标描述的变化中反映出来。1991 年中共中央、国务院《关于加强计划生育工作严格控制人口增长的决定》中政策目标的表述为"严格控制人口增长";2000 年《关于加强人口与计划生育工作稳定低生育水平的决定》中政策目标的表述为"稳定低生育水平";2007 年《全面加强人口和计划生育工作统筹解决人口问题的决定》中政策目标的表述为"统筹解决人口问题"①;2012 年党的十八大报告中人口政策目标的表述为"坚持计划生育的基本国策,提高出生人口素质,逐步完善政策,促进人口长期均衡发展"。

当人口政策的指向不再单一追求人口规模的适度,而是将构建和形成有利于国家和区域长期发展,包含了数量、质量、结构、分布等人口特征以及人口与经济、社会、环境等发展要素之间关系的人口条件作为价值目标,人口均衡发展的理论体系就应运而生了。人口均衡发展通过寻求人口系统内部要素的均衡以及与外部系统的均衡,成为新时期人口发展目标的最佳选择②,也成为推动国家和区域发展的改革与动力来源。

对于区域而言,随着中国对外开放以及内部区域开放程度的不断提高,区域发展系统也日渐由封闭、半封闭系统转变为完全开放的系统,区域社会经济的发展越来越受到区域内和区域外两种因素的影响。从人口系统来看,区域人口特征受到自身人口演变以及与区域外系统的人口流动两种力量的影响,人口流动的影响力日益增强,在局部地区成为决定人口系统特征的决定性因素。进入 21 世纪后,人口在区域间的流动规模增长迅速,2010 年之后年全国流动人口总规模长期维持在 2 亿人以上,其中跨省流动人口接近 1 亿人,人口迁移成为影响人口数量、结构、质量分布的重要因素。珠三角、长三角、环渤海区三大经济核心区以及不同省区的中心城市成为流动人口的主要迁移目的地,人口的流入提高了这些地区的人口增长率,极大地减缓了这些区域人口老龄化的趋势,使得经济生产、社会生活的活力大大提高。而三大经济核心区周边的河北、安徽以及东北地区的吉林、黑龙江,西南地区的四川、贵州、重庆等

---

① 侯亚非:《人口城市化与构建人口均衡型社会》,《人口研究》2010 年第 6 期。

② 翟振武、杨凡:《为什么要建设"人口均衡型社会"?——解决人口问题本质上是追求人口均衡发展》,《人口研究》2010 年第 3 期。

省市由于人口的大量流出,出现了面积较大的人口收缩区,人口的净流出使得部分省市提前进入人口负增长阶段。随着人口转变相继完成,中国各区域的人口自然变动特征已经趋同,但是人口流动的差异性使得各区域实际人口特征表现出越来越大的差异性。

从经济系统来看,市场早已成为配置经济资源的决定性方式,各区域的消费市场、资本市场、劳动力市场、生产体系、物流网络已经高度一体化,阻碍生产要素流动的制度性障碍已经降到了极低水平。各区域的经济发展都是建立在区域经济发展日渐融合的基础之上。京津冀协同发展、长江经济带建设、"一带一路"建设、粤港澳大湾区建设等国家区域发展战略,以及城市群、都市经济圈等都市经济一体化战略的开展都明确表明区域发展已经进入了融合发展的阶段,区域间的产业分工、产业集群、经济功能差异与协调使得区域经济系统成为一个完全开放的系统。

从环境系统来看,自然生态功能及其服务天然就具有空间溢出效应,随着区域经济一体化以及生态建设目标的一体化,区域资源环境系统状态也日益受到区域内外两个系统的交互影响。为了合理利用国土资源,提高全国生态系统对于人口与经济发展的承载能力,国家和各地区都制定了主体功能区规划。根据国土空间经济生产和生态服务生产效率的差异,将不同区域划分为重点开发区、优化开发区、限制开发区、禁止开发区四种类别,确定了不同类别国土空间的主要功能。生态功能重要、生态敏感性强、生态保护效率高的部分地区主要从事生态保护和生态服务产品的生产,如江河源头的森林保护、水源涵养、森林碳汇建设、生物多样性丰富的生物栖息地的物种保护等,并将这些生态服务效益辐射到相邻区域乃至全国;而东部沿海地区、主要城市地区则以经济生产为主要功能,这些地区在享受到生态功能区的生态服务和惠益的同时,为区域乃至全国提供各种经济产品和服务。

在区域经济、生态功能定位以及发展需求差异化的条件下,人口作为流动性最强、最活跃的要素,可以借助人口数量、质量、结构、分布在区域层面具有一定可变性和可塑性的特征,通过对区域人口要素特征的调整,实现均衡人口特征,通过人口均衡发展推动区域人口与经济、人口与社会、人口与环境的协调化和均衡化,并最终促进区域的长期可持续发展。为此目的,本书以人口均衡发展的主要理论、观点,以及均衡人口实践应用的宏观战略目标和政策策略、中观运行机理、微观行为方式与区域发展的互动关系为研究的出发点,构架本书的主要内容。

　　本书内容主要分为三个方面。第一,分析人口均衡发展的复杂性关系,包括人口内部的均衡系统,人口—经济的均衡关系,人口—社会的均衡关系,人口—资源—环境的均衡关系;第二,基于上述关系的分析结论,分析宏观人口政策调控与微观人口行为机制之间的均衡机制,以及时空维度的人口均衡关系;第三,以云南省人口与经济、资源、环境、协调发展研究,滇中产业新区人口结构与产业结构协调发展研究两个案例的实证研究来阐释均衡人口与区域发展之间的关系。

第一章　均衡人口概念、内涵及理论演进

　　均衡人口是基于中国快速现代化和社会经济高速发展背景下提出的概念。尽管其概念和内涵具有极强的中国特色,并力图解释和解决快速变迁的中国社会不断涌现的各种人口和与人口相关的发展问题,但均衡人口本质上还是探索一个普遍性的问题,即在社会的长期发展中人口如何与其他社会经济发展要素形成匹配关系。对均衡人口的概念、内涵及其理论演进脉络的梳理是理解中国不同发展阶段人口特征和人口政策价值导向转换的重要基础。

第一节　均衡人口概念和内涵

　　均衡人口是人口学中的重要概念,在人口理论、人口与社会政策、人口规划等方面的研究和实践中发挥着重要作用。同时还是与人口学交叉所形成的人口经济学、人口社会学、人口资源与环境经济学、人口地理学等交叉学科中的重要内容,具有丰富的内涵。

一、均衡人口的相关概念

　　人口均衡发展的理念提出后,越来越多的学者在此领域提出很多的相关概念,如人口均衡、均衡人口、人口均衡发展、人口均衡型社会等,厘清这些概念有助于准确理解均衡人口的内涵。

(一)人口均衡和均衡人口

　　人口均衡是"均衡"这一物理概念引入社会经济领域产生的新的术语。在物理学中"均衡"指的是一个系统内部各种要素或力量之间的相互作用达

到平衡,使得系统处于一种稳定状态。当我们将人口系统视为一个具有自组织能力的独立系统或者人类—自然复合系统的一个子系统进行系统审视时,人口均衡的概念就应运而生了。最早对人口均衡进行明确定义的是翟振武、马力等学者。

翟振武等认为人口均衡是指"人口的发展与经济社会发展水平相协调、与资源环境承载能力相适应,并且人口总量适度、人口素质全面提升、人口结构优化、人口分布合理及人口系统内部各个要素之间协调平衡发展"[①]。马力等认为人口均衡是指"在一定社会生产方式条件下,一定价值取向指导下,依据人口数量、质量、结构、分布等内部关系,决定人口供给;依据人口系统与经济、社会、资源、环境系统等外部关系,决定人口需求;人口需求与人口供给之间实现均等、可持续状态"[②]。尽管不同学者对于人口均衡概念的描述存在一定的差异,但是其基本内核是一致的,都是表达人口均衡是一种均衡状态,在此状态之下人口系统的要素特征与经济、社会、资源、环境系统的要素特征相协调,人口系统内部诸要素之间保持协调和相互适应。

均衡人口指的是基于社会可持续发展目标和视角下,实现人口与经济、人口与资源、人口与环境、人口与社会协调发展的人口特征,此时人口系统具有人口数量适度,人口质量满足发展需求,人口结构优化,人口流动适度、分布合理,人口的宏观社会效用和微观家庭效用统一的基本特征。在现有的文献中均衡人口这一专业术语的使用不算太多,更多的是作为人口均衡的一个派生词进行使用。因此,可以认为均衡人口和人口均衡均有共同的概念和内涵,只是人口均衡更多地表达人口的均衡性是什么,而均衡人口则表达了处于均衡之中的人口特征是什么。

(二)人口均衡发展

在人口均衡概念得到明确的同时,人口均衡发展的概念也随之而来。顾名思义,人口均衡发展就是在人口保持均衡状态下的一种发展。可以从两个

---

① 翟振武、杨凡:《解决人口问题本质上是追求人口均衡发展》,《人口研究》2010 年第 3 期。

② 马力、桂江丰:《以科学发展为主导构建人口均衡型社会》,《人口研究》2010 年第 5 期。

角度来理解这种均衡的发展状态。

首先,可从人口均衡发展的内涵特性进行理解。人口均衡发展中存在两个要素:其一就是平衡性,表达了人口诸要素之间以及人口要素与其他要素之间关系的平衡性和稳定性,是一种静态的均衡;其二是动态性,表明了人口系统极其隶属的人类—自然复合系统处于不断的演化之中,在此过程中人口系统与人类—自然复合系统从一种低级的均衡状态向更高级的均衡状态转换,人口系统处于不断优化的过程。因此,马力等认为人口均衡发展是指"随着经济社会的不断发展和资源环境的持续变化,人口运行不断打破原有均衡状态,在新的平台上构建新的均衡状态,由低级人口均衡转变为高级人口均衡的跃迁过程"[①]。

其次,可从人口发展均衡性的作用要素维度进行理解。从狭义角度,人口均衡发展可以理解为:一个国家或地区人口各要素及其变化之间的动态平衡,并使人口的再生产、质量、结构和分布向更高级均衡状态发展的过程。广义的人口均衡发展不仅包括了狭义人口均衡发展的全部含义,而且扩展到人口发展与社会经济发展及资源环境的关系。因此,李建民认为人口均衡发展是指"一个国家或地区人口各要素变化之间的动态平衡,并使人口的再生产、质量、结构和分布及其与社会经济发展及资源环境关系向更高级均衡状态发展的过程"[②]。

还有一些理解强调了人口均衡发展的时间尺度,并衍生出了人口长期均衡发展的概念。原国家计生委认为人口长期均衡发展是指"在相当长的一段时期内,人口的发展与经济社会发展水平相协调、与资源环境承载能力相适应,并且人口规模适度、人口素质优良、人口结构优化、人口分布合理及人口系统内部各个要素之间协调平衡发展"[③]。从本质上讲,人口均衡发展的概念涵盖了时间的尺度,已经表达了人口要素及相关时候的发展要素在时间尺度上的动态均衡,与人口长期均衡没有什么不同,唯一的区别在于人口长期均衡关

---

① 马力、桂江丰:《以科学发展为主导构建人口均衡型社会》,《人口研究》2010 年第 5 期。

② 李建民:《论人口均衡发展的概念与要义》,《人口研究》2010 年第 3 期;李建民:《论人口均衡发展及其政策涵义》,《人口与计划生育》2010 年第 5 期。

③ 李斌:《认真贯彻落实十七届五中全会精神促进人口长期均衡发展》,《中国计划生育学杂志》2011 年第 1 期。

注点聚焦于跨越人口世代的较长时间尺度上。

尽管不同的学者从不同研究视角给出的定义有所区别,但都认可人口均衡发展需要实现两个均衡和一个发展。两个均衡是既要实现人口、经济、社会、资源、环境间的均衡发展,即外部均衡发展;亦要实现人口自身内部的均衡发展,即人口内部均衡发展。一个发展是实现国家或区域社会的可持续性发展水平和台阶的跃迁。

(三)人口均衡型社会

人口均衡型社会是基于资源节约型、环境友好型"两型社会"和人口均衡发展的理念提出的概念。进入 21 世纪后,中国社会的快速发展,导致了严重的资源短缺和环境污染问题,对中国社会的长期健康发展形成了巨大的挑战。因此,通过节约资源和保护环境为抓手改变中国的生产、生活方式,形成注重生态可持续性的社会运行模式成为中国社会变革的重要理念。在此背景之下,中国政府和社会各界明确提出了建设资源节约型、环境友好型社会的目标。实际上,在中国社会快速现代化和全球化的情况下,人口系统与资源环境系统一样,被快速发展的经济系统所裹挟,人口数量、质量、结构、分布等方面的矛盾日益突出,并约束着社会经济的健康、持续发展。因此,以人口特征的调整寻求人口与经济、人口与环境、人口与社会协调,并推动社会经济可持续发展的人口均衡型社会模式的概念就产生了。

陆杰华、黄匡时将人口均衡型社会定义为:"人口均衡型社会是一种以人口均衡为特征的新的人类社会发展形态,是可持续发展社会的具体表现形式,不仅是人与人均衡的社会,也是人与经济、社会、资源和环境均衡的社会,其核心内涵是由于人口的再生产和消费而导致的人口数量、结构、素质和分布的均衡以及人口与经济、社会、资源和环境等系统的均衡。人口均衡型社会是由人口均衡型社会建设主体、人口均衡型社会制度、人口均衡型社会机制、人口均衡型观念、人口均衡型社会公共政策和人口均衡型社会建设目标等组成。"[1]

目前通常将人口均衡型社会与资源节约型社会和环境友好型社会并称为

---

① 陆杰华、黄匡时:《关于构建人口均衡型社会的几点理论思考》,《人口学刊》2010 年第 5 期。

"三型社会",指明了通过人口、资源、环境三种要素特征的变革推动调整中国社会发展的转型和升级的方向。然而人口均衡型社会与资源节约型和环境友好型社会两者之间仍然存在一些区别。有学者认为两者的区别在于人口均衡型社会所涉及的要素和系统范围更宽。资源节约型和环境友好型社会偏重于人口系统的外部平衡,即资源环境系统与经济系统的协调与平衡,而人口均衡型社会以人口为纽带,连通了人口、经济、社会、资源、环境等社会发展的主要驱动要素,既要求人口系统内部各要素之间的均衡,如人口数量、结构、分布等要素的平衡稳定;又要求人口系统与经济、社会、资源、环境等外部诸多系统的协调发展。①

二、均衡人口的内涵

毫无疑问,均衡人口就是使人口系统和整个社会发展系统处于一种结构稳定和有序发展的状态的人口,在中国发展模式转变的关键时期,均衡人口具有了更加丰富的内涵。对均衡人口的内容和特征进行分析有助于准确把握其内涵。根据均衡人口的定义,人口理想的发展状态是实现"两个均衡",即人口系统的内部均衡和人口系统的外部均衡,"两个均衡"是均衡人口的主要内涵。

(一)人口内部均衡

人口内部均衡是指人口系统内部各要素处于平衡和有序状态,在此状态之下人口的数量、质量、结构、流动、分布等特征使得人口系统保持稳定发展态势。人口出生与死亡的均衡、人口结构的均衡、人口空间分布的均衡、人口数量与质量的均衡是决定人口内部均衡状态的主要力量。

1. 人口增长的均衡特征

人口出生与死亡的均衡状态决定了人口规模的变动方向。人口作为一种生物种群,有着生命特有的新陈代谢和群落规模的变化特征,即人口个体的出生与死亡以及由此导致的人口群体规模的涨落。因此,人口规模的变化取决于生育和死亡两种人口行为的相互作用。当人口的生育率与死亡率基本相等

---

① 陆杰华、朱荟:《建设人口均衡型社会的现实困境与出路》,《人口研究》2010年第4期。

时,人口规模就能保持相对的稳定,当生育率与死亡率存在较大差异的时候,人口规模就会出现幅度较大的增长或者萎缩。从人类生育率与死亡率的变化规律来看,两者可以形成两种均衡状态。第一种均衡状态是高出生率与高死亡率同时存在,此时人口系统表现出"高出生率、高死亡率、低自然增长率"的传统人口再生产模式。在这种生产模式中,人口种群依赖于接近自然生育率的超高生育水平抗衡人类面临的各种死亡风险,维持人类的生存和延续。这种均衡状态主要发生在工业化和现代化完成之前的时期和区域。由于这种均衡是以大量人口出生对抗死亡,更接近生物种群规模的自然均衡,是一种低水平的均衡。第二种均衡状态出现在人口死亡率和出生率同时保持较低水平时。当工业化和现代化导致人类科学技术和医疗水平的快速提升,人口的死亡率会快速降低,原有的生育率与死亡率的平衡被打破;但一定时期之后随着社会和个人控制生育行为的增强,人口生育率也随之降低,以"低生育、低死亡、低增长"为特征的现代人口再生产模式得以确立,新均衡也得以出现。这两种均衡过程的转化就是人口转变的进程。可以看出,现代人口再生产模式导致的均衡高度依赖人类社会的科技进步和经济发展,是一种社会均衡,人口转变实际上就是人口自然增长从低水平均衡向高水平均衡发展的过程。①

在生育率和死亡率形成的均衡中,不同时期的决定力量是不同的。在人类进入现代社会之前,人类避免死亡风险的技术、经济和社会组织能力较弱,死亡率是人口规模变动的决定力量;进入现代社会之后,人类可以将死亡率控制在较低水平,此时决定人口规模变动的主要力量转变为了生育率。由于获得健康和长寿是人类普世价值,降低死亡率也成为人类的基本追求,任何国家和地区不会把提高死亡率作为平衡人口增长的手段,而生育率则是更具弹性和可控性的变量。就生育调控而言,可以通过经济、文化、法律等手段刺激高生育率和鼓励低生育率,这也是各国人口政策的主要内容。因此,生育率成为调控人口数量变动的重要杠杆。在死亡率和死亡模式趋于稳定的现代社会中,人口系统存在着一个"均衡生育率",使得人口数量变动达到适度人口和稳定人口两种均衡状态。适度人口所形成的均衡状态涉及人口规模与经济发

---

① 李建民:《论人口均衡发展的概念与要义》,《人口研究》2010 年第 3 期。

展、生态环境等协调问题,"均衡生育率"的数值取决于人口系统与经济系统、生态系统的关系。而形成稳定人口的"均衡生育率"则普遍是更替水平生育率,或是围绕着 2.1 的更替水平小幅波动的生育水平。

2. 人口自然结构的均衡特征

人口自然结构指的是人口内部具有不同特征个体数量的比例关系。由于人口的年龄、性别是人口中每一个个体中所固有的特征变量,也是影响人口再生产的重要因素,因此人口年龄结构和性别结构的均衡性成为影响人口内部均衡的重要内容。

(1)人口性别结构均衡

男女两性是人类生育繁衍的基础,两性人口数量的均衡,尤其是婚育年龄的两性人口数量的均衡是维持现代婚姻模式和社会性别平等价值理念的重要基础。理想的人口性别结构为男性人口与女性人口的规模基本相当,也就是性别比为 100 左右。两性人口数量的不均衡,尤其是婚育年龄男女比例的严重失调会导致严重的社会危机,并使得人口数量变动处于不稳定状态。无论男性人口或是女性人口比例过高,都会形成婚姻挤压现象,使婚姻市场上存在由于缺少竞争力而找不到配偶的人数大幅增加,如果这些无配偶的人群数量过于庞大,不仅会影响社会的安定、扰乱既有的婚姻秩序,还有可能由于这部分人没有生育后代,在其进入人口死亡队列时,因为没有后代在人口队列中予以替代,导致非正常人口萎缩。

正常情况下人口性别结构通常是处于比较均衡的状态,但性别偏好、战争等社会因素是导致性别失衡的主要原因。人类在长期的进化过程形成了出生婴儿性别比基本均衡的特征。按照各国的统计,新生儿的性别比基本维持在 105 左右[①](即每出生 100 个女婴相对应的男婴的数量为 105)。由于未成年男性人口的死亡率略高于女性,因此 105 的出生婴儿性别比可以保障到了婚育年龄后两性人口数量的大致均衡。然而,在很多文化中存在着明显的男性偏好,出现性别选择性妊娠、生育以及家庭养育资源向男性儿童倾斜,这些性别偏好的行为模式最终会导致人口的整体性别比发生偏离。此外,战争导致

---

① 张翼:《人口结构调整与人口均衡型社会的建设》,《人口研究》2010 年第 5 期。

大量年轻男性人口的死亡也会导致局部地区出现人口性别比的非正常升高。

（2）人口年龄结构均衡

除了寻求人口性别结构均衡外，维持不同年龄人口在总人口中的合理分布也是实现人口自然结构的均衡的重要内容。不同年龄的人口在人口再生产、物质再生产中发挥着不同的作用，因此在确保人口系统稳定发展的目标下，必然存在一种"最优"或者"较优"的人口年龄结构，这种人口年龄结构即为人口结构的均衡状态。人口年龄结构的均衡要实现两个发展目标：一是保证人口再生产的稳定和持续，也就是人口数量的平稳发展，不出现大起大落的情况；二是保障经济再生产的稳定和持续，也就是使得人口与一定生产力水平与经济发展阶段相适应。

人口年龄结构对于人口再生产及其导致的人口数量变动的影响是显而易见的。首先，成年人口尤其是婚育年龄人口的比例影响既定人口规模下的人口出生率，在死亡模式既定的条件下成为决定人口自然增长的重要人口学因素，尤其是育龄妇女人口比例高的区域，人口出生率与自然增长率通常都较高。其次，不同年龄人口结构的稳定性决定了人口数量变化的稳定性。如果社会经济条件不发生大的变化，人口年龄结构及其变动通常具有较强的稳定性，这样在人口队列随着年龄增长而发生变化过程中，人口系统中婚育年龄人口的比重可以基本保持稳定，最终使得人口数量的变化比较稳定。而当战争、疾病、人口迁移导致人口系统特定年龄人口规模和比重出现巨大变化的情况下，可能导致人口出生率的大幅变动，并导致人口长期数量变动出现较大波动。因此，在探讨中长期人口数量变动时一定不能忽视人口结构及其变动在其中的作用。

人口年龄结构对人口经济关系的协调具有重要的影响。根据人口的经济行为能力，人口可以分为少儿人口、劳动人口与老年人口三个年龄组。由于在不同的时间维度上三者之间存在抚养与被抚养关系，因此人口年龄结构实际上在一定程度上决定全社会可进行经济生产的劳动力的规模以及需要抚养的非劳动人口的比重。在一定生产力水平与经济发展阶段，需要与之相适应的人口年龄结构。特定时期，高劳动年龄人口比重导致的低人口抚养负担往往成为推动经济发展的有利条件，并产生经济发展的人口红利。

对于人口年龄结构均衡而言,没有一个确定的标准,应该将人口年龄结构特征放到不同的人口发展阶段进行理解。以人口转变为时间分割点,可以将人口发展分为了人口转变前、人口转变、人口转变后三个阶段,由于人口再生产模式的差异,在不同的人口发展阶段人口年龄结构有着明显的差异。

在人口转变发生之前的阶段,人口表现出"高出生、高死亡、低增长"的增长特征,此时人口发展的目标为提高人口生育水平,抵抗人口死亡带来的人口数量剧烈波动和负增长,保证人口规模的稳定发展。此时,上窄下宽的"金字塔形"年龄结构是一种"最优"人口年龄结构,其表现为年龄组越低人口规模越大、老年人口比重极低,这样的人口年龄结构是有利于提高人口系统的出生率,对抗高人口死亡率导致的人口数量损失。

人口转变阶段是人口发展的内外环境变化年龄结构变化最为剧烈的时期,人口增长特征由"高出生、高死亡、低增长"向"低出生、低死亡、低增长"转变,此时人口发展的主要目标是完成人口再生产模式从传统型向现代型转变,实现人口发展与经济发展、生态环境的协调。人口转变阶段人口年龄结构变化也最为剧烈,随着人口平均预期寿命的持续延长,老年人口比重也逐渐提高,同时生育率的下降导致少儿人口的减少,人口年龄结构从"金字塔形"向"纺锤形"变化。此阶段"最优"人口年龄结构取决人口规模与生态承载力的关系以及劳动年龄人口比重与经济发展模式的关系。总体而言,人口年龄结构是否有利于缓解人口转变过程中人口爆炸产生的生态冲击和减轻经济转型期人口抚养负担是一个基本的判别标准。

在人口转变完成之后的阶段,人口增长表现为"低出生、低死亡、低增长"特征,高人口预期寿命成为这一阶段中最显著的人口现象之一。随着人口寿命提高到达极限,各年龄段人口死亡率降至极低水平,人口年龄结构再次趋向于"金字塔形"结构,但与人口转变前阶段不同的是这一时期每一个年龄组人口数量相差小、人口年龄中位数较高,此时人口系统中的老年人口抚养比达到较高水平,需要社会生产力的极大提高予以支持。这样的人口年龄结构显然是由于人类对健康长寿的追求以及社会生产效率、医疗保健水平的飞跃共同导致的。

3.人口空间分布与人口流动的均衡特征

人口空间分布是特定时点人口在地理空间上的分布状态。如果把一国总体人口视为一个系统,这个系统实际上是由该国所属不同区域上众多的人口子系统所构成,不同区域人口数量、质量、结构、出生、死亡、流动、人口集疏形态等人口特征在空间上的一致性和差异性就构成该国的人口空间分布特征。在所有人口特征的空间分布中,人口数量分布是最基础也是最为关键的,通常使用人口的地理密度予以表征。从区域均衡发展的角度而言,不同区域人口子系统在人口特征上也应该形成一种均衡状态。然而,应该注意的是,人口空间分布的均衡并不意味着要寻求不同区域人口特征无差异性,而是追求这些人口特征在特定区域内形成协调关系并最终达到人口在整个地理空间分布上的合理状态。

以人口数量为例,均衡人口需要的不是人口数量在地理空间上的平均分布,而是一种与自然、经济、社会要素关系平衡状态。由于在社会、经济、文化、历史和自然地理条件等方面的差异,不同区域的人口数量天然具有极大的差异性,如中国人口分布的"胡焕庸线"实际上刻画了中国人口分布在东西部两大地域空间上的差异性,尽管单从人口密度指标来看,中国东部地区远远高于西部地区,人口分布呈现出严重的"不平均"状态,但是考虑到中国东西部两大区域的经济、社会和生态承载能力差异性,尤其是自然地理和自然资源禀赋的差异性,这种人口密度的区域差异又是必然的,因此,中国东西部人口分布呈现出"绝对不均,相对平衡"的显著特征。

以人口疏密空间特征而言,均衡人口需要符合人口城镇化发展的人口城乡分布。人口的城镇化是人口空间集聚的一个基本态势,人口的城镇化必然导致人口分布在城乡空间上差异化的增大,城市和城市周边地区成为人口高度密集的区域,而广阔的农村地区所占人口份额则日益缩小,不同区域在人口疏密空间特征上需形成疏密有致,并与经济发展阶段、生态资源禀赋特征相符合的城乡人口分布格局。实际上人口分布的均衡问题不仅涉及人口要素在空间上的均衡性,同时也涉及人口要素与其他社会经济要素关系在空间上的均衡性问题,已经超出了人口内部均衡的范围,但其最终表现形态仍为人口特征尤其是人口数量在空间上的特征,因此仍然放到人口内部均衡中予以讨论。

　　人口流动是导致人口空间分布变动的重要因素。人口的跨区域流动会导致区域人口数量的彼此消长以及其他人口特征的改变,在人口自然变动趋于稳定的情况下,人口流动成为"重塑"人口空间特征的主要力量。对于宏观空间尺度的人口流动的均衡而言,主要是实现人口的有序流动,并使得人口流动对于人口空间格局的改变符合人口、社会、经济等目标。对于区域人口流动而言,人口流动的均衡有两层含义。除了调整人口数量的区域分布格局以及区域人口与区域其他社会经济要素关系的内涵外,还具有维持区域人口数量、人口结构等人口特征的稳定的内涵。人口的跨区域流动实际上就是人口的机械变动,要消除人口机械变动对于区域人口系统的冲击性,需要跨区域流出人口与流入人口规模大致相当,流出人口、流入人口的人口性别、年龄等结构特征相差不大,或者净流入(出)人口的人口结构特征与本地人口基本相当。也就是在人口结构性特征上,流动人口与本地人口趋同;在数量特征上,流入人口与流出人口相互对冲,净流动人口趋向于零。

　　4. 人口质量的均衡特征

　　人口质量也称为人口素质,包括身体素质、科学文化素质和思想素质三方面的内容,人口质量在很大尺度上影响了生育、死亡、迁移、从业等人口行为特征,并对人口系统的长期发展起到重要的作用。人口质量的均衡具有两层含义。第一,人口质量的提高与其他人口特征形成均衡,尤其是与人口数量的变动形成均衡。在人口的现代化进程中,人口数量的增长会逐渐放缓,进入人口低增长乃至负增长时代,同时人口老龄化程度也会随之加深,这直接导致了劳动年龄人口比重和规模的下降,并带来人口抚养负担加重、劳动力短缺的问题。与此同时,人口质量尤其是科学文化素质和思想素质处于不断提高的状态。人口素质的增长带来的社会生产效率的提高要能够抵消或减缓人口变动所带来的负面效应,使得人口系统的发展势能不受到减弱。第二,人口质量在区域、人群、组群间要形成均衡。除了人口质量的持续提高外,人口均衡发展需要人口的身体素质、文化素质、思想素质等状态在不同人口群体中差异性不断减小。反映到具体人口指标上就是人口平均受教育年限、人口平均预期寿命在不同区域、民族、性别等特征的人口群体中差异的缩小乃至消失。

(二) 人口外部均衡

人口外部均衡是指人口系统与经济、社会、资源、环境等外部系统在系统关系上处于一种协调状态,人口要素通过与经济、社会、资源、环境的协调发展推动人类—自然—社会复合系统的持续发展。在人口外部均衡关系中,人口与经济、人口与社会、人口与环境之间的均衡关系尤为重要。

1. 人口与经济的均衡

人口与经济的均衡体现在两个方面:一是社会经济的人口承载能力与人口的经济需求之间的均衡。现代社会中,人口赖以生存和发展的主要物质支持都来自经济系统,经济产生是人口再生产和一切人口行为得以开展的先决条件。经济系统所能提供的产品规模、服务规模、就业规模决定了一定区域在经济上可以供养的人口规模。一旦人口规模突破了社会经济承载能力的极限,经济危机乃至社会危机就会发生,会使得社会经济系统发展停滞乃至崩溃。二是人口数量、结构、素质、空间形态等特征要与经济系统的特征相适应。经济系统处于不断的发展和更新迭代中,不同阶段的经济发展需要不同人口条件与之匹配。在工业化早期的阶段,人口数量增长以及人口结构年轻化所带来的丰富的劳动力资源是劳动生产和劳动密集型产业发展的有利条件。此时,适当的人口增长速度以及人口转变带来抚养比较低的人口结构是工业化和经济发展有利的人口条件。而当经济发展进入工业化后期和后工业化时代后,高新技术产业、现代服务业成为经济增长的主要动力。此时人口数量已经不是人口和经济形成匹配关系的主要人口特征,较高的人口素质以及高度集聚的人口空间形态成为推动经济发展的主要人口条件。

2. 人口与社会的均衡

人口是人类社会最基本的构成要素,每一个人口个体所具有的质量、年龄、性别等人口特征和其所拥有的社会经济条件就构成了人口与社会系统的基本特征和系统运行条件。人口与社会的均衡关系有两层含义:一是具有不同人口特征的群体的公平性;二是人口行为中个人效用与社会效用的一致性。

随着社会经济的发展,社会物质财富越来越丰富,所能提供的教育、医疗、养老等社会保障越来越完备。如果没有一个良好的社会分配机制,社会发展的成果会出现分配不公现象。社会财富会由于性别、受教育程度、族群、年龄、阶层、地域等个体差别进行不公平的分配,出现社会分配的失衡。反映在人口中就表现为人口的性别歧视、年龄歧视、族群歧视、地域歧视现象。如果这种不公平的现象足够严重,极有可能导致不同人群的利益冲突,甚至出现社会阶层撕裂和社会对抗等严重社会后果。因此,人口与社会的均衡首先要达到人口的社会公平性,不同人口特征的群体能够比较公平的共享社会发展的机会与红利。

人口行为具有个体和社会双重属性。从个体角度而言,人口行为是为了满足人口个体和家庭生存发展的需要,无论是就学就业、迁移流动等人口社会行为还是生育决策、婚姻家庭、抚育养老等人口家庭行为,其决策的依据都是个体或者家庭利益的最大化。因此,何时生育、生育几个小孩、居住在哪里、从事什么工作等人口相关问题的决策,首先要满足家庭和个体微观层面的需求。从社会角度而言,人口个体的生育、婚姻、养老、消费等方面决策的汇总就构成了全社会人口行为特征。全社会的人口特征必须要满足社会经济发展需求,此时就会出现根据社会经济需要人口行为目标。社会整体人口行为目标与个体人口行为目标并不一定总是吻合的,在很多情况下甚至是背道而驰的。如近几十年来中国家庭生育规模就存在着社会最佳效用与个人最佳效用的偏离,不少家庭由于"多子多福"的价值观以及对孩子未来经济效用的需求,常常具有生育多孩意愿,然而基于中国巨大的人口压力,较少的家庭生育无疑更满足社会的整体需求。因此,人口与社会的均衡还需要实现人口行为个人效用与社会效用的一致性。

3. 人口与环境的均衡

环境系统是人口系统赖以维持和运行最重要的物质基础,两者有着密切的互动关系。一方面,自然环境为人类的起源、人口的发展提供了最基本的物质支持和生存空间,环境系统的状态对人口的数量、质量、分布等产生重要的影响;另一方面,人口的数量、质量、结构、分布的变化又决定了人口环境行为模式,对自然环境系统产生直接的作用力。人口与环境均衡的实现主要依赖于人口的数量、结构、分布等特征与生态系统提供的资源供给、污染净化等生态服务的供给特征相适应。人口的一切消费行为都需要生态系统提供的各种生态服务予以支撑,生态系统所能够稳定提供的生态服务规模的极限即为生态承载力。一般而言,在生态系统不发生不可逆的变化的情况下,既定区域内的生态承载力阈值的变化幅度极小,而人口的消费规模与人口的数量、结构、分布等人口特征具有密切的关系,而且具有一定的调整空间。因此,人口与环境均衡的实现需要通过人口数量、结构、分布等变量的调整,来确保人类消费所产生的自然资源消耗、环境污染和生态破坏维持在生态承载力阈值之内。

(1)人口数量与环境的均衡关系

人口数量是影响人口与环境均衡关系的最重要的人口因素。在一定的社会生产力水平和生产模式条件下,人类可获取的自然资源和环境容量所能供养的人口是一定的。当人口增长过快,人口规模远远超过生态可承载人口规模时,人类活动空间必然会挤占自然生态空间,从而产生对土地、水资源、能源、生物资源等各种自然资源过度使用以及环境污染、生态破坏等现象,使得人口与环境的关系紧张,导致生态系统退化、人口发展停滞的严重后果。近代以来,科技进步和人口转变导致的人口规模的"爆炸式"增长成为一个普遍的人口现象,缓解人口数量与环境的矛盾成为许多国家和地区人口发展的一个基本目标。通过经济、文化、法律等措施降低生育率,减缓人口的增长速度,降低人口的环境压力成为一个基本共识。

(2)人口结构与环境的均衡关系

年龄结构、家庭结构等人口结构特征也会影响人口与环境均衡关系。人口老龄化是近几十年来全球人口年龄结构变动的一个主要趋势。老龄化被认为是驱动劳动力供给、投资、储蓄、技术创新、产业模式等经济发展要素变迁以及消费结构转变最重要的人口因素[1]。因而,人口结构的变化会通过经济生产和生活消费两个中介变量影响生态环境状态[2]。但是,由于老龄化对于经济产出和生活消费作用的不确定性,人口年龄结构变化对于人口与环境关系

---

[1] 毛中根、孙武福、洪涛:《中国人口年龄结构与居民消费关系的比较分析》,《人口研究》2013 年第 3 期;朱勤、魏涛远:《居民消费视角下人口城镇化对碳排放的影响》,《中国人口·资源与环境》2013 年第 11 期;Zuo Xuejin,Yang Xiaoping,"The Long-term Impact on the Chinese Economy of an Aging Population".*Social Sciences in China*,2009,(1):197-208.

[2] 彭希哲、朱勤:《我国人口态势与消费模式对碳排放的影响分析》,《人口研究》2010 年第 1 期。

的影响也不明确。大多数研究认为在人口老龄化初期,劳动年龄人口数量和占比会出现一个显著的增长期,劳动年龄人口的增长速度会超过老年人口,生产和消费都倾向于高耗能、高排放,人口经济活动导致的温室气体和污染物质排放会规模会随着老龄化程度同向增长;随着老龄化的深入,人口规模趋于稳定,产业结构会转向低碳的资本密集型和技术密集型,并且由于老年人口的增多,社会的总体消费偏好开始改变,消费结构会逐渐变得低碳、节能,老龄化会促进碳排放量的降低①。

人口的家庭结构变动会对资源消耗效率产生显著的影响,进而作用于生态环境。家庭是消费发生最基本的单位,家庭结构及其导致的家庭人口规模在一定程度上影响了人均资源的消费量。有研究表明存在一个人均资源消耗量最低的最优家庭规模,当家庭规模大于或者小于最优规模时,都会导致能源利用效率的降低和碳排放量的增加②。随着人口转变的完成和现代化的推进,家庭规模小型化成为一个基本趋势,中国家庭户的平均规模由1982年4.43人下降到2018年的3人,平均每个家庭户减少了1.40人。中国家庭人口规模的下降已经导致了家庭人均衡能耗量的增长。有研究表明当前中国家庭平均人口规模每下降1人,人均生活能源消耗会增长57.88克标准,相当于中国人均GDP从5万元增长到7.5万元所带来的能耗增长量③。

(3)人口空间分布与环境的均衡关系

人口的空间分布与环境系统存在着十分复杂的互动关系,并处于不断的动态均衡之中。一方面,生态承载力的空间分布状态决定了最基本的宏观人口分布格局。空间异质性是自然环境系统的一个基本特征,这导致不同地域

---

① 李飞越:《老龄化、城镇化与碳排放——基于1995—2012年中国省级动态面板的研究》,《人口与经济》2015年第4期;刘辉煌、李子豪:《中国人口老龄化与碳排放的关系——基于因素分解和动态面板的实证分析》,《山西财经大学学报》2012年第1期;王钦池:《基于非线性假设的人口和碳排放关系研究》,《人口研究》2011年第1期。

② 沈可、史倩:《人口结构与家庭规模对生活能源消费的影响——基于中国省级面板数据的实证研究》,《人口研究》2018年第6期;刘玉萍、郭郡郡、刘成玉:《人口因素对CO_2排放的影响——基于面板分位数回归的实证研究》,《人口与经济》2012年第3期。

③ 沈可、史倩:《人口结构与家庭规模对生活能源消费的影响——基于中国省级面板数据的实证研究》,《人口研究》2018年第6期。

空间上自然资源、生物群落以及环境介质具有极大的差异性,也使得不同区域环境系统的人口承载能力迥异,因此自然地理的空间异质性是决定人口空间分布形态特征的重要原因之一。另一方面,人口的空间分布异质性使得不同区域的环境系统承受着不同的人口环境压力,出现了环境问题的两极化现象。随着社会生产力的进步,人口空间集聚程度的增长是人口发展的一个基本规律,尤其是工业化之后的人口城镇化,使得愈来愈多的人口集中在有限的城镇地域空间上,城镇区域环境污染、资源紧张的问题十分严重。在大量非产业和人口集聚的区域,人口环境压力较小,生态资源相对富裕。在区域间人口环境压力差异极化的同时,会出现人口与承载要素的区域流动来平衡这种差异。一些由于资源过度开发、环境极度恶化导致产业和区域环境崩溃区域的人口会自发地向着环境压力小、经济发达的区域迁移流动;与此同时,能源、水资源、矿产资源等重要自然资源朝着资源价值更高的人口密集区域流动也成为一种普遍现象。因此,人口的空间分布在一定程度上可视为人口与自然环境关系差异在地域空间上调试和均衡的一个结果。目前,人口环境压力在空间上的极化已经成为影响生态系统的一个重大问题,既使得局部地区生态系统严重退化,区域生态系统的平衡和整体安全面临巨大的风险,又使得生态压力的赤字和生态承载力的盈余在不同空间同时存在,导致稀缺性越来越强的生态承载资源无法充分利用,实现空间上的优化配置。因此,在人口分布与环境系统的长期均衡关系中,需要根据人口分布及其变动与生态承载能力转移和变动的互动关系来寻求空间协同的路径。

(4)人口消费与环境的均衡关系

在人口与环境的关系与均衡中,无论是人口数量、结构还是分布的均衡,都是通过人口的消费作用于环境的。严格意义上来说,人口的消费包括了生活性消费和生产性消费,但生产性消费与经济模式、产业形态关系更加密切,而生活性消费则与人口和人口特征密切相关,因而此处所表达的消费特指生活性消费。人口对于环境的直接影响就体现在人口的生活消费中,因此也可以说实际上是人均消费水平决定了人口与环境之间的关系。Gergely Toth 等人使用定量分析模型研究了公元前 10000 年至今全球人口、GDP、生态承载力和生态压力之间的关系,发现环境恶化的主要驱动力不仅仅来源于人口本身,更是消费水平与消费者数量共同作用的结果,这在发达经济体中尤其明显。在过去的二十年中,人口规模已经从导致环境退化的主要驱动力,成为不太重要的影响因素。① 这意味着在人口规模不变的情况下,"节约型"消费和"奢侈型"消费所消耗的资源和环境差别巨大。随着世界主要国家陆续进入人口低增长时代,人口消费模式对人口与环境关系的影响日益凸显。2019 年中国人均 GDP 已经跨过 10000 美元大关,正处于消费升级的加速阶段,消费结构变化对于资源环境的影响已经超过人口的增长。倡导适度消费,在合理的消费效用得到满足的条件下,减少资源消耗和环境压力,是协调中国人口与环境、环境与发展的重要途径。

三、均衡人口的特征

均衡人口强调了在发展进程中人口系统内部要素以及外部要素在结构上的平衡性、功能上的协调性和发展上的持续性,其基本特征为:全面性、相对性、系统性和动态性。

(一)全面性

全面性指的是均衡人口对"均衡性"的全面要求。"均衡"源于物理学概念,是指相互对立的力量同时作用于一个系统,作用力相互抵消,合力为零,使系统处于稳定状态。当均衡概念引入社会经济领域,均衡具有两层含义:一是"变量均衡",指对立双方能动力量相等的均等状态;二是"行为均衡",指对立双方均不具有改变现状的动机和能力,系统处于稳定状态,具有可持续性。② 在均衡人口的内涵体系中,要求从要素到行为、从时间到空间的"全面均衡"。

人口的要素均衡指的是构成人口系统的各种要素能够实现结构的平衡和关系的协调。人口数量、人口素质、人口结构、人口分布是人口系统的构成四大要素,③要素均衡就是要实现这四大要素的稳定与关系的协调。如人口数

---

① Toth G., Szigeti C., "The historical ecological footprint: From over-population to over-consumption". *Ecological indicators*, 2016, 60(1):283-291.

② 马力、桂江丰:《以科学发展为主导构建人口均衡型社会》,《人口研究》2010 年第 5 期。

③ 张俊良、郭显超:《人口长期均衡发展研究——理论与实证》,西南财经大学出版社 2015 年版,第 27 页。

量和质量在一定范围之内可以相互替代,但两者的相对变化要满足经济社会发展对于劳动力和人力资本的基本需求。

人口的行为均衡指的是人口行为效果能够使得人口要素处于稳定的发展状态。生育、死亡、迁移流动以及人口的社会经济文化活动是主要的人口行为。人口的行为均衡需要这些人口行为能够保持人口数量、素质、结构、分布的稳定与发展。如相对合理的生育率与死亡率的关系避免人口数量的急剧变化;逐渐提高的人口教育水平保障人口素质的稳步提高;合理有序的人口流动行为促进人口分布的优化。

人口的时间均衡指的是人口的均衡状态的实现具有时间维度,既要注意人口诸要素在短期之内的协调与稳定,也要注意较长时间上的协调与稳定,要避免短期人口效应与长期人口效应的矛盾性和冲突性。人口发展具有显著的周期长、惯性大的特点,一项决策的全部人口效应不会立刻显现出来,某些效应会逐渐累积并在数代人的时间内才会爆发。如生育控制带来的人口老龄化的加速、人口性别比的失调以及家庭风险的增长,都是人口增长速度放缓这一短期人口效应之外的长期人口影响。因此,在解决人口问题时需要权衡不同时间尺度上人口效应的关系。

人口的空间均衡指的是人口发展状态在地域上的平衡。随着区域一体化、全球化的快速发展,区域人口系统与区域人口发展的开放性也越来越强,人口、经济、资源、环境要素在区域间的流动日益频繁。这意味着任何人口系统的系统状态都受到区域外人口系统和区域内人口子系统的影响。因此,均衡人口还需要人口发展在空间上实现均衡。人口的空间均衡并不要求不同区域人口特征趋于一致,而是强调通过各区域人口系统中要素的协调性以及人口与区域经济、社会、环境系统之间关系空间差异性的减少来实现整体人口系统的稳定持续发展。

(二)相对性

均衡人口的目标不是实现绝对的均衡,而是一种相对均衡状态,这相对性表现在两个方面。第一,人口要素的均衡标准是不确定的,取决于人口系统内以及系统外的经济、社会、资源、环境的发展阶段和特征。除了人口性别比均衡具有明确的标准外,人口数量、人口质量、人口年龄结构、人口分布等人口要素特征并没有一个明确的均衡标准,这些人口要素特征合理与否取决于特定人口发展阶段和特定区域空间内的社会生产力水平,如在人口空间分布上,农业社会需要的是人口相对分散和低流动状态,在城市化高速发展阶段需要的是人口大规模的乡城转移和人口空间集聚度的提高。第二,社会发展目标和模式的差异导致了人口均衡发展状态以及路径的差异性。社会发展目标在很大程度上是一个价值判断,与历史文化、民族宗教等特征息息相关,基于不同的社会发展目标和模式下的均衡人口具有显著的差异性。如以个人主义和个人满足为主要社会目标的社会中,均衡人口更多的关注个体人口目标的实现,如个人的生育、婚姻、教育、就业等目标的实现,倾向于通过个人微观人口行为的调整实现整体人口的均衡;而在以集体主义和整体社会效应实现为目标的社会中,均衡人口发展中更注重整体人口效应,通常通过刚性的人口约束性政策实现人口目标。

（三）系统性

均衡这一概念源于物理学和系统科学,本身就具有丰富的系统整体性思想。在均衡人口体系中,包括了人口、经济、社会、资源、环境等社会发展的一切要素,单就人口而言,也包括了出生、死亡、婚姻、抚养、教育、迁移、就业等诸多人口要素。均衡人口就是要寻求所有与人口相关因素的整体发展、共同发展和持续发展。在人口系统内,各个人口要素的优化和发展都很重要,但是不能先发展某一些方面,然后再发展另一些方面,不能以某一些方面的极度恶化为代价来发展另一些方面,需要人口所有要素都同时发展,实现人口系统状态的整体提升和发展。在人口系统关系上,需要把人口、经济、社会、资源环境视为一个不可分割的整体和一个复合系统,力求实现复合系统的整体最佳目标。

（四）动态性

均衡的本意是实现系统状态的稳定和平衡。在均衡人口体系中,经济、社会、环境等外界条件处于不断的变化和演进,因此人口的均衡状态也必须随着社会发展的进程不断变化,由一种社会生产力条件下的均衡状态向另一种社会生产力条件下的均衡状态转变,由较低水平社会生产力条件下的"低位均衡"向较高水平社会生产条件下的"高位均衡"演进。均衡人口会因为发生均衡时间地点的社会生产力水平的高低而分为"低位均衡""中位均衡""高位均

衡"三种均衡状态,社会生产力的发展会使得均衡人口从一种均衡状态转变
为非均衡状态。当人口、经济、社会、资源、环境等要素在新的社会生产力条件
下形成协调关系后,人口发展就进入一个更高层次的均衡状态;当社会生产力
再次发生巨大跃迁的时候,人口发展的均衡状态又进入非均衡和均衡状态的
不断转换之中(详见图1-1)。应该明确的是,均衡状态的转换不是简单的轮
回,而是人口发展状态螺旋式上升的过程,这也是均衡人口动态性的集中
表现。

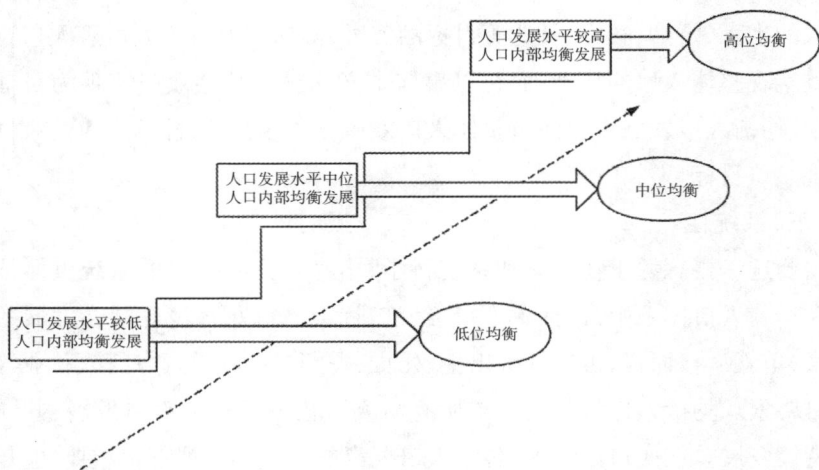

图1-1　人口均衡的动态发展

引自:茆长宝、陈勇,2011。①

第二节　均衡人口的理论演进

人口均衡发展概念和理论提出的时间并不长,但是其理论渊源却源远流
长。无论东西方社会,在古代就已经开始关注人口的长期发展问题以及人口
规模、结构等特征与社会经济的关系。在西方的古希腊时代,亚里士多德、柏

----

① 茆长宝、陈勇:《人口内部均衡发展研究——以西部地区为例》,《人口研究》2011 年第 1 期。

拉图等学者就明确地提出人口规模与土地、贫困问题的关系。① 中国先秦时期的诸子百家学说中也有大量论述人与自然协调发展的内容。如老子提出"人法地、地法天、天法道、道法自然"的天人合一思想,强调包括人口行为在内的人类行为要以尊重自然规律为最高准则,同时要采用"钓而不纲,弋不射宿"等方式善待自然万物、保护人类赖以生存的自然资源。② 工业革命之后,随着古典经济学和相关学科中人口发展理论的发展和丰富,以及人口转变带来的人口与经济、社会、资源、环境关系的巨大变化,直接导致了人口非均衡发展问题的凸显并催生了均衡人口理论。

一、20 世纪之前的人口理论与思想

从亚当·斯密、威廉·配第等古典经济学派学者对于人口数量、质量、结构等人口特征与经济增长关系的广泛分析,到马尔萨斯人口经济学说的产生以及马克思人口再生产理论的提出,为从经济、政治、社会角度探讨人口均衡发展提供了最直接理论来源。

(一)马尔萨斯的人口理论

马尔萨斯是第一个把人口经济问题专门放到著作中进行探讨的经济学家,在他的代表著作《人口原理》中构建了以"两个公理""两个级数""三个命题""两种抑制"为主要内容的完整人口理论体系。马尔萨斯也因为对现代人口理论体系构建的巨大贡献被誉为"人口学之父"。

马尔萨斯人口理论的出发点是把人口与经济关系归结为人口与生活资料之间的关系,并在此基础上提出了"两个公理"。第一个公理认为:食物为人类生存所必需的物质基础;第二个公理认为:男女两性之间的情欲是必然的,而且这种欲望会一直保持。他认为食物和性欲是人类的本能,人口出生和增长是一种不可改变的自然现象。从"两个公理"出发,马尔萨斯提出了人口增

---

① 李文琴:《论人口均衡型社会构建的理论资源》,《陕西师范大学学报》(哲学社会科学版)2013 年第 1 期。

② 张俊良、郭显超:《人口长期均衡发展研究——理论与实证》,西南财经大学出版社 2015年版,第 37—38 页。

长和生活资料增长的"两个级数"的假说:在无妨碍的情况下,人类的增殖力使得人口数量按照几何级数增加,而生活资料的增长只能以算术级数增长。这意味着人口天然具有远远超过生活资料的增长速度,即使人口数量与生活资料数量在开始的差距不大,但是随着时间的推移,生活资料与人口数量之间的差距和缺口会越来越大。

尽管马尔萨斯也承认人口按照几何级数增长的前提,即"无妨碍"的条件是不存在的,因而现实情况中不存在人口的几何级数增长现象。但是人口内在极强的增殖力与农业产量提高缓慢现象的不平衡性,必然导致因人口增长而出现生活资料缺乏的严重问题。在此基础上他提出了"三个命题":第一,人口的增加,必须受到生活资料的限制;第二,只要生活资料增加,人口必然会增加;第三,占优势的人口增加,为贫穷及罪恶所限制,致使现实人口得以与生活资料相平衡。为了平衡人口增长与物质增长之间的差距,马尔萨斯提出了"两种抑制":第一种为"积极的抑制",也称之为"现实性抑制",指的是脱离了生活资料支持的人口增长会受到抑制,这种抑制力来自客观发生的贫困、饥饿、灾害、瘟疫、战争等;第二种为"预防性抑制",指的是通过禁欲、晚婚和不生育等措施预防人口的增长。

马尔萨斯人口理论为后世相关人口均衡思想的诞生奠定了初步的思想基础和理论铺垫。① 首先,马尔萨斯人口理论是对 18 世纪及之前人口与经济关系认识的集大成者,系统地阐述人口与经济之间的互动关系。实际上在马尔萨斯《人口原理》发表之前,罗伯特·华莱士、约瑟夫·汤森、贾玛利亚·奥特斯等学者已经把人口和经济之间的关系归结为人口与生活资料之间的关系,提出了人口增长快于社会资料增长的观点。② 但马尔萨斯之前的学者并没有对人口增长与生活资料增长的机制及两者之间互动关系进行系统的论述。马尔萨斯"两个级数""三个命题"的思想揭示了人口和经济增长差异性的内在规律,其人口理论首次提出了人口与经济均衡发展的理念和实现方式。在"三个命题"中论述了人口增长、生活资料增长、人口增长的社会限制三者导

---

① 陆杰华、朱荟:《建设人口均衡型社会的现实困境与出路》,《人口研究》2010 年第 4 期。
② 李仲生:《欧美人口经济学说史》,世界图书出版公司 2013 年版,第 32 页。

致的人口与经济发展在平衡与非平衡状态之间的转换;在"两个抑制"中表明了实现人口与经济的均衡手段,"两种抑制"已经认为通过出生率和死亡率两种机制的变化可以控制人口的增长,这成为后世人口控制理论的雏形。

(二)其他古典经济学家的人口思想

除了马尔萨斯之外,18、19世纪的众多经济学家都在讨论人口与社会发展之间的关系,对人口对于社会增长的促进和抑制作用进行了广泛的研究。其中大卫·李嘉图、约翰·斯图亚特·穆勒的研究突破了人口与经济的关系,将人口均衡发展的视野拓展到更宽阔的领域。

大卫·李嘉图提出了资源相对稀缺论。在1817年出版的《政治经济学及赋税原理》一书中指出,随着人口的增长,社会对农产品的需求将不断增加,在土地数量固定的情况下将会出现两种趋势:一是人们将不得不耕种肥力和位置愈来愈差的土地;二是在原有土地上不断追加投资,并会因此而产生土地边际报酬递减的现象。根据马尔萨斯的人口法则,人口的增长会导致对食物需求的增加,这样,相对肥沃的优等地所生产出来的农产品满足不了人们的需求,因而不得不耕作相对劣等的贫瘠土地。随着土地稀缺程度的不断提高,农业中的报酬递减趋势会进一步加强,社会经济增长速度将会逐渐放慢,直至进入人口与经济增长都处于停滞的社会静止状态。

约翰·斯图亚特·穆勒提出的"静态经济"思想将资源稀缺的思想推进到了环境领域。穆勒第一次探讨了关于人类社会的经济增长与自然环境的承受界限问题,从哲学的高度提出了建立"静态经济"的概念。他认为自然环境、人口和财富都应该保持在一个静止稳定的水平,并且这一水平要远离自然资源的极限水平,以防止出现食物缺乏和自然美的大量消失。"静态经济"暗示了如果人类社会的产出超过了自然所允许的限度,那么社会就会出现失衡。

(三)马克思主义的人口理论

马尔萨斯对人口消极作用的论断对19世纪人类思想史产生了重要的影响。以马克思、恩格斯为代表的马克思主义学者运用唯物辩证法和唯物主义历史观,对人口过程、人口发展、人口与经济关系进行了深刻的研究,从自然和社会运行的规律角度对人口的本质进行了再认识,提出了"两种生产"理论,形成了独具特色的人口理论体系。

　　马克思认为人口的本质属性是社会属性与自然属性的对立统一。人口作为一种高等生物的总体具有一切生物所具有的共同生物特征,受到生老病死、新陈代谢、遗传变异等自然规律的约束,人口的生存依赖于各种自然资源以及自然界中阳光、空气、温度、水分、土地创造的人类生存空间。人口这种来源于自然并受到自然规律的约束的特征就是人口的自然属性。人口的社会属性指的是人口是形成社会最主要的要素,对社会发展起到了十分重要的作用,与此同时社会生产力水平、生产关系以及生产资料所有制形式,对人口特征也产生巨大的影响和作用。人口在社会经济活动中构建的职业关系、阶级关系、家庭关系、宗族关系、邻里关系、学缘关系等构成了人口社会属性的主要内容。马克思认为自然属性是人口的物质基础,但是对人口过程起到决定性作用的是人口的社会属性。①

　　马克思认为人口是消费者和生产者的统一。作为生产者,人是社会财富的创造者;与此同时,人还必须作为消费者,消费一定的物质财富以保障自己的生存和种族的延续。因此,必须实现人口在生产和消费中的平衡关系,也就是要保证人口规模及其增长与经济规模及其增长的平衡关系。在对人口的社会经济作用的再认识的基础上,马克思、恩格斯提出了"两种生产"理论。两人 1845—1846 年共同撰写《德意志意识形态》一书中明确提出,"我们首先应当确定一切人类生存的第一个前提,也就是一切历史的第一个前提,这个前提是:人们为了能够'创造历史',必须能够生活""因此第一个历史活动就是生产满足这些需要的资料,即生产物质生活本身""每日都在重新生产自己生命的人们开始生产另外一些人,即繁殖"。因而,人类社会存在两种形式的生产,一种是"通过劳动而达到的自己生命的生产",也就是物质资料的生产;另一种是"通过生育而达到的他人生命的生产",也就是人口的生产。②

　　马克思、恩格斯认为"两种生产"存在着相互依赖、相互制约、对立统一的

　　① 　张俊良、郭显超:《人口长期均衡发展研究——理论与实证》,西南财经大学出版社 2015年版,第 42 页。

　　② 　李龙、陈生鞠:《马克思主义人口均衡思想及其中国化》,《人口研究》2019 年第 3 期。

辩证关系。一方面,物质资料生产构成人口生产的基础性因素,对人口生产造成决定性影响,人口生产只能立足于已有的物质资料生产条件、着眼于特定的物质资料生产需求,人口生产的总体趋势、主要特征等总是为物质资料生产条件所支配、被物质资料生产需求所驱使。另一方面,人口生产是物质资料生产必备的条件,对物质资料生产有重要作用,人口生产将会作用于物质资料生产,对生产、分配、交换和消费等经济生产过程具有十分重要的作用。因此,两种生产应该相互适应,在发展速度、发展规模、发展水平以及彼此的结构关系上形成协调关系,才能推动社会经济的发展。①

马克思主义的人口理论从唯物主义的角度来解释人口发展与经济发展的关系,提出了两种生产理论,明确了人口生产必须同物质资料生产相互适应的均衡原则是社会发展的基本原则;同时提出社会发展是建立在人口与经济社会的动态均衡之中,即在长期发展过程中,人口构成了经济社会的约束条件,而经济社会又塑造了人口的基本格局,这"两种生产"总是要满足特定的"数量关系",由此驱动着两者在均衡破坏后寻求新基础上的新均衡。② 马克思主义的人口理论从哲学的角度系统考查了人口系统与经济系统运动之间的关系,将马尔萨斯等人口与经济均衡的内涵从生活资料的生产拓展到了生产资料和物质生产,并首次系统论述了人口与经济的长期动态均衡关系,这为丰富人口均衡发展的理论内涵起到了重要作用。

二、20 世纪以来的人口理论——生育率理论

20 世纪之后生育率变动成为影响全球人口变动的主要因素,生育率与经济关系以及生育成本等学说为以生育为核心的人口均衡关系研究提供了理论基础。

(一)生育意愿与生育效用的理论

生育选择、生育行为与社会生育率变动关系是了解微观人口行为与宏观人口效果的重要内容。20 世纪 50 年代之后西方人口经济学者以经济学的方

---

① 李龙、陈佳鞠:《马克思主义人口均衡思想及其中国化》,《人口研究》2019 年第 3 期。
② 李龙、陈佳鞠:《马克思主义人口均衡思想及其中国化》,《人口研究》2019 年第 3 期。

法对生育意愿和生育效用进行了广泛的分析,其中哈维·来宾斯坦的成本与效用比较学说较好地解释了生育的经济决策机制。来宾斯坦认为对于家庭而言,生育子女与购买普通商品一样,都需要付出成本,同时也给家庭带来经济效益,家庭是否进行生育取决于生育所导致的成本与收益的比较。家庭生育成本包括直接成本和间接成本,前者主要指抚养小孩所花费的抚养费、教育费和医疗费,后者主要指由于生育行为所导致的机会成本,即母亲由于怀孕、生育、哺乳期不能工作损失的薪金收入和晋升机会。而生育的收益即效用有三个方面:一是消费效用,父母养育孩子得到的愉悦所带来的效用,即把孩子作为广义的"消费品"而获得的满足;二是生产效用,即孩子成年之后作为劳动力,从孩子劳动或收入中间接达到的效用;三是保障效用,即孩子对于父母进入老年之后能够给予生活保障方面的效用。① 当生育孩子的收益超过成本时,家庭会选择多生育,反之则减少生育。对于多子女家庭而言,是否生育取决于孩子的边际收益与边际成本的对比,生育孩子个数遵循边际效用递减的规律。②

来宾斯坦的生育成本与效用比较学说较好解释了生育决策的微观经济机制,为缓解生育率快速下降和保障人口与经济均衡的生育调节社会干预政策提供了理论基础和实践路径。

(二)生育的数量与质量替代理论

加里·斯坦利·贝克尔将西方经济学的消费行为和消费理论引入家庭微观人口学研究中,提出了生育孩子的数量与质量替代学说。贝克尔认为,孩子具有"耐用消费品"的属性,在研究对于孩子的需求时,需要厘清对于孩子数量和孩子质量的两种需求。对于孩子数量的需求量取决于生育孩子的净成本,这种净成本"等于抚养孩子的预期支付的现值加上父母劳动投入的现值,减去孩子预期货币收入现值与孩子劳动收入现值之和",③当边际净成本为零时生育的孩子数量就是家庭对孩子的数量需求。由于生育成本受到抚养成

---

① 李仲生:《欧美人口经济学说史》,世界图书出版公司 2013 年版,第 113—115 页。

② 王俊祥:《孩子的价值及对孩子数量、素质和性别的选择》,《中国人口科学》1990 年第2 期。

③ 贝克尔:《对生育率的经济分析》,《经济评论》1985 年第 3 期,86—90。

本、社会福利、就业竞争等多种因素的影响,因此,在不同社会经济条件下,家庭对于孩子数量的需求存在较大差异。对于孩子质量的需求主要是由于孩子素质的不同,对于其成年后对家庭的回报具有重要影响。通过教育提高孩子的文化素质并使其具有较高的经济和社会价值成为一种普遍的社会偏好。贝克尔发现家庭生育孩子数量存在质量与数量之间的替代关系。随着家庭收入的提高,对于孩子数量需求会形成抑制,并转化为对孩子质量的需求,并保持对于孩子总体需求不变。首先,家庭收入越高,能够投入到提高孩子质量上的费用也就越多,孩子的质量以及成年后的收益就会越高,可以不需要生育更多的子女来保障未来收益和效用;其次,收入的提高意味着时间成本的增长,如果母亲把生育的时间放到经济活动中能够获得更高的工资报酬,这可以减少家庭对于孩子的需求。

贝克尔生育理论解释了生育行为中生育孩子数量与质量存在相互替代现象,以及不同社会经济条件下家庭的最优生育选择存在差异性问题。贝克尔的理论对于揭示人口质量与数量均衡的微观机制,以及通过提高人口质量弥补控制人口数量导致的负面经济影响,保障人口变化与经济的均衡的"少生、优育"政策提供了理论依据。

(三)生育率决定的供求理论

理查德·A.伊斯特林在来宾斯坦和贝克尔研究的基础上使用供求理论来分析生育率的从高到低的转变问题,提出了生育率决定的供求理论。伊斯特林认为生育供给、需求和节育成本是制约生育率变动微观影响因素,在社会经济现代化的进程中存在五类主要的中介变量影响生育供给、生育需求和节育成本。这五类中介变量分别为:公共卫生和医疗技术的进步、正规初中学校教育的普及与提高、人口城市化程度的提高、大批新商品的引进、家庭计划方案的实施。除此之外,人均收入的增长、妇女在现代化部门就业的增加、家庭结构的变化、政府管理的现代化、人们观念的变化等因素也对孩子供给和需求有影响。[①] 伊斯特林的理论认为生育率的变化取决于生育供给、生育需求和节育成本之间的平衡关系,尤其是孩子的供给与孩子需求的平衡关系,生育控制

---

① 彭松建:《伊斯特林有关生育供给与需求分析理论》,《中国人口科学》1989 年第 4 期。

动机与节育成本之间的均衡关系,自然生育率与有意识地属于控制之间的平衡关系。正是这些要素关系的变动导致了现代化进程中"生育率革命"现象的出现。

伊斯特林理论对于人口均衡发展理论形成的贡献有两个方面:第一,提出了"生育率革命"的概念,指出生育率的巨大变化是人类生育模式的重大变革,是人口转变和人口现代化的重要力量,指明了现代社会中均衡人口的生育特征。第二,明确了现代化进程中生育率变动的主要影响因素,提出了"生育调节的模式转变",当社会生育控制成本极低时,生育控制需要从社会因素和技术手段控制生育率转变为由家庭自由、有意识地决定生育的数量。① 这为实现均衡人口的生育政策的制定提供了理论依据。

三、人口转变理论

人口转变理论是 20 世纪初由阿德尔·费兰德里基于欧洲人口变化过程的研究提出,沃恩汤·普森、查理斯·布莱克、弗兰克·华莱士·诺特斯坦等学者完善并形成的理论。人口转变理论最初是对欧洲国家工业化和现代化阶段人口出生率、死亡率动态变化过程的描述,主要关注的是宏观层面人口再生产的过程。② 18 世纪工业革命之后欧洲人口特征发生了重大转变,这一转变表现为决定人口规模的生育率和死亡率巨大变化,首先是人口死亡率大幅下降,一定时期后生育率也大幅下降,生育率、死亡率的非同步的剧烈下降导致人口增长、人口结构等人口要素特征发生了革命性的变化。人口转变理论认为这种变化是现代化的人口变化的一个必然路径,是人口再生产模式从传统型向现代型变化的一个过程,人口再生产模式由前现代时期的"高死亡率、高出生率、低人口增长率"模式,转变为工业化和现代化阶段的"高出生率、低死亡率、高人口增长率"模式,再到现代社会的"低出生率、低死亡率、低人口增长率"模式。

---

① 罗平:《欠发达地区均衡人口发展研究》,经济科学出版社 2016 年版,第 28—29 页。
② 郭冉、王俊:《世界人口发展趋势和人口转变——理论与现实》,《人口与社会》2019 年第3 期。

人口转变理论是人口学中最重要的理论之一,对于人口均衡发展理论的形成具有重要价值和意义。第一,人口转变理论对人口自然变动的内部因素与经济社会发展的关系进行了合理的解释,将人口生育率、死亡率与人口自然增长的变化置于社会经济现代化的进程中,明确了不同社会发展阶段人口的基本特征。第二,人口转变理论实际描述了社会演进过程中人口生育与死亡的两种均衡状态的转换进程,这表明人口的均衡是具有动态性,存在一个螺旋式上升的过程,人口发展由较低层次的均衡状态逐渐演进到高层次的均衡状态。

四、适度人口理论

适度人口指的是能够达到一个特定或一系列目标的"最佳"或"最理想"的人口规模,这样的人口可以获得最大的经济利益和社会福利。[①] 适度人口的理念发端于古典经济学家讨论过剩人口或者过少人口对于经济发展的影响的讨论,当时大量的论著表明了人口数量过多或者过少对于社会经济发展都会产生负面的作用。[②] 19世纪末期一些经济学家将"报酬递减规律"应用于人口规模与社会产出效率关系的研究,发现人口增长超过一定数量后会导致人均产出效率的下降,由此产生了适度人口的概念。早期的适度人口以坎南、维克塞尔、卡尔·桑德斯为代表,他们主要的观点为:第一,在一定的条件下,任何一个国家或者区域必然存在一个经济上的最大收益点,使得人口数量与经济发展相适应;第二,只有从经济的角度才能明确与社会发展相适应的人口规模,经济总收益、劳动效率、经济福利等经济指标最大化时的人口规模就是确定适度人口规模;第三,适度人口规模会受到自然环境、技术水平、风俗习惯等自然和社会因素的影响;第四,生育率与死亡率的平衡是实现适度人口的基本途径。

早期的适度人口主要局限在人口与经济关系的探讨,其内涵较为狭窄,以阿尔弗雷·索维、基哈德·斯密特·林克、保罗·萨缪尔森为代表的现代适度

---

① 原新:《可持续适度人口的理论构想》,《人口与经济》1999年第4期。
② 李仲生:《欧美人口经济学说史》,世界图书出版公司2013年版,第82—83页。

人口理论将"适度"的目标拓展到了更宽的维度。第一,这些学者认为除了与经济发展相适应的最佳人口规模外,还存在与国家实力、资源环境等相适应的人口规模,索维提出可以根据个人福利、福利总和、财富增加、就业、实力、健康长寿、寿命总和、文化知识、居民人数等9个目标来确定适度人口的规模。第二,除了适度人口规模外还重点探讨了适度人口增长率问题,认为人口的增长既是一种负担也会带来经济效益,可以在两者之间寻找均衡点来确定适度人口增长率。第三,适度人口规模与适度人口增长率都是一个动态变量,社会生产力的发展会打破规模报酬递减规律的束缚,适度人口总是随着经济社会的变化而变化。

适度人口理论对于人口均衡发展理论产生的贡献在于:第一,适度人口理论突破了早期人口经济领域单纯从人口过多或者过少探讨人口问题的局限,将经济学中最优思想和分析方法应用于人口问题中,并将人口与经济关系的探讨拓展到人口与经济、社会、资源、环境关系,提出适度人口即是人口与经济、社会、资源、环境关系的最佳状态,使得人口均衡思想初具雏形。第二,适度人口理论把人口视为社会经济系统中的一个内生变量,适度人口是内嵌于人类社会系统中的一个系统要素的状态,是人口与经济、社会、资源、环境要素均衡的一个结果,这其实已经是包含了人口均衡发展中的基本均衡关系。第三,适度人口理论明确表明适度人口不是恒定的,而是随着技术、社会形态、经济模式等生活发展要素的变化而改变的,这对于人口发展中动态均衡思想的产生是具有启发意义的。

五、人口承载力理论

人口承载力指的是特定自然条件下,按照一定技术、社会经济运行模式,某区域或国家在确保社会—经济—自然复合生态系统稳定运行的基础上能够支撑的人口规模上限。在马尔萨斯《人口原理》中讨论人口规模问题之后,探讨一个地区、一个国家能够养活多少人口数量的问题成为许多学者关注的问题,并且催生了人口承载力理论。马尔萨斯提出的"在无所妨碍时,以几何级数增长"的人口增长,实际上是一种类似生物种群内禀自然增长,其增长率的极限完全由生物自身的繁殖率决定。人口统计学的研究表明,由于存在一个人口环境压力,人口基本上不存在几何级数的增长。比利时的数学家 Pierre F.Verhulst 基于人口统计数据的实证研究发现,在人口规模较小且环境资源的限制性阻力较弱时,人口在较短的时间内会以近似内禀增长模型的方式快速增长,随着人口规模的增大,环境和资源限制性因素产生对人口增长的阻力会越来越强,人口最大规模将会稳定在一定的范围内,这个数值就是人口环境承载力的阈值。当人口规模达到这个阈值时,人口增长速度为零,人口的死亡率与出生率相等,人口规模趋于稳定。1920 年美国生物学家 Raymond Pearl 在研究果蝇种群增长时,也发现果蝇增长表现出类似的增长规律和种群阈值的限制效应。① 随着种群或者人口"阈值效应"被人口统计和受控生物实验中得到越来越多的证实,人口承载力及其阈值理论逐渐确立,并且成为理解和测度人口与环境关系的重要思路和方法。

人口承载力对于人口均衡发展理论和思想的贡献在于:第一,对环境限制条件下的人口极限进行了深入的探讨,从人类所具有的生殖能力和人口增长潜力与资源环境关系的角度明确了环境限制条件对于人口增长的影响原理和作用方式,这对人类理解资源环境的稀缺性及其对于人类发展的限制有着重要的意义。第二,以一种可量化的方式描述了环境对于人口增长限制效应,尤其是人口阈值内涵、概念和量化方法的构建,使之成为一个具有操作意义的工具广泛运用于人口与环境均衡关系的评价和政策制定中。

六、可持续发展理论

可持续发展是迄今为止人类社会提出的最优发展模式,是在人类发展经历了人口爆炸、资源危机和环境危机之后,对人类社会设计出的最为理性的发展道路。20 世纪 60 年代以后以西方国家为引领的世界经济蓬勃发展,但接踵而至的人口爆炸、资源短缺、环境公害、生态退化等世界性的危机严重地制约社会的发展,此时人们对与人类社会的长期持续发展的思考催生了可持续发展理论。联合国世界环境与发展委员会出版的《我们共同的未来》中将可持续发展定义为既满足当代人的需求,又不对后代人满足其需求的能力构成

---

① 童玉芬:《人口承载力研究的演进、问题与展望》,《人口研究》2012 年第 5 期。

危害的发展。① 这种发展被认为是在保障生态系统生产和更新能力以及系统完整性的基础上,采取有效管理各种资源和资产以求不断增加财富和福利的经济发展策略,创造一个保障人类平等、自由、人权的环境,并通过合理获取必须资源的途径来提高人类健康水平、改善人类生活质量,并且充分考虑和权衡现在和未来、全球和区域的一种发展体系。②

尽管可持续发展内容极其丰富,但是对于可持续发展的核心内涵人们已经形成了共识,即可持续发展是通过处理好"两种关系",实践"三个原则",实现"一个目标"。"两种关系"是指可持续发展目标的实现有赖于处理好两种"响应"关系:"外部效应"即人类与人类赖以生存的自然界之间的相互关系;"内部响应"即人类社会不同群体和不同个体之间的关系。③ "三个原则"是指:公平性原则,即发展体系中不同群体都享有同样公平的发展权利,这种公平性主要体现为时间上的公平、社会公正、国际责任、物种间平等方面;④持续性原则,即一个国家或区域在发展进程中的长期合理性问题,既包括构成发展的人口、经济、资源、环境诸要素自身长期演进,也包括相互之间的协调问题;共同性原则,即可持续发展不是一个国家或一个地区的事情,而是全人类共同的目标,可持续发展问题的解决必须依靠国际多边合作机制,群策群力,采取联合行动。"一个目标"是指:可持续发展最终需要实现社会—经济—自然系统在各种空间和时间尺度上有序发展这样一个终极目标。

可持续发展理论对于人口均衡内涵的丰富和升华具有重要影响和里程碑式的意义。第一,使得人口均衡问题的意义具有了新的内涵和意义。可持续发展要求通过人口问题的全面解决促进人的全面发展,并在一个保障人类平等、自由、人权的环境中获得人类健康水平、生活质量的持续改善,使得如何正确处

---

①　牛文元:《可持续发展理论的内涵认知——纪念联合国里约环发大会 20 周年》,《中国人口·资源与环境》2012 年第 5 期。

②　赵士洞、王礼茂:《可持续发展的概念和内涵》,《自然资源学报》1996 年第 3 期。

③　牛文元:《可持续发展理论的内涵认知——纪念联合国里约环发大会 20 周年》,《中国人口·资源与环境》2012 年第 5 期。

④　Graham Haughton,"Environmental Justice and the Sustainable City".*Journal of Planning Education and Research*,1999,8(3):233–243.

理人口与经济、资源及环境诸要素关系的问题成为全球发展中的核心问题。

第二，将人口外部均衡关系从单向关系推向多向关系。已有理论和思想通常从人口与经济、人口与资源、人口与环境等人口与外部要素的单一关系出发，探讨人口与社会经济发展问题，只有可持续发展理论把理论视野的起点构建在人口、经济、社会、资源、环境等要素共同构建的人类发展系统之上。人口与其他要素交互性的多向复杂关系是最基本的系统特征，这使得人口外部均衡具有了更加广泛的内容。

第三，打通了人口外部均衡要素和内部均衡要素的联系。人口数量、结构、质量、分布等人口要素构成的人口系统是可持续发展总系统中资源环境系统、社会系统、经济系统平行的子系统，可持续发展要求人口系统具有良好的系统状态以及与其他系统协调的系统关系，这就需要人口系统通过内部要素均衡实现外部系统关系的协调。

第四，拓展了人口均衡的时间维度。在早期人口均衡的理论渊源中更多地在探讨静态的平衡关系，尽管也涉及技术等具有时间因素变量导致的平衡关系变动，但是只有可持续发展理论把跨越长时间尺度的平衡与协调作为最重要的准则和目标。因此，可持续发展将人口均衡问题从注重横向的人口与社会经济关系的研究拓展到横向关系与纵向演变同样注重的状态，直接奠定了人口长期均衡发展命题在人口均衡研究中的地位和意义，将人口均衡理论推向纵向协调的阶段。

七、人口安全思想

人口安全是属于非传统安全在人口领域应用形成的思想和概念。20 世纪 80 年代初，国际研究机构——"人口与安全研究中心"的成立首次将人口与安全两个概念联系起来，并从生物医学、资源环境、经济、政治、社会等方面开展人口要素变化对国家乃至全球安全的影响研究。[①]

对于人口安全的具体定义，不同文献中的描述差异较大，但是都认为人口安全描述的是人口发展过程中的一种状态，这种状态保障了人口个体和不同

---

① 郭秀云:《人口安全研究述评及思考》,《西北人口》2009 年第 1 期。

层次的集体以及与之发生作用的社会经济要素之间的关系的稳定和安全,也就是指一定时空范围内的社会发展能力和安全不因人口问题而受损害,能够避免或化解人口方面可能出现的局部性或全局性危机,主要表现为在一定时空范围内人口数量、人口素质、人口结构、人口分布以及人口迁移等因素与经济社会的发展水平、发展要求相协调,与资源、环境的承载能力相适应,能够实现可持续发展以及人的全面发展。①

人口安全思想有三层含义:第一,人口安全首先强调自身的稳定和安全。人口安全与粮食安全、能源安全等其他非传统安全思想一样需要衡量自身对国家与社会发展是否存在威胁和损害,并构建确保国家与社会安全的机制。但与其他非传统安全不同的是人口安全首先要确保自身的安全问题,即人口自身的生存和发展风险问题,要保证人口的数量、素质、结构、分布等人口特征有利于保障人口再生产过程的顺利进行,有利于人口系统的稳定和持续发展。

第二,人口安全需要从人口的角度避免社会经济发展出现重大风险的因素,并确保人口与社会经济发展要素之间构建协调关系。人口数量、结构、素质、分布、出生、死亡、迁流、婚育等人口要素和人口行为既受到政治、经济、文化、环境资源、战争、疾病的影响,也会对这些社会发展要素产生重大影响,人口安全需要在确保人口要素特征稳定的情况下,构建人口与经济、人口与环境、人口与社会、人口与政治之间的稳定关系,避免因人口条件恶化而出现经济发展受阻、阶层冲突、代际不睦、生态崩溃的现象。

第三,人口安全是国家安全的重要内容,也是国家安全的重要形式。人口安全是国家安全体系中的一个构成要素,与经济安全、粮食安全、生态安全等要素之间具有极强的互动关系,人口安全既意味着需要避免人口成为国家发展体系中其他安全问题出现的诱因,又要通过创造积极有利的人口条件和人口外部关系保障国家的持续发展和长治久安。

人口安全思想将人口列为影响国家安全的要素之一,引发了人口与粮食、能源、资源、生态、经济等其他非传统安全要素之间的关系及其对国家长期发

---

① 翟振武、明艳:《定义"人口安全"》,《人口研究》2005 年第 3 期;张维庆:《关注人口安全,促进协调发展》,《人口与计划生育》2003 年第 12 期。

展安全影响思考,这对人口均衡概念的提出奠定了坚实的理论基础。

八、"两个统筹"思想

人口的"两个统筹"思想指的是在人口问题和人口政策的制定中要统筹解决人口自身的数量、素质、结构、分布的协调发展问题以及统筹解决人口与经济、社会、资源、环境的协调发展问题。"两个统筹"思想是源于中国人口实践经验提出的思想和理论。21世纪之前中国人口政策目标主要基于单一人口问题解决而设置,如人口数量的控制政策、婚姻家庭政策、计划生育奖励政策等,并没有把人口数量、质量、结构、分布与经济、社会、环境的关系等多种人口目标放到同等位置予以综合考虑,成了范围狭窄的"小人口观",因而出现了人口政策效果的顾此失彼,人口增长控制与人口结构恶化相伴而行。在此背景之下,"两个统筹"思想应运而生,提供了从更全面、更综合、多层次、全方位、跨部门、多学科的角度去综合把握、分析和解决人口问题的思路。"两个统筹"思想的具体思路为:坚持和完善生育政策,切实稳定低生育水平;提高人口素质,促进人口大国向人力资源强国转变;综合治理出生人口性别比偏高问题,积极、健康、和谐应对老龄化挑战,引导人口有序流动与合理分布。[1]

"两个统筹"思想具有三个显著的特征:第一,将人口问题的解决站在全局的、多视角的高度去思考,把人口问题放在一个更大的范围去审视和考察,没有仅仅局限在人口再生产,而是从出生、成长、婚姻、衰老、死亡多层面去思考人口的健康、长寿、福利、快乐和幸福;第二,将人口问题作为一个系统去思考,将人口规模、结构、素质和分布视为一个整体来统筹解决;第三,将人口与经济、社会、资源和环境相互协调的角度去审视人口问题。[2]

"两个统筹"思想对于完善人口均衡发展理论具有重要的意义。第一,将人口问题分为两个大的方面,即人口系统自身的问题以及人口外部系统的问题,这实际上就是对应着均衡人口理论中的人口内部均衡问题和外部均衡问

---

[1]　张俊良、郭显超:《人口长期均衡发展研究——理论与实证》,西南财经大学出版社2015年版,第58页。

[2]　陆杰华、黄匡时:《关于构建人口均衡型社会的几点理论思考》,《人口学刊》2010年第5期。

题,已经在一定程度上搭建了均衡人口体系的雏形。第二,提出了"统筹兼顾"地解决人口问题的统筹思想。统筹思想是建立在将人口问题所涉及的要素视为一个系统,以系统和全局的视野来解决人口问题,以人口与经济、社会、资源、环境等要素的协调来同时破解多种人口难题,实现人口的长期持续发展目标,这实际上已经隐含了人口长期均衡发展的思想。

第二章　均衡人口与区域发展
关系的理论探讨

均衡人口实际上表达了人口系统处于一种良好有序的发展状态。人口系统实际上是由横向的人口要素、人口过程构成的集合,同时也是由纵向的不同空间尺度人口子系统构成的集合。均衡人口既要实现横向人口要素、人口过程的均衡,同时也要实现纵向的人口区域均衡。就区域尺度而言,探讨区域人口系统纵向和横向两种均衡状态与区域发展的关系,分析区域人口非均衡问题对于区域发展的负面影响,对于了解均衡人口对于区域发展的作用具有重要的意义。

第一节　均衡人口视角下人口系统的
要素构成与系统关系

均衡人口强调的是人口处于一种有序均衡的状态,对人口状态均衡性的理解需要从系统论的角度审视人口系统各构成要素的状态变化,考察由此导致的各人口要素之间的关系变迁,以及人口系统与经济、社会、生态、环境等外部系统之间的互动关系。

一、均衡人口视角下的系统要素构成

以系统论的观点而言,均衡人口体系实际上构建了一个以人口为核心的社会发展系统,这个系统由人口、经济、社会、资源、环境等诸多要素构成,系统要素结构和关系的有序性、合理性成为推动社会发展系统的基本动力。

（一）均衡人口视角下的"人口—经济—社会—资源—环境"复合系统

均衡人口体系中的均衡关系涉及人口与经济、人口与社会、人口与资源、人口与环境、人口与文化、人口与政治、人口与军事等多种关系。从社会长期发展的矛盾来看，人口与经济、人口与社会、人口与资源、人口与环境关系的处理和矛盾的解决是推动社会发展最为重要的因素。因此，在均衡人口体系中构建了由人口、经济、社会、资源和环境五个子系统构成的"人口—经济—社会—资源—环境"复合系统（见图2-1）。人口子系统在这个复合系统中处于核心位置，在人口子系统中人口规模、结构、分布等人口现象以及死亡、生育、迁移等人口行为决定了人口子系统的内部均衡关系。社会子系统中的医疗、健康、教育、社会保障、社会公平等要素，资源系统中的能源、水资源、土地资源等各种自然资源要素，环境系统中的自然地理、环境容量、生命生存空间、环境介质等要素，经济系统中的生产、消费、流通、分配、产业、就业等要素，与人口系统所形成的人口与经济、人口与社会、人口与资源、人口与环境的要素关系构成了人口子系统的外部均衡关系。

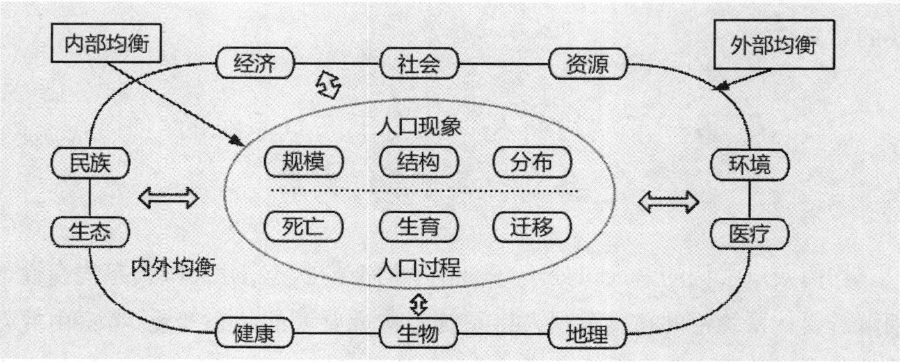

图2-1　均衡人口中的要素构成

引自：陆杰华、黄匡时，2010。①

――――――――――

① 陆杰华、黄匡时：《关于构建人口均衡型社会的几点理论思考》，《人口学刊》2010年第5期。

（二）人口系统的要素构成

人口既是"人口—经济—社会—资源—环境"复合系统的一个子系统,也是一个具有独立性的系统。人口系统要素可以分为人口状态(现象)要素和人口过程(行为)两大类。人口状态要素是决定人口状态特征的要素,主要包括人口数量、素质、结构和分布。人口数量是一定时间和空间范围之内人口在规模和规模变化上的特征。人口质量是人口总体上质量的特征,主要体现在人口的身体素质、文化素质和思想素质三个方面。人口结构是具有不同自然和社会特征的人群在总人口中的比例关系,通常涉及性别、年龄等人口自然结构以及教育、文化、就业等人口社会经济结构。人口分布指的是特定时间地点人口在地理空间上的分布状态,既包括人口总量在地理空间上的集疏状态,也包括具有特别属性的人口,如特定年龄人口、从事特定经济活动人口、接受过某一层次教育人口在空间上的集疏状态。人口过程要素是决定人口状态特征的人口行为,主要包括人口出生、死亡、迁移。这些人口行为的长期积累塑造了特定时空中的人口数量、质量、结构和分布特征。

（三）其他系统的要素构成

1. 经济系统

经济系统是"人口—经济—社会—资源—环境"复合系统中承担物质和服务生产、满足人口物质消费需求的子系统。从静态来看,经济系统的构成要素由劳动力、自然资本、物质资本、人力资本四个方面构成。劳动力是人口所具有的初级经济生产能力,是一切经济活动的本源;自然资本是自然形成的可投入经济生产的原料或对象,如土地、能源等;金融资本指的是由人类经济活动所产出的可用于投入经济再生产或者消费的物质财富;人力资本指的是凝结在人的智力之中的对于经济生产效率提高具有重大意义的科技、管理等要素。从动态来看,经济系统由生产、交换、分配、消费四个过程构成。

2. 社会系统

广义的社会系统范围十分宽泛,包括了政治、经济、文化、法律等诸多要素,囊括了人类所构建的发展系统的全部内容。在均衡人口体系中的社会系统是一个狭义的概念,主要包括了与人口相关的医疗、健康、教育、社会保障、社会公平等要素。

3. 资源环境系统

资源环境系统是"人口—经济—社会—资源—环境"复合系统中提供自然生态产品和生态服务的子系统。资源系统主要由水资源、土地、能源、矿产、生物资源等各类自然资源构成,根据资源的产生和更新速度,自然资源可以分为可更新资源、不可更新资源。环境系统主要是由水、大气、土壤等环境介质,温度、声、光、电、磁等环境条件以及生物有机体所构成。资源系统与环境系统具有高度的相关性,水资源、森林资源、生物资源等作为原料投入经济生产和社会消费时呈现出资源特性,当其作为调节气候、水循环、疾病控制等生态服务提供者时表现出环境支持的特征。资源子系统、环境子系统在"人口—经济—社会—资源—环境"复合系统中发挥的功能存在差异,但是两个系统的物质基础是一致的,因此在人口均衡体系系统构成和系统关系中将两者视为一个子系统。

二、均衡人口视角下的系统相互作用关系
(一)人口系统与经济系统的相互作用关系

从系统论的观点,人口系统与经济系统都是各自系统要素的有机组合。人口系统是人口要素的集合,通过具有特定数量、素质、结构、分布特征的人口完成人口出生、死亡、迁移等人口行为,确保人口群体的延续和发展这一系统功能的实现。经济系统是经济要素的集合,在生产者、消费者以劳动力、自然资本、物质资本、科技、文化、制度等经济要素有机组合下,完成生产、交换、分配、消费等经济过程,确保经济活动的持续和发展这一系统功能的实现。实际上,人口系统和经济系统之间是一种相互联系、相互影响、相互依存的关系。

1. 系统要素间的关系

首先,从构成要素上来说两个系统有很多重合和相互影响之处。一方面,人口是经济活动的主体,是决定经济系统要素状态的重要因素。经济系统中的生产者、消费者都来自人口系统,其中满足一定年龄特征和素质特征的人口进入生产过程就成为劳动者,所有人口都需要进行物质和服务消费,都是经济系统中广义上的消费者。经济系统中参与经济活动的劳动力、人力资本、科技、文化、制度等要素的产生和效用发挥都建立在一定特征的人口的基础上,

人口数量、素质、结构、分布在很大程度上决定了特定地理空间的经济模式。另一方面,经济系统状态直接与人口要素特征相关。人口的数量受制于经济生产的规模和可供消费的生活必需品的生产能力;人口的素质提高有赖于经济产出丰富导致的教育普及;人口的年龄结构、就业结构、城乡结构与经济生产模式和现代化水平具有密切关系;人口的空间分布高度依赖于经济产出、就业和物质财富的空间特征。

2. 系统过程之间的关系

从两个系统的系统过程来看,都极度依赖于彼此的系统要素和系统过程。人口系统的系统过程是由人口出生、死亡决定的人口再生产以及人口迁移流动等人口行为(过程)完成的,其目标是保持人口要素性能和人口系统的稳定与发展。经济系统的系统过程则是优化劳动力、自然资本、物质资本、科技、文化、制度等经济要素,完成生产、交换、分配、消费等经济过程,提升经济系统的运行效率。

无论人口再生产中的人口生育、人口死亡还是人口迁移流动,所有的人口行为都受到经济系统的极大影响。就生育和死亡而言,经济发展带来了短期和长期的两种影响。从短期效应来看,经济系统产出的生活物资的数量和质量直接决定了人们的营养和健康状况,这是决定人口出生率和死亡率的最基础的要素。经济欣欣向荣的时期,丰盈的生活资料供给必然提高人口出生率、减少人口死亡率;如果经济不景气,人们缺少足够高质量的生活消费品,则会产生压低生产率、拉高死亡率的驱动力。从长期效应来看,经济系统的升级迭代,意味着社会生产力水平的跃迁,由此带来人类生育、死亡模式的转变。一方面,经济活动所能提供的与健康和生活质量提高相关产品和服务的生产能力得到了极大的提升,这直接导致了人口死亡率的下降,工业革命导致的经济大发展所带来的死亡率的大幅下降就是人口经济系统跃迁的直接后果;另一方面,在经济发展的进程中,经济生产模式、就业工作模式是导致了生育意愿、生育行为的重要因素。就人口迁移流动而言,经济因素是导致人口流动最重要的因素。人口迁移流动实质上是人口对于与自身生存、发展相关的社会、经济、自然因素空间差异性的反应。在非安全因素引起的人口迁移中,获取更高的经济报酬和职业发展机会是最重要的动机,因此,人口迁移的方向通常是由农村向城市迁移,由落后地区向经济发达地区迁移。

经济系统的运行过程对人口系统的依赖体现在两个方面。第一,经济过程的完成高度依赖于人口系统要素的参与。在经济系统生产、交换、分配、消费四个环节中人口要素全面参与其中。人口是经济生产过程的参与者,人口的数量、质量、结构决定了劳动力的供给水平以及人力资本的投入能力,并在很大程度上决定了生产模式和特征。而交换、分配、消费三个经济环节的对象就是人口,人口特征就决定了这些环节特征和模式。第二,人的智力及其产出是经济发展最本质的驱动力,因此人口系统过程是推动经济系统状态发展和跃迁的基础性力量。无论是农业社会、工业社会还是后工业社会,不同发展阶段的经济系统都需要与之相适应的人口特征,尤其是与之适应的人口再生产、人口迁移流动、人力资本产出特征与模式。这些人口特征的转变既是经济系统发展跃迁和社会生产力提高的结果,同时也为经济系统的持续发展奠定了人口条件。

3. 人口系统与经济系统的冲突与协调

人口系统与经济系统相互联系、相互影响、相互依存,在两者的运行过程中存在多种冲突和协调模式。

人口系统与经济系统的冲突主要有:第一,人口增长和经济增长的冲突。人口增长和经济增长并不总是冲突关系,劳动力的投入是经济发展的基础要素。人类经济史的研究表明人口的适度增长是经济增长的主要驱动力,人口增长也是产生经济规模效应、促进技术进步的重要因素。但是,如果经济系统过度依赖人口的增长,人口的大量增加会因供养人口生存而消耗过多的社会财富与资源,减少用于提高人口质量的社会财富总量,进而降低人口质量并阻碍经济发展。第二,人口结构变动与经济发展的冲突。人口结构变动和经济发展具有重要关系,尤其是人口年龄结构的变化,直接导致了经济活动中"人口"与"人手"比例关系的变化。在人口老龄化不断增长的过程中,全社会中从事经济生产的"人手"与需要抚养的"人口"的比例关系会发生从提高到下降的变化,也就是全社会的抚养负担会有一个从减小到增大的变化过程。对于经济发展而言就会形成从有利条件到不利条件的变化。第三,人口素质变动与经济发展冲突等。高素质的人才有利于促进高质量的经济增长,而高素质的人口是高素质人才和较高人力资本出现的必要条件,维持高素质的人口需要大量的经济投入,占用大量经济资源,从而减少对生产性的投资,在一定情况下会减缓经济增长速度。第四,人口空间变动与经济发展的冲突。人口通常从经济不发达的区域流向发达地区,人口区域空间的非均衡流动导致了人口的区域差异扩大,同时导致劳动力、资本、技术、市场和区位优势等经济发展要素在区域间配置效率差异的扩大,使得区域经济出现非均衡发展。

人口系统与经济系统的协调主要有:第一,经济增长对于人口增长的促进。经济增长带来的物质财富可以供养更多的人口,有利于提高人口规模以及人口承载力的阈值。农业革命、工业革命、信息技术革命的历史证明,每当人类经济系统生产能力得到质的提高时,人口数量和社会可供养人口阈值规模都会有一个大幅度的提高,实现经济与人口的共同增长。第二,经济增长与人口素质增长的相互促进。经济增长使得社会有更多的财富培养人才,同时也有利于留住人才与保护劳动力资源,促进人口素质的提高。人口素质的提高有利于提高经济产出效率,促进经济增长,并形成经济增长对于人口素质增长的正向反馈和循环机制。第三,经济增长方式转变与人口再生产模式转变的协调。经济增长有两种方式实现,一是外延式的增长,通过增加人口等要素投入,在效率不提高或者少提高的条件下获得经济总量的扩大;另一种是内涵式的增长,通过提高要素的配置效率,实现产出规模的扩大。外延式的经济增长要求大量投入劳动力,要求较高的生育水平保持较高的人口增长;而内涵式的经济增长则更注重劳动者的素质,需要对少年儿童提供高质量的教育。随着现代化的进程,内涵式的经济增长成为经济增长的主要模式,这也使得人口生育行为从注重生育数量变为注重生育质量,同时也实现人口再生产模式的现代化转变。

(二)人口系统与资源系统的相互作用关系

1. 系统的互动关系

人口系统与资源系统存在相互依存、相互影响的互动关系。就人口系统而言,资源系统是其发展的物质基础,为人的生存和人口再生产过程提供赖以维持的必要生活资料和生产资料,一定区域的资源禀赋丰裕程度直接影响和制约着特定经济社会体制下的人口发展状态。从资源系统来看,人口系统既是其存在前提,也是其系统状态重要的影响因素。首先,因为有了人和人口消费需求的存在才有资源和资源系统的存在,很难想象没有了人的需求,自然界的物质可称之为资源。其次,人口消费会导致资源的存量和持续供给能力的下降。为了满足人口消费需求的增长,或导致生产的扩大而增加对资源的开采和使用,加重资源的负担,减少资源的可采储量,降低资源的持续供给能力。再次,人口会因其经济创造性与生产能力的提升而提高资源开发利用效率,扩展可利用资源的选择,保持与增加可再生资源生产,推进不可再生资源的技术替代,增加人类可利用资源的可采储量,增加资源的持续供给能力。

因此,人口增长对资源系统状态的影响并非只是简单的"分母效应",即在既定的人类可利用的自然资源总量条件下,人口增加必然导致人均资源量减少。人口增长往往能带来人类信息交流和协作程度的提高,具有显著的技术改进效应,对于替代资源的开发和资源效率的提高具有积极的意义,这将极大提高资源内容的拓展和人均资源占有量的提高。莱宾斯坦就明确地提出不能简单从人口增长的"分母效应"来理解人口增长问题,"在进行人口密度比较时,还要考虑到开发和利用自然资源的能力"[①]。而且,人口增长作为人类技术进步激励和经济增长的动力,一直是乐观主义人口论者的坚持与主张。他们甚至认为,地球资源不是人类发展的限制,因为宇宙资源也在人类可期待的开发视野之内。

2. 人口系统与资源系统的冲突与协调

人口变动尤其是人口的增长是导致资源系统演变与发展的重要驱动因素,两者之间存在系统冲突与系统协调两种不同的系统关系模式。

人口增长如果没有带来技术进步,人口系统和资源系统将处于冲突模式。在静态条件下人口的增长是导致人均生产资料和消费资料下降的主要因素,这直接导致了多种自然资源的过度开发和使用,使得资源产出效率下降,并最终导致人口系统与资源系统的退化。如图 2-2 所示,在自然资源总量既定的条件下,人口的增长意味着耕地、牧场、渔场、水资源的人均拥有量下降,当这种下降达到一定程度,严重影响到满足正常社会经济生活的人均生活资料获

---

① 彭松建:《西方人口经济学概论》,北京大学出版社 1987 年版,第 193 页。

取时,通常的应对策略是以牺牲资源更新能力为代价,加大对自然资源的开发力度;通过减少耕地轮休时间、砍伐森林、开发生态脆弱地区的土地,过度放牧、过度捕鱼等行为获得短期资源供给总量的增长以缓解人口扩增长带来的压力。然而,从长期来看,资源不合理利用和开发行为必然导致土壤退化、植被破坏、草场退化、渔业资源的枯竭,导致资源系统的再生能力的下降。资源系统的严重退化,会导致社会劳动生产效率的下降,生活资料的产出无法满足人口消费的需求,使得贫困人口大幅增加,人口死亡率、出生率、人口预期寿命大幅下降,系统处于退化状态。

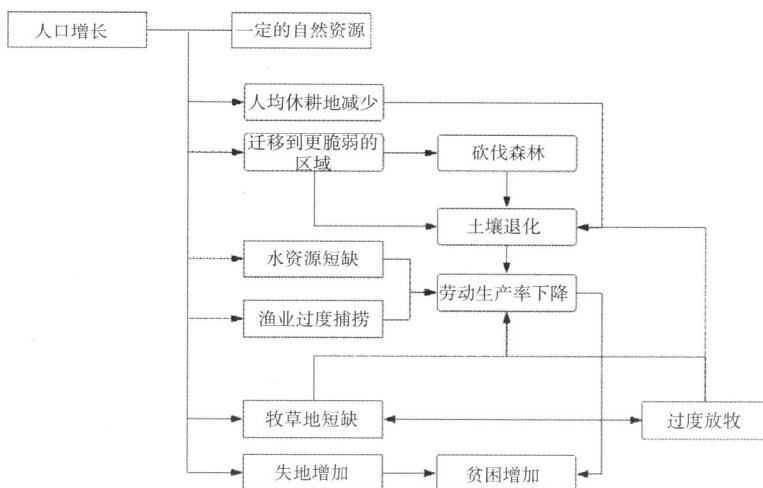

图 2-2　人口增长与自然资源的冲突

引自:罗平,2016。①

当人口增长导致了明显的技术进步,人口增长将导致人口系统和资源系统的同步发展并实现更高发展水平上的平衡。在既定的资源规模条件下,人口增长导致资源需求量的增长,使得全社会资源稀缺程度提高,资源价格上涨。资源价格的上涨会使得人口系统与资源系统的作用方式发生改变,这种改变有四种模式(见图 2-3)。一是生产者使用人工制造商品替代自然资源

① 罗平:《欠发达地区均衡人口发展研究》,经济科学出版社 2016 年版,第 36 页。

制造的商品,如森林资源过度砍伐导致薪柴匮乏和价格上涨时,人们会将电力、煤炭商品等能源作为替代能源。二是消费者减少资源的消耗量,如干旱发生时人们会自动调节用水习惯,降低水资源的消费量。三是提高现有资源的利用效率,如农业社会中中国精耕细作的农业生产模式就是人口压力下提高土地产出效率的产物。四是努力开发新的资源,如近代的历次能源危机导致了核能、风能、光能、生物质能等新能源产品的研发、推广和商业化,极大地提高了人类社会的能源产出能力。

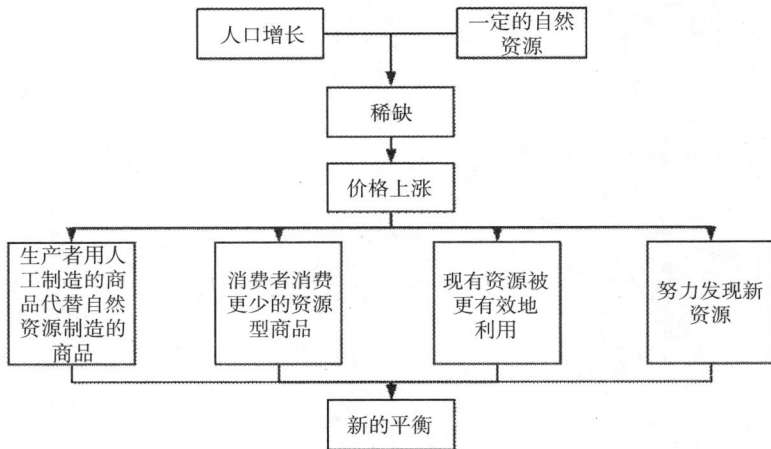

图 2-3   人口增长和自然资源的协调关系

引自:罗平,2016。①

(三)人口系统与环境系统之间的关系

1.系统的互动关系

人口系统建于环境系统之上,高度依赖于环境系统,同时人口系统的发展也对环境系统的状态产生重要的影响,两者表现为制约与适应、相互支持、相互影响的系统关系。

---

① 罗平:《欠发达地区均衡人口发展研究》,经济科学出版社 2016 年版,第 36 页。

制约与适应关系体现为：人口系统的规模及其状态受到环境系统的制约，人口行为必须适应环境系统的基本运行规律。在人类可以预见到的未来，地球所拥有的环境系统仍然是人类社会赖以存在和发展的唯一生存空间，环境系统所提供的各种环境服务，如土壤形成、气候调节、光照和温度、污染净化、资源持续供给能力的维持等仍然是不可替代的，在一定的社会经济条件下，人口系统规模扩展必然受到环境系统的限制，这种人口规模极限就是人口环境承载力阈值极限。因此，人口的行为模式必须与环境系统相适应，人口要素特征尤其是人口的数量和分布特征一定要符合环境要素的分布和运行规律。

相互支持和相互影响关系体现为：第一，人口系统的发展依赖于环境系统，并改变着环境系统的状态。一方面，自然环境为人类的起源、人口的发展提供了最基本的物质支持和生存空间，环境系统的状态量对人口的数量、质量、分布等产生重要的影响；另一方面，人口的数量、质量、结构、分布的变化决定了人口环境行为模式，对自然环境系统产生直接的作用力，气候变化、环境污染、全球地表景观生态格局等环境系统的巨变就是人口行为所致。第二，人类行为所构建的人工环境已经成为环境系统的一个部分。人类活动所产生的物质、能量和构建物已经深度地嵌入自然环境系统中，成为环境系统物质循环、能量流动、信息传导的重要组成部分，即使是渺无人烟的极地、深海也有大量人类物质的存在，纯粹无人类行为干扰的自然环境已经不复存在，人类活动及其产物已经是地球环境系统不可回避的构成要素。

2. 人口系统与环境系统的冲突与协调

人口系统的发展受制于环境系统。当人口系统发展的边界触碰到环境极限时，两者表现为冲突模式；当人口系统没有触碰到环境极限，并且人口环境行为方式有利于提高人口发展质量并促进环境系统的可持续性时，两者表现为协调模式。

人口系统与环境系统的冲突模式主要有：第一，人口的增长导致人口与环境系统的崩溃。在人口增长的压力下，人们对于资源环境的开发力度增大，如过度垦殖导致了耕地退化、植被破坏等现象，并进一步引起水土流失、荒漠化、气候改变等环境系统的非正常变化，当这种环境变化极度剧烈时，导致该区域环境系统崩溃，失去对人口系统的基本支持能力，人口死亡率上升，人口系统退化,在极端情况下,人口完全迁出,导致该区域人口系统全面的消亡。第二,人口的过度集聚和增长导致环境质量的下降,影响人口发展水平的提高。在城市的高速发展阶段常常出现人口过分集聚和过快增长的情况,这导致城市环境污染问题日益严重,严重的环境污染使得人口发展质量受到严重影响。一方面,空气污染、水污染的严重使得环境防护行为成为城市居民的重要对应策略,饮用水和空气净化设备成为重要的消费支出,使得城市生活成本增加。另一方面,环境污染会极大地影响生育率和死亡率水平。空气和水污染是多种癌症和恶性疾病的诱发因素,会极大地提高这些疾病的发病率,是导致人口死亡率提高的重要因素;同时环境污染也使得不孕不育症发病概率提高,降低了人口的生育率。因此,人口集聚导致的严重环境污染不仅影响了人口的健康预期寿命,还降低人们的生活水平,严重影响人口发展的质量。

人口系统与环境系统的协调模式主要有:第一,以环境系统的约束为动力,提高人口行为的资源节约、环境友好程度,以有限的环境支撑人口的持续发展。环境容量的约束本来是对人口规模以及人口消费的限制性条件,但是当对良好环境质量的需求成为人口行为的重要偏好的条件下,环境限制有可能会成为改变人类环境行为的驱动力。通过向清洁生产模式、循环经济模式、可持续性消费、低碳发展的转型,改变人口经济生产和消费的环境影响方式,提高各种环境服务的使用效率,在极大满足人口发展的物质需求的同时,保持良好、优美的人居生活环境,实现人口与环境发展的协调与可持续性。第二,以环境承载要素和人口在空间上的协调性和一致性实现人口系统与环境系统的空间均衡。人口系统与环境系统的系统要素在空间上的分布都是不均匀的,必然存在特定空间上人口与环境承载要素的空间集聚现象,两者在空间上的叠加可以减少区域环境系统发展状态的空间差异性,实现环境承载资源的优化配置。一种途径是根据环境系统的空间差异性,制订人口集聚和其他经济要素集聚的阈值,保证人口集聚不超过区域合计承载资源的极限;另一种途径是根据人口和经济要素的集聚状况,在区域间合理流动、转移环境容量和其他环境承载要素,实现环境承载要素的有效配置和区域环境系统相对压力的均衡。

（四）"人口—经济—社会—资源—环境"复合系统中的要素相互作用关系

在均衡人口体系所构建的"人口—经济—社会—资源—环境"复合系统中，人口系统处于核心位置，人的全面发展是人口系统的发展目标，也是复合系统的系统目标，复合系统通过人口供给和需求来联通经济系统、社会系统、资源系统、环境系统，通过人口供给和需求的平衡形成人口内部均衡、外部均衡的反馈机制并最终指向人的全面发展这个系统目标。

在复合系统中人口系统是核心，直接影响到复合系统的状态和系统目标的实现。具有高素质、能够自由地创造更高精神和物质文明并能够分享人类文明创造的成果就是人的全面发展的重要内涵，人口系统中人口健康、寿命、文化水平、生活环境、经济活动能力等要素与此直接相关。同时，人口的数量、质量、结构、分布、出生、死亡、迁移等特征和行为直接影响到人口的供给以及社会、经济、环境对人口的需求程度和匹配关系。经济系统、社会系统、资源系统、环境系统对复合系统的发展起到支撑和约束的作用。这些系统为复合系统中人口系统提供了自然资源、环境承载、物质保障、文化服务、制度支撑，是推进人的全面发展的基本支撑和约束条件。人口系统、经济系统、社会系统、资源系统、环境系统内部和系统之间通过众多的正反馈、负反馈机制形成系统内部和系统之间的相互影响和相互制约关系，并推动了人口的内部均衡和外部均衡的实现。

第二节　均衡人口与区域发展的关系

区域发展是特定区域空间内由人口、经济、社会、资源、环境要素所构建的发展系统的运行和演进。从横向来看，区域发展系统是一国发展系统在特定空间上的子系统；从纵向来看，区域发展系统是该国人口、经济、社会、资源、环境系统在特定空间上的集合。因此，区域发展状态必然受到人口、经济、社会、资源、环境等发展要素纵向关系的影响，也就是区域人口、经济、社会、资源、环境与该国整体人口、经济、社会、资源、环境之间关系的影响，也会受到人口、经济、社会、资源、环境等发展要素横向关系的影响，也就是区域内部的人口、经济、社会、资源、环境彼此之间关系的影响。均衡人口通过构建人口与其他发展要素的协调关系,实现一国发展系统的稳定与持续,同样均衡人口关系对于协调区域发展系统中各要素纵向和横向关系也具有重要的意义。

一、人口特征与区域发展

人口是区域发展全局性、长期性和战略性的要素,人口的数量、素质、结构、分布对于区域社会经济、生态环境的发展状态具有重要影响。

(一)人口数量

人口数量是人口的基本特征,人口与其他区域发展要素的关系首先体现在人口数量上。人口数量对区域发展的影响主要体现在人口数量对于经济增长的促进或者抑制作用以及人口数量对于环境系统的承载压力两个方面。

对于区域经济发展而言,人口数量的多寡、人口数量的变动是经济增长的一个内生变量,对于区域经济模式、市场地位、技术创新都具有重要影响。首先,人口的数量决定了区域劳动力供给水平的基本面。劳动力来源于人口再生产过程所产生的具有一定体力和智力的人口,因此,一个区域的人口规模实际上已经决定了该区域劳动力供给水平的基本面。尽管由于年龄结构、人口素质的差异,导致不同特征人口系统劳动力的产出比例具有一定差异,但仅从劳动力的供给规模而言,人口数量仍然是最主要的决定因素。劳动力是经济生产活动中最基础的生产要素,劳动力的相对富裕可以使得该区域劳动力价格和成本保持在较低的水平,对于区域经济增长无疑是一个有利条件。然而劳动力过多可能对于经济长期增长也会有不利之处。一方面,在劳动力无限供给的环境中,低劳动力成本使得经济生产中企业倾向于多投入劳动力来获得经济增长,从而导致了劳动力投入对资本、技术等其他生产要素的"挤出效应",出现经济生产对于劳动力投入的依赖,使得经济长期增长过分依赖要素投入而不是效率提高,经济增长容易出现瓶颈效应。另一方面,劳动力过多则意味着存在大量未就业的人口,尽管这些未就业的人口没有进行经济生产,但是在其参与经济活动之前,必然要消耗社会的物质积累进行消费,导致社会可以投入经济生产的物质财富份额减少,这必然会减少社会投资规模,并影响经济增长。

其次,区域人口规模会对技术创新和经济效率的提高产生显著影响。技术创新不是某个科学家、工程师的个体行为,而是数量众多的创新活动者的群体行为。人与人之间的信息交流、分工协作是产生技术创新的重要环境。在经济生产中进行产业分工、产业协作、产业竞争都是导致技术进步的重要原因。区域人口的规模无疑是形成技术创新的基本环境。随着区域人口规模的增长,使得区域内的产业分工更加细致,产业集群与协作变得不可或缺,产业竞争日益强烈。这一方面使得每一个企业都有机会向同行企业以及合作企业获得技术创新信息并予以消化吸收,提高自身的产出效率;另一方面区域内的经济主体不得不加大技术研发力度,降低产品和服务的生产成本,提高市场竞争力。但是也应该看到,人口过快的增长导致人口数量过大也会对经济效率生出负面影响。当人口过多时,技术进步产生的效率提高不足以抵消人口规模增长导致人均效率下降。因此,新古典经济学派的埃温德·坎南在其著作《初级政治经济学》中明确指出,人口增长可以有效提高经济协作,人口规模的增长并不一定意味着产业的生产效率立刻降低,只有人口增长到一定的程度,才会使生产效率降低。[①]

此外,人口数量会对区域的经济地位产生影响。一个区域的经济发展状态在很大程度上受到该区域在区域间经济地位的影响,具有经济优势地位的区域可以从区域外获得各种经济发展的资源和要素,使得本区域获得更快的经济发展速度。而区域间优势地位的形成离不开人口数量优势。一个区域在经济活动中要形成优势地位,无论是特定行业的生产中心、销售中心、研发中心,还是不同行业经济协作与信息交换的中心都与其人口数量具有密切的关系,人口数量较少的区域,其产业规模、产业门类的数量以及产业分工的精细程度与人口数量较多的区域具有天然的差距,因此一定规模乃至具有数量优势的人口是形成经济优势的基本条件。此外,人口数量基本决定了一个区域的消费市场的规模,一定规模的本土市场规模既是形成消费中心和市场中优势经济地位的有利条件,也是支持本区域发展特定产业的有利条件。

对于区域生态环境而言,人口数量是十分重要的影响因素,人口增长常常

---

① 李仲生:《欧美人口经济学说史》,世界图书出版公司 2013 年版,第 84—86 页。

成为区域生态环境变迁的主要驱动力。随着区域经济一体化和全球化的发展,区域越来越成为一个开放系统包括区域环境系统,也面临着人类活动导致的生态环境要素跨区域流动日益频繁的局面,但是基于区域可持续发展的理念以及区域生态安全需要,区域内的环境承载能力依然是支持区域人口发展的基本条件和主要约束。人口数量的快速增长常常导致区域的资源消耗水平和环境压力快速增加,出现空气污染、生态恶化、重要自然资源短缺的现象,并使得区域环境系统功能受到损害,当人口增长的压力严重超过环境承载阈值时可能导致区域环境系统的不可逆退化乃至崩溃。

(二)人口素质

区域人口素质通过改变区域劳动者素质和科技创新水平影响区域发展。人口素质包括人口的身体素质、文化素质和道德素质,这些因素对于区域劳动效率和技术进步具有重要意义。人口的身体素质和文化素质是构成劳动力的质量的重要内容。各国经济发展的历史已经证明,人口身体素质和文化素质的提高是经济增长的有效促进因素。根据美国学者的计算,1929—1957 年美国由于教育投资、提高人口文化素质所创造的国民收入为 495 亿美元,占这一时期经济增长总额的 33%;据日本文部省的计算,1930—1955 年日本国民收入的增长中有 25%是由于增加教育投资、提高人口质量获得的。[①] 技术进步与人口文化素质具有密切的关系,任何重大的科技突破与发现都是建立在一大批具有较高素质的科技人员和技术技能劳动者的长期持续的研发和实践活动中。是否具有足够数量较高素质的人口,是否能够产生在数量和质量上满足社会经济需求的科技人员和技术技能劳动者是实现技术进步推动经济发展的基本条件。一般来说,区域人口质量越高,科技人员的素质也会越高;反之,在人口素质较低的地区,新兴技术的创造、传播和运用效果也会较差。

随着现代科技的发展,科学技术的进步对于社会经济影响作用也越来越强,不同区域人口素质的差异会通过科学技术作为中介变量对区域竞争力产生影响。在现代社会中,随着区域的开放性越来越强,不同区域对于吸引人流、物流、交通、资本、产业等社会发展要素能力的差异性日益扩大,这在区域

---

① 李仲生:《人口经济学》,清华大学出版社 2006 年版,第 102 页。

间就形成了区域竞争力的比较。区域竞争力是指在系统分析区域现状的基础上，一个区域与其他区域相比，在资源环境、经济实力、产业市场、对外开放、基础设施、人力资本、科技创新和管理服务等方面表现出来的一种相对的综合能力，是一种通过比较所形成的吸引、争夺、转化资源和控制、占领市场的能力，这种能力能够为区域发展提供资源配置和市场导向功能。① 尽管对于区域竞争力的具体内涵和构成要素的认识存在一定的差异，但是几乎所有的研究都将建立在人口素质之上的人力资本、科技创新、管理服务等作为了决定区域竞争力大小的决定性因素。② 因此，从区域层面而言，人口质量的差异在短期内决定了劳动者素质和劳动生产效率的区域差异，从长期来看人口素质差异决定了区域人力资本储量、技术创新水平的差异，并使得区域表现出不同的竞争力以及迥异的发展状态。

（三）人口结构

人口结构对于区域发展的影响主要体现在人口年龄、性别结构对区域储蓄与消费关系、社会供养人口比重、就业人口数量等经济发展要素的影响。

年龄结构变化对于区域经济发展的影响是显而易见的。随着人口转变的完成，老龄化已经是人口年龄结构变迁不可逆转的演化方向。虽然老龄化仅直观地表现在老年人口比重增长、人口抚养比上升、劳动年龄人口减少等方面，但老龄化实际上是人类社会生产、消费、管理、创新、制度等一系列社会运行模式的系统性转变。目前关于老龄化对于经济增长影响的研究结论仍然存在分歧，③这表明老龄化的经济增长效应具有不确定性，但是抛开老龄化导致的经济模式演进、技术进步的驱动力等长期效应所带来的积极作用，人口老龄化短期内导致的劳动力短缺、养老负担的增加，无疑是经济增长的不利因素。但是应该看到老龄化是一个较长的人口年龄结构变化时期，在老龄化的初期

---

① 高志刚：《基于组合评价的中国区域竞争力分类研究》，《经济问题探索》2006 年第 1 期。
② 徐宏、李明：《试论区域竞争力评价指标体系的构建》，《特区经济》2005 年第 5 期；叶琪：《区域竞争力评价指标体系的国内外研究综述》，《福建师范大学学报》（哲学社会科学版）2008 年第 1 期。
③ 袁蓓、郭熙保：《人口老龄化对经济增长影响研究评述》，《经济学动态》2009 年第 11 期；武永生：《人口老龄化的经济效应研究综述》，《西北人口》2011 年第 5 期。

老龄人口比重的增长速度通常是低于少年儿童人口比重的下降速度,这就在一段时期出现了劳动年龄人口与比重同时增长的现象,即所谓的人口机会窗口期,这一时期有利于经济发展的人口条件被称为人口红利。

对于区域而言,上文所述的人口老龄化带来的人口机会之窗或是人口抚养负担从减轻到加重只是一种理论上可能发生的情形,这些情况在特定区域是否出现,还取决于区域间人口流动导致的人口年龄结构的变化。由于经济社会发展的差异,不同区域在人口转变的进程上前后不一,使得各区域人口老龄化程度存在极大的差异。通常经济社会发展程度较高的区域人口转变发生也较早,老龄化程度也较高,但是这些区域凭借在经济收入、就业、个人发展等方面的优势,往往成为人口净迁入的中心,吸引大量区域外的年轻人口迁入,使得这些区域人口老龄化对经济的不利影响得到缓解。反之,一些落后的区域,往往成为年轻人口的输出地,导致了与人口转变过程和社会经济发展不相适应的人口老龄化,陷入了未富先老的境地。上海地区是中国人口转变完成最早的地区,在 20 世纪 90 年代初已经出现了人口的自然负增长现象,但是大量来自中部和西部地区的务工人员和迁移人口的进入极大地缓解了人口老龄化对于上海经济增长的影响,2010 年第六次人口普查时上海常住人口老龄化比例为 10.12%,在全国 31 个省级行政区域排名第 6,重庆、四川、安徽等人口输出大省的老龄化指数都高于上海。与此同时,上海经济发展质量也高于这些人口输出的省区。可以看到人口年龄结构所导致的经济增长压力可能会由于区域间人口的不对称流动导致压力和影响的区域溢出现象。

(四)人口流动与集聚

人口流动与集聚改变了人口在区域间的分布格局,并且出现人口流动的资源、资本、市场、消费、生态压力等"跟随效应",会改变特定区域经济、社会、环境发展的态势,当区域间人口流动规模极大时,区域发展格局甚至会被"重塑"。

第一,人口流动可能造成区域间劳动力、资本、科技资源的重新分配,导致人口流出区域与流入区域经济要素的区域极化现象。1954 年刘易斯在《劳动力无限供给条件下的经济发展》一文中就提出了二元经济模式下人口流动对于区域劳动力的再分配效应。刘易斯指出,不发达的经济体同时存在经济发达的现代部门和经济落后的传统部门,且经济发达的现代部门处于主导地位。传统部门多为农业和技术水平要求较低的工业,多分布于农村和偏远地区,现代部门多为现代工业和服务业,多位于城镇和交通枢纽地区。传统部门的生产水平较低且存在着一些边际生产力低于生活费用甚至为零的一些劳动力。这部分劳动力的流出对传统部门不存在影响,也可以使得传统部门的边际生产成本降低,因此形成了传统部门人口向现代部门转移,进而实现了区域间劳动力资源的合理配置。① 人口流动对劳动力的重新分配进而影响经济的发展,具体体现在以下三个方面。首先,对于净流入地而言,人口流入增加了该区域劳动力的供给,劳动力数量的提高使得一些企业在劳动力获取和减少经济投入方面获得了较之前更大的选择空间,可以通过较低的劳动力成本实现自身的生产需求,从而提高产品的竞争力,最终在市场竞争中获得较高的利润,进而为进一步扩大生产规模奠定物质基础;其次,在人口积聚过程中,劳动力会自然的分层,形成多层次、多结构的劳动力状况,促进劳动力与资本、技术和其他生产要素的结合,不同层次的劳动力合理结构会推动经济增长中三次产业的结构向更加优化的方向发展;最后,于人口净流出地区来说,劳动力供给减少使得企业无法实现资源的有效配置,对于一些有政策支持的区域,人口流出更是会造成社会资源的浪费和损失,会在一定程度上阻碍区域经济的增长。

第二,人口流动会影响资本的跨区域流动。人口的流动过程中会形成资本的跟随效应,即资本跟随人口流动的方向从一个区域向另一个区域聚集,通常资本会随着人口的流向从不发达地区向发达地区集聚。② 人口流动从三个方面影响人口流入地的资本集聚。一是大量人口的涌入为该地区提供了丰富的劳动力资源,促使该地区劳动力密集型产业的快速发展,在此过程中形成了对资本的需求,进而引起资本流入到该地区。二是在流入地劳动力需求不变的情况下,劳动力供给的大规模增加,会导致劳动力工资的下降,进而降低了

---

① 周树平:《劳动力的无限供给与农民工短缺》,《人口与经济》2006 年第 1 期。

② Taylor A.M., Williamson J.G. 1997, "Convergence in the age of mass migration". *European Review of Economic History*, 1(1):27-63.

企业的生产成本,企业能够积累更多的资本进行扩大再生产。三是人口大规模流入到发达地区,会在流入地形成大的消费需求,这就会引起旧企业扩大生产规模和新企业的进入,在此过程中形成对资本的需求将会引起资本从不发达地区流向发达地区。对于人口流出地而言,人口流动从两个方面对资本存量产生影响。一是人口大量流出导致流出地劳动力的缺失,使得企业生产成本增加,企业不得不缩小生产规模来进行生产,企业生产规模的缩小导致资本的流出。二是大量人口的流出,使得流出地的消费市场萎缩,将导致企业缩小生产规模,减少投资,资本流出该地。因此,无论对人口流入地还是流出地来说,大规模的人口净流动必然改变区域内生产和消费的总体规模,导致对资本需求的变化,进而影响资本的回报率,这必然使得资本追随人口流动的方向在区域间再分配。

第三,人口流动会影响区域技术发展的差异。技术的发展和进步来源于人类的创新思考和实践,人口素质和人力资本储备水平对科技进步的决定性影响已经为世人所公认。人口流动主要通过对区域人力资本这一中介变量的改变来影响区域技术的发展。对流动人口的受教育特征的统计表明,那些受过高等教育、具有高素质以及拥有特殊专长的年轻劳动力更容易选择迁移。从流入地来看,受过高等教育以及拥有特殊专长的年轻劳动力的流入,从两个方面改变了区域技术的发展和进步。一是随着高素质人才的流入,直接加速了技术的溢出效应,提高流入地的科技水平。流入人口中的顶尖人才掌握着经济生产中各行业最新的知识、技术、管理知识和丰富的工作经验,这直接引发流入地各行业的变革,可能在短时期内使得流入地技术装备、生产工艺、流程管理的水平以及整体生产效率出现飞跃式的进步。二是增加了区域内高素质人口的比重,并促进区域人力资本转化的效率。大量受过高等教育、具有高素质以及拥有特殊专长的年轻劳动力的流入,一方面会直接增加流入地的人力资本,另一方面通过知识技术溢出效应使得新知识、技术被企业或个人迅速模仿,而提高流入地中普通劳动力的知识水平并转化为人力资本。从流出地来看,高素质年轻劳动力的流出减缓了流出地人力资本的积累,进而阻碍该地区经济的增长,而且还会导致该地区企业技术变革、产业升级受阻。另外,流出地经济增长受阻意味着当地不能提供更多更好的工作机会,这又进一步加剧高素质劳动力的流出,最终导致人口流出与经济增长受阻的恶性循环。

二、区域发展中的人口失衡问题

人口对于区域发展的基础性和长期性的作用已经毋庸置疑,均衡的人口是区域获得长期发展动力的良好条件。然而,在发展过程中人口的失衡问题是屡见不鲜的。在区域层面,人口失衡不仅仅表现为人口系统状态的内部失衡和外部失衡,还表现在人口特征在区域间的失衡。这种双重人口失衡与区域发展的关系更加复杂。

(一)人口素质的失衡

受益于科教兴国的国家战略,中国人口的总体素质得到了空前的提高。尤其是近 30 余年来,随着义务教育、高等教育、职业教育、继续教育等教育事业的蓬勃发展,中国人口的平均受教育程度得到了极大的提高。根据 2015 年全国 1% 人口抽样调查数据,2015 年中国每 10 万人中具有大学、高中、初中和小学教育程度的人口分别为 12445 人、15350 人、35633 人和 24356 人。与 1982 年相比每 10 万人中具有大学、高中、初中教育程度的人口分别增长了 11860 人、8903 人和 18367 人,小学教育程度的人口则减少了 10080 人。接受更高层次教育人口比重的提高,使得中国平均受教育年数得到了较大提高。1982 年全国 6 岁及以上人口平均受教育年数为 5.20 年,接近小学毕业水平;2015 年时提高到 9.13 年,超过初中毕业水平。在中国人口质量快速提高的背景下,人口质量的区域差距日益拉大。

受到社会经济和历史因素的影响,中国不同区域间人口受教育水平的差异长期存在。如表 2-1 所示,1982 年全国人口的平均受教育年限为 5.20 年,其中北京、上海、天津三个直辖市的人口受教育水平最高,分别达到了 7.72 年、7.62 年和 7.02 年,明显高于其他省区;西藏、云南、贵州、甘肃、青海、宁夏等省区人口受教育水平较低,其中西藏、云南、贵州三个省区人口平均受教育年限不足 4 年,西藏更是只有 1.81 年,与全国平均水平差距极大。2015 年全国人口的平均受教育年限数值最高的仍然是北京、上海、天津三个直辖市,分别达到了 12.08 年、10.95 年和 10.56 年;最低的是西藏、青海、贵州和云南,分别为 5.33 年、7.51 年、7.78 年和 8.05 年。

从地理空间分布来看,中国不同受教育程度的区域具有明显空间集聚性。根据人口受教育年限数值的差异,中国各区域间存在一条从东北到华中再到华南的人口受教育水平分布带,这一分布带主要包括东北三省、内蒙古、北京、天津、山西、陕西、湖北、湖南、广东 11 个省区市;在这个分布带东侧的各省人口受教育水平整体略低,这些省区市包括河北、山东、江苏、河南、安徽、浙江、江西、福建;分布带西侧的各省人口受教育水平整体更低,而且呈现出从东北到西南方向的梯度递减趋势,这些省包括新疆、甘肃、宁夏、四川、重庆、贵州、广西、云南、青海和西藏;全国整体来看,东北、华北地区人口受教育水平最高而西南地区人口受教育水平最低。①

表 2-1　1982—2015 年中国各省区市人口受教育年限　　　单位:年

	1982 年	1990 年	2000 年	2015 年
全国	5.20	6.26	7.62	9.13
北京	7.72	8.63	9.99	12.08
天津	7.02	7.85	8.99	10.56
河北	5.54	6.32	7.74	9.04
山西	5.96	6.92	8.02	9.63
内蒙古	5.35	6.49	7.76	9.37
辽宁	6.59	7.39	8.41	9.84
吉林	6.17	7.14	8.24	9.39
黑龙江	6.09	7.11	8.25	9.38
上海	7.62	8.21	9.30	10.95
江苏	5.21	6.42	7.85	9.49
浙江	5.18	6.10	7.46	8.98
安徽	4.08	5.27	6.98	8.80
福建	4.72	5.95	7.49	8.87
江西	4.94	5.93	7.55	8.87
山东	4.88	6.20	7.58	9.03

---

① 黄维海、袁连生:《1982—2010 年人口受教育水平的增长与 GIS 空间分布特征》,《人口学刊》2014 年第 5 期。

	1982 年	1990 年	2000 年	2015 年
河南	5.00	6.29	7.72	8.83
湖北	5.43	6.4	7.77	9.33
湖南	5.61	6.53	7.8	9.30
广东	5.71	6.67	8.07	9.50
广西	5.36	6.24	7.57	8.68
海南	—	6.41	7.68	9.20
重庆	—	—	7.28	8.94
四川	4.85	6.00	7.06	8.45
贵州	3.70	4.80	6.15	7.78
云南	3.59	4.75	6.33	8.05
西藏	1.81	2.13	3.43	5.33
陕西	5.37	6.32	7.71	9.55
甘肃	4.04	5.05	6.54	8.44
青海	4.14	5.03	6.12	7.51
宁夏	4.36	5.56	7.03	8.89
新疆	5.22	6.53	7.73	9.09

数据来源:1982 年、1990 年、2000 年数据来自文献,黄维海、袁连生,2014;①2015 年数据根据该文献中方法使用各省区 2015 年 1%人口抽样调查数据计算所得。

　　1982—2015 年间全国 31 个省区市人口受教育程度都有了不同程度的提升,增长程度最高的省区为西藏、云南、安徽、贵州、甘肃、宁夏,增长率都超过了 1 倍,其中西藏更是达到了 200%;增长率较低的省区市为上海、辽宁、天津、吉林、黑龙江、北京,增长率都低于 60%,其中上海、辽宁不足 50%。尽管各省区市的人口受教育水平变化率有所不同,但区域差异及其空间分布格局是稳定的。1982 年人口受教育程度最高的北京市和最低的西藏自治区的差值为 5.91 年,到 1990 年、2000 年、2015 年地区极差值分别为 6.50 年、6.56 年和 6.75 年。考虑西藏自治区在经济社会发展的特殊性,以及国家在教育、文化

---

　　①　黄维海、袁连生:《1982—2010 年人口受教育水平的增长与 GIS 空间分布特征》,《人口学刊》2014 年第 5 期。

领域对西藏扶持政策措施导致人口受教育水平变动的不稳定性可能会影响地区极差值的变动,可以选择除西藏外受教育水平最低的省区进行比较来排除特殊区域对区域差异比较的干扰。1982 年、1990 年、2000 年和 2015 年中国受教育程度最高的省区市都是北京市,受教育程度最低的省区分别是云南、贵州和青海,两者的极差值分别为 4.13、3.88、3.87 和 4.57。可以发现,虽然比较对象的不同使得人口受教育年限的极差值变动轨迹有所差别,但变动幅度不大,基本维持在一个比较恒定水平,这表明人口文化素质在区域间的差异是明显而且持续存在的。使用极差值只能反映区域人口文化素质极值的离散程度,不能充分揭示区域间差异状况。因此,众多研究使用基尼系数来深入分析人口文化素质的区域差异。尽管不同的研究由于采用的计算方法的细微差别导致了测算得到的数值结果不完全一致,但是大多数研究证明了中国各省区人口受教育程度存在显著的差异,尽管近年来区域差异有所缩小,但仍然保持在较高的水平。①

　　人口素质区域差异的变动受到两种力量的作用。一是国家公共服务均等化政策加大了对教育发展落后地区的投资,以及社会发展中后发优势导致的落后地区教育事业更快的发展速度所带来的减小地区差异的力量。由于城乡和地区发展差距的扩大,进入 21 世纪后国家开始强调通过基本公共服务的均等化的政策导向优化公共资源配置,促进社会公平与正义,推动中国社会全面的协调发展。其中教育均等化是基本公共服务的重要内容,国家通过对教育文化欠发达的老少边穷和民族地区加大教育投资和智力帮扶,极大提高这些地区的教育服务供给能力,并有效地缩小了区域间人口受教育条件和成果的差距,尤其在基础教育方面体现更为显著。②

---

　　①　孙百才、刘云鹏:《中国地区间与性别间的教育公平测度:2002—2012 年——基于人口受教育年限的基尼系数分析》,《清华大学教育研究》2014 年第 3 期;黄维海、袁连生:《1982—2010 年人口受教育水平的增长与 GIS 空间分布特征》,《人口学刊》2014 年第 5 期;姚继军:《中国教育平等状况的演变——基于教育基尼系数的估算》,《教育科学》2009 年第 1 期;韩海彬、赵丽芬:《教育扩展与教育不平等:中国的实证分析》,《华南师范大学学报》(社会科学版)2012 年第 2 期。
　　②　高萍:《区域基本公共教育均等化现状、成因及对策——基于全国各省(市、自治区)面板数据的分析》,《宏观经济研究》2013 年第 6 期。

二是由于高素质人口向发达地区净流出导致的区域差异扩大的力量。流动人口通常具有更高的文化素质,这是被统计数据证实的基本规律和特征。近30年来以长三角为核心的东部沿海地区,以珠三角为核心的东南沿海地区、以北京、天津为核心的环渤海地区吸引了大量来自中西部地区具有较高素质的年轻劳动者,这有效地提高了这些人口净流入区人口的平均受教育程度,并使得中西部省区由于高素质人口净流出导致劳动者素质的提高速度出现了明显的下降。有学者将高素质人口在城乡和区域间不均衡流动而导致的人才和人力资本从农村流向城市、从落后地区流向发达地区的现象称为"教育抽水机"现象。正是由于这种现象的存在使得人口素质区域差异和空间失衡的状态长期持续。①

（二）人口年龄结构的失衡

近40余年中国不同区域都相继进入现代化转变的快车道。在人口方面,人口转变的快速完成使得各个区域经历了一个人口年龄结构快速变化、人口老龄化程度不断加深的进程。从全国总体来看,人口年龄结构的变化使得中国从"成年型"人口类型快速转变为"老年型"人口类型。1982年中国0—14岁和65岁及以上人口比重分别为33.54%和4.89%,按照联合国人口司制定的人口年龄结构类型的划分,属于典型的"成年型"人口类型。2019年时中国0—14岁和65岁及以上人口比重分别变为16.41%和12.63%,已经是人口老龄化程度较高的"老年型"人口类型。图2-4是2018年中国各省区市人口年龄结构状况。从区域层面来看,2018年老年人口比重居全国前列的省区市分别是:山东(15.16%)、四川(14.99%)、辽宁（14.98%)、上海（14.95%)、重庆（14.47%)、江苏(14.30%)、安徽(13.20%);老龄化程度较低的省区为:西藏(5.69%)、新疆(7.16%)、青海(7.59%)、海南(8.21%)、广东(8.26%)、宁夏(8.99%)。

人口年龄结构的变化以及人口老龄化是人口转变和人口发展的一个必然结果,一般意义上没法断言是人口年龄结构的老龄化带来了人口的失衡,但一个不可回避的问题是人口老龄化的速度过快和区域差异已经打破了人口发展

---

① 吕昭河:《"教育抽水机"假说引发的思考——兼论农村教育发展问题》,《中国人口科学》2010年第5期;阮荣平、郑风田:《"教育抽水机"假说及其检验》,《中国人口科学》2009年第5期。

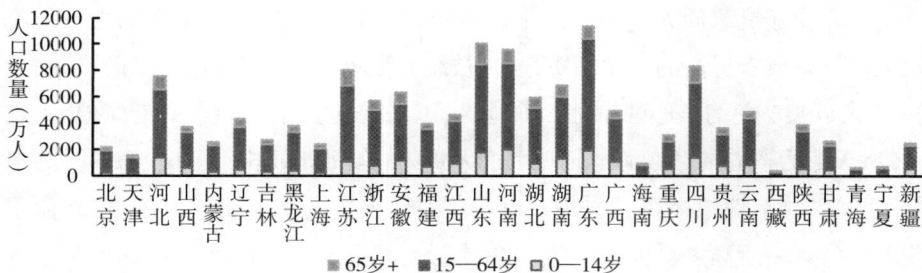

图 2-4　2018 年中国各省区市人口年龄结构状况

数据来源:历年《中国统计年鉴》。

既有的平衡。这种失衡体现在两个方面,一是地区间人口发展差距的拉大,二是地区间人口与经济发展关系差异的扩大。

人口年龄结构的区域差异是显而易见的。从人口老龄化指数来看,中国 31 个省级行政区域出现了明显的极化现象,2018 年人口老龄化指数最高的山东省为 15.16%,而最低的西藏自治区仅为 5.69%,两者差了近 10 个百分点。从各省区市人口老龄化指数的演变来看,这种人口年龄结构变动的巨大区域差异是长期存在的。1982 年中国人口老龄化指数的省级区域极差为 2.87,到 2000 年扩大到了 7.03,到 2018 年进一步扩大到了 9.47。这反映出在从传统的"成年型"人口类型向现代"老年型"人口类型转变进程中不同区域的人口结构特征的差异在扩大。一些基于基尼系数和密度估计数理分析方法的研究发现中国人口年龄结构的地区差异和空间失衡现象呈扩大的趋势。刘华军等人采用 Dagum 基尼系数和 Kernel 密度估计方法研究了中国省级区域 1989—2011 年人口老龄化的空间非均衡分布的动态演进特征,发现 Kernel 密度估计图随时间变化向右发生移动,宽度拉大,这表明中国人口老龄化程度在不断加深的同时老年人口分布的地区差距也在持续扩大;与此同时,Kernel 密度估计图中峰值整体上随时间向右移动,呈阶梯下降趋势,宽度拉大,且存在明显的右拖现象,表明多极化现象严重,显示出人口老龄化地区差距扩大,若干省份存在较为严重的人口老龄化特征。①

①　刘华军、何礼伟、杨骞:《中国人口老龄化的空间非均衡及分布动态演进:1989—2011》,《人口研究》2014 年第 2 期。

　　图 2-5 是 2018 年中国各省区市人口老龄化与人均 GDP 的情况。从人口老龄化与经济发展水平的关系来看,各区域差异十分显著,可以分为几种不同的类型。第一类包括上海、江苏、浙江、北京、天津,这些区域经济发展水平和老龄化水平都较高,即使人均 GDP 最低的浙江也达到了 9.8 万元,远远超过同期 6.45 万元的全国平均水平,同时人口老龄化指数为 11%,这些区域表现出老龄化与经济同步快速发展的态势,即显著的"边富边老"特征。第二类包括江西、云南、宁夏、海南、青海、西藏、新疆,这些属于经济发展和人口老龄化都相对滞后的区域,人均 GDP 多在 4 万—5 万元之间,人口老龄化指数都在10% 以下,青海、新疆、西藏等地区甚至只到达了老年型人口门槛值 7% 左右,这些地区人口与经济关系表现为"慢富慢老"的特征。第三类包括广东、福建两省,这些属于经济发展水平较高但人口老龄化程度较低的区域,2018 年两省的人均 GDP 分别为 9.09 万元和 8.57 万元,分别位列全国的第 7 和第 6位,但人口老龄化指数仅为 8.26% 和 9.49%,分别位列全国的第 27 和第 25位,这些地区人口与经济关系表现为"富而未老"的特征。第四类包括山东、黑龙江、重庆、河北、甘肃、安徽、辽宁、四川,这些地区人均 GDP 高低不一,但相较于人口老龄化程度而言,经济发展水平显得比较滞后,在人口与经济关系表现为典型的"未富先老"的特征。第五类包括内蒙古、陕西、山西、湖北、广西、河南、吉林、湖南、贵州,这些地区经济发展和人口老龄化的程度参差不齐,在人口与经济关系表现为"不富不老"的特征。

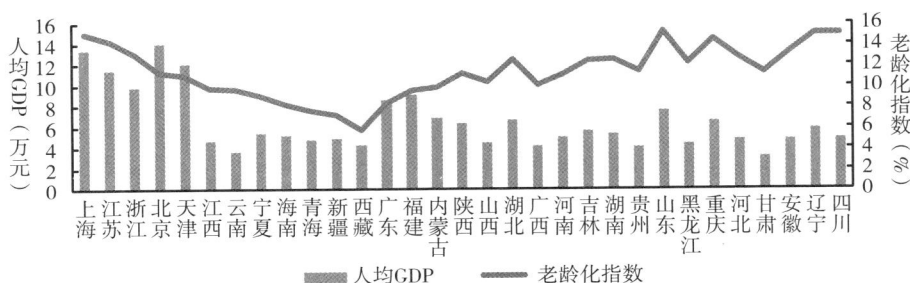

图 2-5　2018 年中国各省区市人口老龄化与人均 GDP

数据来源:历年《中国统计年鉴》。

（三）人口性别结构的失衡

从 1982 年以来,中国的人口性别比总体呈下降趋势,人口性别结构趋于平衡。1982—2000 年中国总人口性别比在 106.3—106.4,超出了性别结构相对均衡的 106 的上限,2000 年以后性别比有所下降,稳定在 105 左右。尽管中国总人口性别结构趋于均衡,但出生婴儿性别比却严重失衡。在自然状态下出生婴儿的性别是基本平衡的,性别比在 103—107,超过这个范围预示着偏离正常值。[①] 1982—2010 年中国出生人口性别比明显增高,1982 年时出生婴儿性别比为 107.6,已经超过 107 的上限水平,到 2010 年更是达到了 118,2015 年时下降到了 112.6,但也远远超过 107 的上限水平。在封闭人口条件下,出生婴儿性别比是决定总人口性别比演变的主要力量,出生婴儿性别比的长期失衡将会对中国未来的总人口性别结构产生重要的影响。

人口性别结构的失衡在区域层面更为突出。从总人口性别比看,如图 2-6 所示,2018 年全国 31 个省级区域中北京、河北、山西、内蒙古、辽宁、吉林、黑龙江、江苏、江西、山东、河南、湖南、海南、重庆、四川、西藏、陕西、甘肃、宁夏、新疆 20 个处于性别比相对均衡的区域之内,其中北京、四川、宁夏、西藏、新疆 5 个区域女性人口数量小幅高于男性,性别比在 98—100;天津、上海、浙江、安徽、福建、湖北、广东、广西、贵州、云南、青海等 11 个省区市人口性别比超过了 106 的上限值,其中广东和天津分别达到了 117.27 和 115.72,远远高于全国平均水平和其他省区。

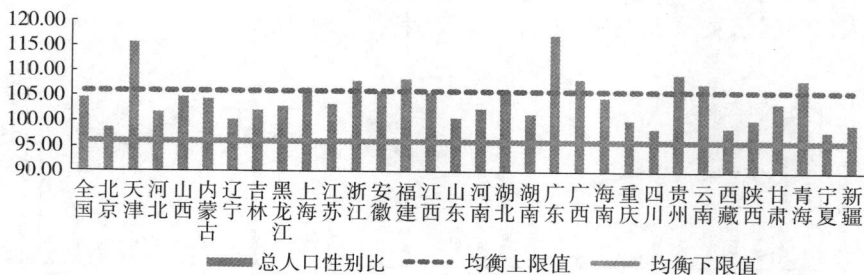

图 2-6　2018 年中国各省区市总人口性别比

数据来源:根据历年《中国统计年鉴》计算而得。

[①]　姜全保、梅丽、邰秀军:《中国人口出生性别比的区间估计》,《中国人口科学》2019 年第 2 期;石雅茗、刘爽:《中国出生性别比的新变化及其思考》,《人口研究》2015 年第 4 期;原新:《对我国出生性别比失衡人口规模的判断》,《人口研究》2007 年第 6 期。

从地理区位来看,人口性别特征表现出一定的空间集聚现象(见图 2-7)。人口性别比偏高的省区表现为"两点、两片"的空间分布格局。"两片"指的是由湖北、安徽、浙江、上海等长江中下游省区形成的高人口性别比集中分布区以及广东、福建、广西、贵州、云南等东南、西南省区市构建的高人口性别比集中分布区。"两点"指的是散布于华北和西北低人口性别比区域中天津和青海两个高人口性别比省市。总体而言,中国人口性别结构在华北、东北、西北等北方地区较为均衡,在长江中下游、东南沿海、西南地区出现了不同程度的男性人口较多的特征。

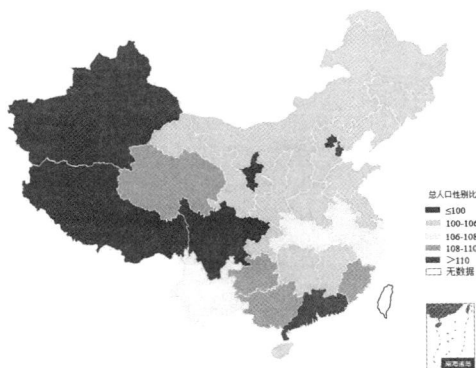

图 2-7　2018 年中国总人口性别比的空间差异

数据来源:根据历年《中国统计年鉴》计算而得。

从区域层面出生人口性别比来看,多数地区男性出生人口数量显著高于女性,性别比严重失衡。根据第六次人口普查数据显示,如图 2-8,2010 年全国 31 个省级区域除新疆和西藏外的 29 个省区市出生人口性别比都出现男性出生人口过多的现象,其中安徽、福建、海南、湖北、湖南、江西、广西、广东八个省区超过了 120,安徽更是达到了 128.64 的极高水平。即使是出生人口性别比相对均衡的新疆和西藏两个区,性别比分别达到了 106.14 和 106.61,已经十分接近出生人口性别比失衡 107 的上限临界值。从出生人口性别比的绝对数值来看,所有省区市都远远高于总人口性别比数值,这表明在当前的社会经济和生育政策环境下,生育男孩的偏好仍然普遍存在,并且在多数地区已经达到了比较严重的程度,这对于中国未来区域人口性别结构协调和均衡是一个潜在的阻力。

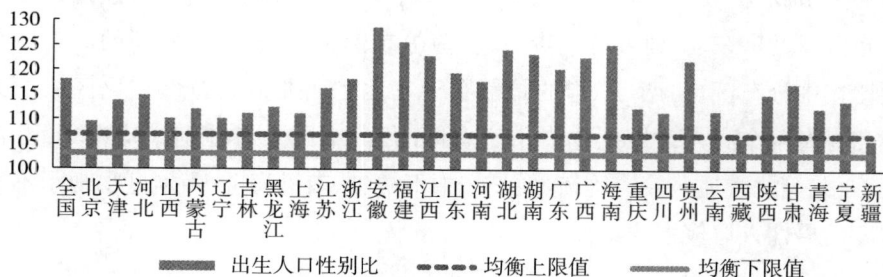

图 2-8　2010 年中国各省区市出生人口性别比

数据来源:根据历年《中国统计年鉴》计算而得。

出生人口性别比失调程度的区域差异表现出过强的地理空间异质性。如果将出生人口性别比数值分为均衡(<107)、轻度失衡(107—112)、中度失衡(112—117)、高度失衡(117—122)和极度失衡(>122)五个等级,可以发现性别比失衡程度最高的极度失衡和高度失衡的区域主要集中在华东、华中、东南沿海省区,其中极度失衡的贵州、广西等7个省区相互接壤,呈集中连片分布状态;轻度失衡和中度失衡的区域主要位于东北、华北、西南地区。

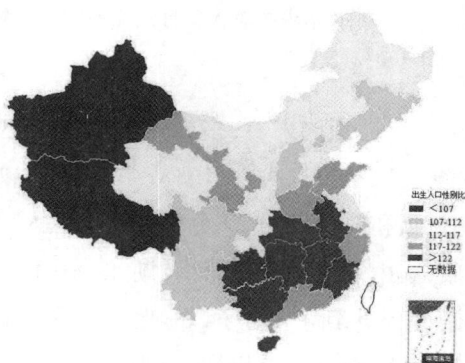

图 2-9　2010 年中国出生人口性别比的空间差异

数据来源:中国 2010 年人口普查资料

（四）人口空间分布的失衡

人口的空间分布是由社会经济和自然环境所共同形成的人口承载能力与人口发展历史共同作用而形成的人口在地域空间上的分布状态,人口的空间分布既是人口承载和人口历史特征在区域上的体现,也是影响区域关系和区域发展的重要因素。中国幅员辽阔、省区众多、区域特征各异,人口的空间分布天然就具有极大的差异性。图 2-9 是 2010 年中国出生人口性别比的空间差异。1935 年著名人口地理学家胡焕庸在中国人口地理学研究的开山之作《中国人口之分布》一文中就明确指出中国人口分布在区域上的巨大差异性,既存在人口高度密集的江苏、安徽、上海、浙江等江南地区,也存在人口极度稀少的西藏、青海等西部高原,并提出了从中国存在一条由东北黑龙江漠河延伸到西南云南腾冲人口疏密分界线,即"瑷珲—腾冲线"。[①] 胡焕庸所提出的这一条人口分界线揭示了中国人口空间分布的基本格局和特征,这种特征至今仍然存在。大量学者使用历次人口普查数据对中国人口宏观分布格局变迁进行研究,发现"瑷珲—腾冲线"具有极强的稳定性,无论是中华人民共和国成立初期的三线建设、边疆开发导致的人口疏散性流动,还是改革开放导致的人口集聚性流动,都没有改变"瑷珲—腾冲线"两侧的基本人口空间分布格局。[②]

实际上,中国人口空间的巨大差异性并不能说明人口在区域分布上的失衡,胡焕庸在其 1935 年的论文中就明确表明地形、降水、气候在不同区域间的巨大差异与人口分布的差别具有密切的关系。[③] 这实际表明尽管从人口数量上来说,中国人口空间分布是十分不均衡的,但基于不同区域人口承载能力而言,中国人口的空间分布又是相对均衡的。"瑷珲—腾冲线"实际上是人口区域流动、人口自然增长区域差异等人口行为基于区域人口承载差异长期调适的一个均衡结果。中国人口空间分布的失衡主要体现在人口变动的区域差异性导致了区域发展的人口基础和活力的巨大差别。

---

① 胡焕庸:《胡焕庸人口地理选集》,中国财政经济出版社 1990 年版,第 39—81 页。

② 王桂新、潘泽瀚:《中国人口迁移分布的顽健性与胡焕庸线》,《中国人口科学》2016 年第 1 期;尹文耀、尹星星、颜卉:《从六十五年发展看胡焕庸线》,《中国人口科学》2016 年第 1 期。

③ 胡焕庸:《中国人口之分布——附统计表与密度图》,《地理学报》1935 年第 2 期。

人口变动包括自然变动和机械变动两个部分。近年来,随着中国生育政策区域差异的消除以及落后地区基本医疗和健康保健水平的快速提升,人口出生率和死亡率所决定的人口自然增长的区域差异日趋缩小,但迁移流动对区域人口变动的影响日益增长。图 2-10 为 2000—2019 年中国各省区人口增长率与自然增长率的平均值。可以看出,在省级区域层面,人口增长率与自然增长率已经出现了普遍的不一致性。北京、天津、上海、辽宁、浙江、江苏、广东、西藏、新疆等地区人口增长率显著高于人口自然增长率,其中北京、天津、上海的人口增长率超过了自然增长率 10 倍以上,辽宁超过了 2 倍,浙江、江苏、广东超过了 1 倍;黑龙江、贵州、四川、吉林、河南、广西、安徽、甘肃、湖南等地区则人口增长率显著低于人口自然增长率,其中贵州和黑龙江两省差别最大,两省的人口自然增长率分别为 7.69% 和 1.34%,但常住人口已经表现为负增长。

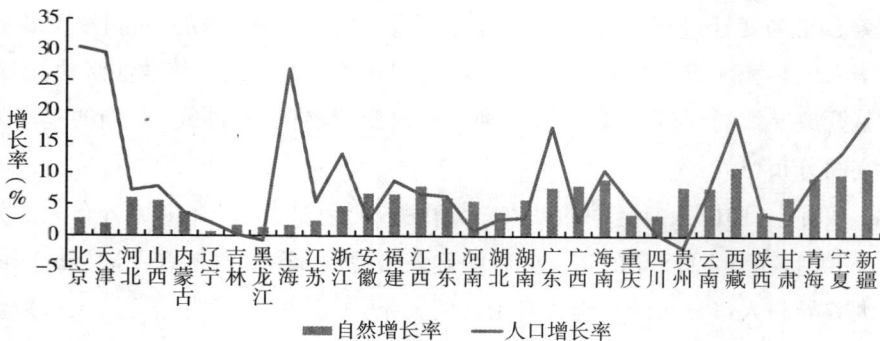

图 2-10 2000—2019 年中国各省区人口增长状况

数据来源:历年《中国统计年鉴》。

多数省区人口增长率与人口自然增长率已经出现了明显的差异。毫无疑问,人口在区域间不均衡流动导致的机械增长率的巨大差异是推动两种人口增长率分异的主要力量。净迁移率可以较好地反映区域人口流动的均衡性,人口净迁移率越低,表明区域人口流动越均衡。从图 2-11 可以看出,中国各区域的人口净迁移率差别较大,31 个省级区域可以分为三种类型。第一类为人口流动相对均衡区域,包括了吉林、河北、山西、陕西、山东、云南、内蒙古、宁夏、辽宁、青海、西藏、海南 12 个省区,这些省区的人口净迁移率在 -3.5%—-3% 之间,人口流动导致人口规模变动的影响较小。第二类为流入人口显著高于流出人口的区域,包括上海、北京、天津、广东、浙江、江苏、福建、新疆 8 个省市区,这些区域净流入人口占常住人口的比率在 5%—37% 之间,其中北京、上海超过了 30%,天津、广东超过了 20%,浙江超过了 15%,这些区域是中国跨省迁移人口的主要目的地。第三类为安徽、江西、湖南、贵州、河南、广西、四川、湖北、重庆、黑龙江、甘肃 11 个省区市,这些为跨省流出人口明显高于流入人口,人口净流失率都超过了 5% 以上,是显著的人口流失区,其中安徽、江西、湖南、贵州 4 省的人口流失率超过 10%。

比较图 2-10 和图 2-11 中的人口净迁移率与人口增长率两个指标,很容易发现人口净迁移率的高低与区域人口增长速度具有显著的相关性。2000—2019 年人口增长速度最快的北京、上海、天津、广东、浙江等区域,人口的净迁移率也较高;而贵州、四川、安徽、黑龙江、河南等人口迁出比例较高的区域,人口增长率极低。这表明人口流动的区域差异性已经成为决定人口的数量基本态势的一个主要因素。

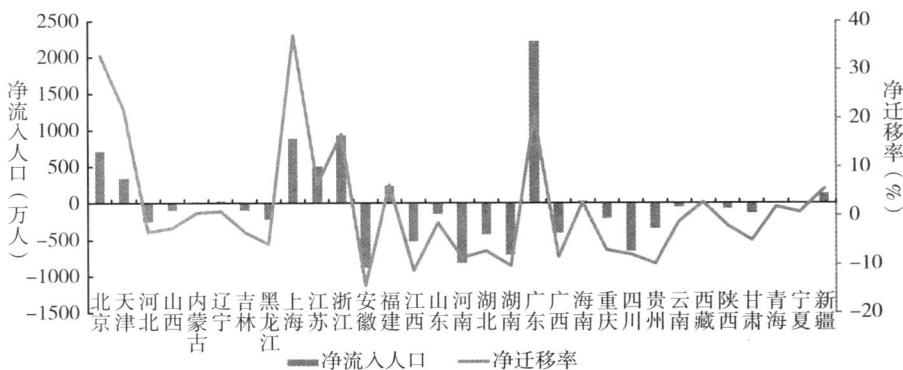

图 2-11　2015 年中国各省区人口净迁移状况

数据来源:历年《中国统计年鉴》。

当前中国人口数量整体上仍然处于增长阶段,但由于区域间严重失衡的人口流动,使得部分地区出现了明显的人口收缩现象。一项基于 2000 年和

2010 年人口普查数据以县域为尺度的研究表明,中国已经出现了大面积的人口收缩区,并在空间上形成了非常明显的"一核心、两带、两片区"的分布格局。其中"一核心"为以四川省东部与重庆市、湖北省、贵州省为核心的显著人口收缩区域,在以上核心区域外围区域存在以轻微人口收缩为主的外围圈层;"两带"为以山东省、江苏省、安徽省、浙江省、福建省构成的东部人口收缩连绵带和以甘肃省、宁夏回族自治区构成的西北人口收缩连绵带;"两片区"为以内蒙古自治区东部、辽宁省、河北省北部组成的人口收缩片区和以内蒙古自治区北部、吉林省、黑龙江省北部组成的人口收缩片区。①

三、人口失衡对区域发展的影响

(一)人口素质失衡对区域发展的影响

当前人口素质发展对于区域发展的影响主要体现在两个方面,一是人口素质的提高相对于区域发展目标完成的要求依然存在明显的差异,二是区域间人力资本的溢出加剧了区域发展的差距。

1. 人口素质支持区域发展目标完成的能力较弱

尽管中国各区域人口素质都有了明显的提高,但无论是人口素质较高的沿海发达地区还是人口素质相对落后的西部边疆地区,人口素质的总体水平距离经济社会发展的需求还具有不小的差距。2015 年全国人口文化素质最高的北京、上海、天津三个直辖市的人均受教育年限为 12.08 年、10.95 年和 10.56 年,仅北京市达到了高中毕业的教育程度,这远远无法满足这些地区的社会经济发展需求。中国平均人口素质最高的北京、上海、天津三个直辖市 2019 年的人均 GDP 分别达到了 16.42 万元、15.71 万元和 9.03 万元,已经跨过了世界银行最新的高收入国家和地区 1.24 万美元门槛值,其中北京、上海还较大幅度超过门槛值,这表明这些区域的社会发展已经进入一个高水平发展的阶段。因此,这三个地区也确立与发展阶段相适应的新的发展定位和目标。北京市的发展定位为全国政治中心、文化中心、国际交往中心、科技创新

①　邓沛勇、刘毅华:《中国县域单元城镇人口收缩的空间格局及其影响因素分析》,《现代城市研究》2018 年第 3 期。

中心;天津市的发展定位为全国先进制造研发基地、国际航运核心区、金融创新示范区、改革开放先行区;①上海市的发展定位为长江三角洲世界级城市群的核心城市,国际经济、金融、贸易、航运、科技创新中心和文化大都市,具有世界影响力的社会主义现代化国际大都市。② 从三个城市发展的定位来看,发展层次较高,主导产业都是集中于先进制造业、现代服务业等对创新和智力要求极高的产业,但受教育程度仅仅达到高中程度的人口素质状况远远无法满足社会发展定位的要求。对于人口素质较低的西藏、青海、甘肃、贵州、云南等西部地区,当前正面临着脱贫攻坚、全面建成小康社会、全面工业化、智慧城市化等急迫的发展目标,这些地区人口平均受教育大多仅仅达到初中毕业程度,这样的人口素质状况对于以上社会目标的实现无疑是最大的短板和制约因素。

2. 人力资本的溢出加剧了区域发展的差距

随着区域间人口流动规模的逐渐扩大,以高素质人才为载体的人力资本在区域间的流动也日益频繁。由于社会经济发展水平与个人发展机会的巨大差距,高素质人才在区域间的流动十分不均衡,欠发达地区的人才流失现象十分严重。据相关文献统计,20 世纪 80 年代以来,西部地区人才流出量是流入量的两倍以上,特别是中青年骨干人才的流失日益频繁;1979—1999 年,从西部地区行政事业单位调出的专业技术人员约 1.3 万人,70%为高级管理人员和科研教学骨干。③ 这其中,兰州大学等著名高校和科研单位成为人才流失的重灾区。据相关数据不完全统计,近年来兰州大学流失的人才中有两院院士 5 名,长江学者、国家自然科学基金杰出青年基金获得者级别的人才 26 名,中青年学者则不计其数,有媒体评价兰州大学流失的人才可以创办一所同等水平的大学,这些流失的高级人才绝大部分流入了北京、上海、天津、广州、厦

---

① 《政治局会议审议通过〈京津冀协同发展规划纲要〉》,人民网,http://politics.people.com.cn/n/2015/0430/c1024-26933591.html。

② 《上海市城市总体规划(2017—2035)》,上海人民政府网,http://www.shanghai.gov.cn/newshanghai/xxgkfj/2035002.pdf。

③ 刘亦晴、胡鹏:《中西部地区人才流失:一个文献综述》,《企业活力》2011 年第 1 期。

门、南京等东部地区的核心城市。①

　　除了高层次人才流失外,欠发达地区在基础教育投资方面的损失更大。由于社会、经济和历史方面的原因,中国的优质高等教育资源主要集中在东部地区,尤其是京津地区和华东地区,许多中西部的省区既没有进入"985 工程"的高校,也没有教育部直属的高校。优质教育资源的缺乏使得中西部优秀的考生不得不跨省求学,而这些跨省上大学的学生毕业后回省就业的比例非常低。据北京大学教育学院进行的历时十年的全国高校毕业生抽样调查数据(2003—2013 年),跨省就读的大学毕业生仅有 10% 左右选择回到原籍所在省份就业,而超过 50% 的毕业生会选择留在学校所在地就业和发展。② 因此,对于高等教育资源比较短缺,在区域外就读学生规模较大的地区,必然会面临着人力资本投资效率下降的问题。这些在外省就业的大学毕业生在生源地属于素质较好的学生,在其基础教育阶段,生源地投入了大量的教育资金。由于没有回乡就业、服务家乡的社会经济发展,相当于这部分投资没有了效益,成为沉没成本。尽管国家和地区对于回乡就业的大学生制定了许多优惠和扶持政策,但是效果并不明显。在 2003—2013 年西部生源地省份的学生回省就业比例最高的年份也仅为 20% 左右。③ 这意味着西部省区对于跨省求学学生的投资至少有 80% 属于没有回报的投资。对于著名高校众多的北京、上海、天津、江苏、浙江、广东等省市则可以通过高等教育吸引大量的优秀人才,为区域发展服务。

(二)人口年龄结构失衡对区域发展的影响

　　人口年龄结构的变迁和老龄人口比重的增长是人口发展的必然结果,并不存在绝对的人口年龄结构失衡的概念。人口老龄化导致的人口年龄结构的变化是社会经济发展推动下人口现代化的一个产物,也是人类发展的一个重

---

① 于琦:《中西部高校人才流失的现状、原因及对策——基于人本原理的视角》,《人力资源管理》2017 年第 6 期。

② 马莉萍、刘彦林、罗乐:《高校毕业生返乡就业的性别差异:趋势与特点》,《教育与经济》2017 年第 1 期。

③ 马莉萍、刘彦林、罗乐:《高校毕业生返乡就业的性别差异:趋势与特点》,《教育与经济》2017 年第 1 期。

要标志。因而,人口老龄化的发展一定要与科技、产业、社会保障等社会生产力和社会制度的发展相适应,如果人口老龄化速度超过了社会经济发展速度,就会出现"未富先老"的困境,社会财富无法从容地应对经济发展和社会抚养的双重需求。因此,人口年龄结构的变迁存在着与社会经济条件相对失衡的问题。中国不同区域在人口老龄化发展上早晚不一,但从 20 世纪 80 年代开始进入了一个高速发展时期,普遍存在人口老龄化速度快于社会经济发展速度的问题。过快、过早的老龄化对于中国区域发展产生的负面影响主要表现在三个方面。

1. 导致区域劳动力供给潜力下降,区域养老负担快速增加

在中国的人口转变中,生育率的下降受到了经济、社会的现代化发展和生育政策约束的双重影响。由于中国的生育政策十分严格,导致生育率的下降速度远远超过了其他国家,人口老龄呈现出世界各国未有的高速增长的态势。快速的人口转变与老龄化使得中国劳动力的潜在优势快速丧失。2000 年时,中国的 15—64 岁劳动年龄人口规模为 8.89 亿人;到 2013 年达到 10.06 亿的峰值,此后逐渐减少;到 2019 年为 9.89 亿人,年均减少规模接近 300 万人。从中国东、中、西三个区域来看,都已经进入劳动年龄人口规模收缩的阶段。东部地区和中部地区与全国一样在 2013 年就出现了劳动年龄人口数量峰值,数量分别为 4.28 亿人和 3.13 亿人,西部地区直到 2018 年才出现峰值和增长拐点。

随着中国各个区域劳动年龄总体规模的下降,老龄抚养比持续升高。图 2-12 展示了 2002—2018 年中国各区域劳动力数量与老龄人口抚养比的变化情况。可以发现东、中、西三个区域都出现了老龄抚养比增长加速的情况,尤其是东部和中部地区在 2010 年之后,表现出更加显著的增长态势。2010 年东部和中部地区的老龄人口抚养比分别为 11.70% 和 11.91%,到 2018 年已经分别增长到 17.13% 和 16.69%,即使是人口年龄结构较为年轻的西部地区,2018 年老龄抚养比也达到了 16.28%,与东部和中部的地区差距已经明显缩小。受到劳动年龄人口规模萎缩和老年人口持续增长的双重影响,中国各个区域的养老负担都表现出快速增长的态势,这对于区域发展是一个重大的挑战。

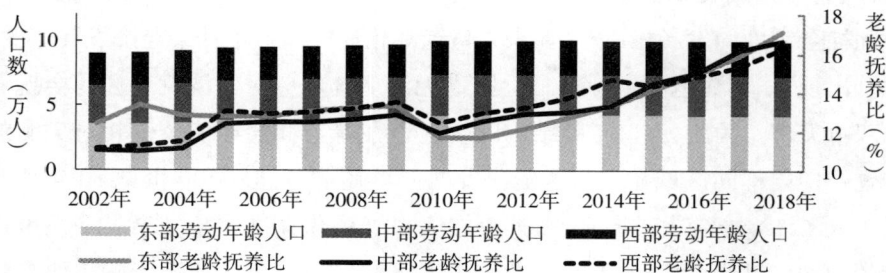

图2-12　中国区域劳动力数量与老龄抚养比状况

数据来源:历年《中国统计年鉴》。

2.人口红利快速消耗,经济发展不确定增强

近几十年来中国人口结构的变化客观上产生了有利于经济发展的"人口机会窗口期",中国不同区域也充分利用了人口结构变化中劳动年龄人口比重较高的有利条件推动经济发展,收获了人口红利。对于中国"人口机会窗口期"的开启时间有两种不同的认识,一种认为早在20世纪60年代中国就开始享受劳动年龄人口比重上升带来的人口红利;另一种观点认为,人口红利的开启时间点是在20世纪的90年代。尽管对于人口红利期开启时间的认识不同,但对于人口红利对于中国经济增长的巨大作用得到了普遍的认同,不少实证研究表明人口红利拉动了中国10%—30%的经济增长。[1]　然而,中国人口年龄结构的变化,尤其是少子化和老龄化的叠加,使得人口红利期大为缩短。根据中国劳动年龄人口数量及其未来变化的预测,众多研究都表明2013年中国劳动年龄人口规模增长拐点出现后,中国的人口红利快速消失[2]。与中国不同,发达国家人口转变发生得较早,但是进程相对缓慢,人口红利期持续时间较长。即使是20世纪经济赶超型发展的发达国家日本和韩国,劳动年龄人口的比重在达到峰值之后,出现了在较长时间内劳动年龄人口比重保持相对稳定的"高位静止"现象。日本和韩国分别在20世纪60年代和90年代进入

---

①　蔡昉:《中国人口与劳动问题报告 NO.7——人口转变的社会经济后果》,社会科学文献出版社2006年版,第203页;原新、刘厚莲:《中国人口红利真的结束了吗?》,《人口与经济》2014年第6期。

②　蔡昉:《中国的人口红利还能持续多久》,《经济学动态》2011年第6期。

劳动年龄人口峰值的"高位静止"期,并分别持续了 30 余年,此后劳动年龄人口占比才缓慢地下降。中国劳动年龄人口占比的变化没有出现"高位静止"期,在 2011 年达到 74.43% 的峰值后就快速下降,到 2019 年下降为 70.65%,根据联合国 *World Population Prospects* 2019 的预测数据[①],到 2030 年和 2040 年,将下降到 67.37% 和 61.99%。

从分区域的情况来看,31 个省市区都已经进入了劳动年龄人口比重下降时期。上海、山东、浙江、河北、江苏、北京等省市下降速度较快,其中上海每年的下降幅度超过 1 个百分点,其他省市在 0.5—1 个百分点之间。江西、青海、海南、云南、广西、贵州等省区,下降速度较为缓慢,每年下降幅度不超过 0.1个百分点。人口红利的快速丧失,使得中国区域经济发展面临巨大挑战。当前,中国除了长三角地区、珠三角地区和环渤海地区的核心区域在高端制造业、现代服务业具有了较强的国际竞争力,大多数地区经济发展仍然主要依靠以劳动力、资源投入为驱动力的传统制造业和农业。劳动人口规模的萎缩以及用工成本增长,使得经济增长动力的转换迫在眉睫。然而,产业结构和模式的转变与升级不是短期内能够完成的,在此期间经济增长波动性和不确定性必然会增强。

3. 人口老龄化的不均衡加剧了区域发展的差距

人口结构变化所带来的老龄化是中国各区域社会经济发展需要共同面对的挑战。但由于区域间的人口流动,使得老龄化对于不同区域的影响存在较大的差异。通常发达地区人口老龄化的开启时间较早,老龄化程度也应该较深,但是发达地区凭借其资源优势会吸引大量年轻人口的流入,极大地缓冲了区域内老龄人口增长带来的社会冲击。而欠发达地区则面临着年轻人口流失和经济发展机会丧失的"双重损失"。由于人口的不均衡流动导致了养老的人力资源向发达地区集聚的现象,欠发达地区流出的年轻人口实际上在很大程度上分担了发达地区的养老负担。中国老年人口抚养负担最重的省区市并不是人口老龄化最早的上海市,也不是北京、天津、广东等经济发达地区,2018

---

① 数据来源于联合国人口司 *World Population Prospects* 数据库,https://population.un.org/wpp/Download/Standard/Population/。

年老龄养老比排名前四的省区是山东、四川、重庆、辽宁,都超过了20%,而北京、天津、广东不足15%。老龄化在区域间不均衡的发展实际上使得各区域实际可使用的人力资源出现了两极分化,北京、上海、天津、广东等地区可以在全国范围内吸引和配置人力资源,减缓老龄化的冲击,但是地处西部地区的贵州、四川、重庆等人口流出大省,则由于年轻人口流失面临着社会发展动力衰减的风险。一项实证研究表明,中部和西部地区老年抚养负担的上升显著地侵蚀了少儿抚养负担下降带来的人口红利效应,而东部地区由于年轻人口的大量输入,这种效应则不显著。①

(三)人口性别结构失衡对区域发展的影响

人口性别比的失衡对区域发展的影响主要反映在婚姻家庭及生育行为方面。中国婚育年龄性别比的持续偏高已经产生了婚姻挤压问题,并产生了大量的跨国、跨区域婚配现象,在局部地区已经影响到区域的人口安全。

1. 婚姻挤压问题

近40年来,中国执行了严格的生育控制政策,由于经济社会发展的阶段性特征和男孩偏好的文化传统,生育和抚育行为中的性别选择现象十分明显,这使得中国的出生人口性别比长期高于110,广东、广西、江西、福建、安徽等省区的男孩生育数甚至超过女孩20%以上。生育男孩数量长期持续偏高,必然会使得进入婚育年龄后大量的男性无法找到婚配对象,由此产生婚姻挤压问题。根据适婚年龄两性人口数量的差距,目前中国每年新增百万在本国找不到配偶的过剩男性,婚姻市场中过剩男性人口的总数在3000万左右,这一数字在未来的一段时间还将扩大。② 从省级区域的层面来看,婚姻挤压现象都存在,但程度有所不同。如果将20—49岁作为适婚年龄,可以根据各省区市20—49岁男性人口与女性人口数量关系计算婚姻挤压程度。从图2-13可以看出,除了江西、河南、湖南、四川、重庆五个省外,其他省区市的婚姻挤压系数都大于1,其中天津、上海、北京、广东等区域男性适婚年龄人口显著高于女性,存在着显著的男性婚姻挤压。

---

① 赵春燕:《人口红利、结构红利与区域经济增长差异》,《西北人口》2018年第39期。
② 姜全保、果臻、李树茁:《中国未来婚姻挤压研究》,《人口与发展》2010年第16期。

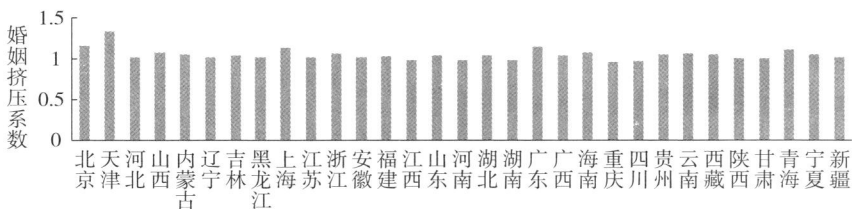

图 2-13　2015 年中国各省区市婚姻挤压系数

数据来源：2015 年全国 1% 抽样调查数据。

2. 区域人口安全问题

婚育是不可或缺和抗拒的人口行为，大量男性无法找到配偶，无法完成结婚和生育，可能引发各类相关的社会问题并导致区域人口安全风险的增长。这种风险主要体现在两个方面，一是引发人口贩卖、婚姻诈骗、性暴力等犯罪行为，二是跨境婚姻引发公共卫生、法律和家庭发展问题。

女性人口贩卖、婚姻诈骗、性暴力等犯罪行为诱发因素很多，但男性过剩，存在一定数量的男性无法找到交往和婚配的女性是一个重要的原因。女性人口贩卖是长期存在的人口拐卖犯罪行为，在这些犯罪活动中的买主通常是经济收入较低、居住在偏远地区的年龄较大的男性或者是身体有残疾的男性，这些人由于自身经济和个人条件的限制，无法在婚姻市场上通过正常婚恋行为获得配偶。但这些人同样有着强烈的结婚和生育后代的需求，由此催生了一个巨大的买卖新娘的市场，并诱发了新娘买卖、婚姻诈骗等犯罪问题。

近年来，在国家各级公安部门高强度的打击下，国内拐卖成年女性人口的行为得到了遏制。但婚姻市场中男性过剩的问题并没有缓解，无法在区域内完成婚配的男性转而将获得配偶的目光转向国外，通过跨国婚姻的形式达到婚育的目的。中国西南边境的一些省区借助与来自越南、缅甸、老挝等国家接壤的有利条件，跨境婚姻数量增长较为迅速，如云南省的临沧市的涉外婚姻在 2006—2009 年增长了 157% 以上。据不完全统计，仅西南地区的云南省 2012 年就存在涉及跨境婚姻人口 67542 人，其中来自越南、缅甸、老挝三国的外籍人口 33771 人。这些涉外婚姻中仅有

1/4 左右办理了合法手续，①大量的外籍女性通过非法入境、人口拐卖的形式进入国内，并且在没有任何监管和婚姻登记的情况下形成事实婚姻。由于这些女性没有经过审批和入境手续，对其的健康和法律检查无法保障，导致了极大的人口健康风险、法律风险和社会治安风险。在一项针对云南省腾冲县跨境婚姻家庭的艾滋病毒检测中发现，缅甸妇女及其中国配偶的 HIV 感染率分别为 1.98% 和 1.35%，②远远高于全国和云南省的平均水平。

（四）人口空间分布失衡对区域发展的影响

近年来规模日益扩大的人口流动和迁徙在较大程度上重塑了中国区域人口的分布格局，人口分布集中化的趋势十分明显。人口在空间上的集中分布所产生的集聚效应和规模效应对于中国整体社会经济效率的提高具有积极的意义，但对于区域而言会出现发展活力两极分化、生态承载资源配置失效等问题。

1. 区域活力的两极分化

人口是构成一个区域发展最基础的动力因素，而年轻人口则是区域内生产、消费、艺术、文化等经济社会活动的主力军和活力来源。随着人口越来越向全国经济核心区和区域性中心城市集聚，城乡间和区域间的发展活力日益两极分化。

乡城人口转移是工业化和城市化的一个必然结果，2011 年中国城市人口规模已经超过农村人口，中国各区域也相继进入城市人口占优势的人口发展阶段。在这一过程中大量的农村年轻人口离开乡村进入城镇从事非农经济生产，导致了农村地区优质劳动力资源的大量流失，全国各个省区都普遍出现了农村人口空心化的问题。近年来，随着各地义务教育阶段办学集中化而大量撤并自然村、行政村的中小学，为了孩子上学而产生的人口迁出使得农村实际常住人口进一步萎缩。人口的萎缩尤其是青壮年劳动力的流失使得乡村发展活力日渐丧失。第一，从事农业生产的多为年龄较大的中老年人以及留守妇

---

① 梁海艳、代燕、骆华松：《滇桂边境地区跨境婚姻的现状、特征与原因》，《热带地理》2017 年第 2 期。

② 付丽茹、赵青、罗红兵等：《腾冲县缅甸籍跨境婚姻妇女 HIV 感染及其影响因素研究》，《中国艾滋病性病》2011 年第 3 期。

女群体,他们的知识结构和身体素质相对于现代化背景下的农业生产具有较大的差距,无法较好地完成通过创新推动产业发展的任务,生产效率较低。第二,人口的外流使得农村的消费市场萎缩,这会抑制投资、商业性服务设施建设,从而进一步使得农村基本发展条件的改善停滞不前。第三,由于人口的流失,使得农村社会结构发生了重大变化,各种村民合作组织名存实亡,乡村公共事务效率下降。这些因素的叠加使得乡村发展活力日渐丧失,乡村衰落成为一个普遍现象。而城镇地区尤其是区域性的中心城市,随着源源不断的人口流入,为城市发展提供了优质人才,形成了丰富的劳动力资源库和规模巨大的消费市场,并因此吸引更多的投资和产业的集聚,展现出巨大的活力。

在区域层面,由于城市发展的不均衡,区域发展活力也有着巨大的差异。中国经济三大核心区和一些区域性核心城市由于吸纳了来自全国的外来人口,展现出较强的发展活力。近年来众多研究机构和财经媒体根据商业资源集聚度、城市枢纽性、城市人活跃度、生活方式多样性、未来可塑性等多个角度对城市的竞争力和活力进行了评价,将中国的城市分为了多个等级。其中城市活力最强的北京、上海、广州、深圳四个一线城市都位于东部地区的全国性经济核心区;新一线城市在不同年份和不同机构的评价结果中变动较大,但杭州、南京、苏州、天津、东莞、佛山、青岛等东部地区的城市的位置比较稳固,西部地区只有成都、重庆、西安常年上榜;昆明、贵阳、南宁、兰州、乌鲁木齐等西部地区的省会城市职能在二线、三线城市行列中徘徊。值得注意的是位于东北的大连、沈阳、长春、哈尔滨,虽然是副省级城市,但在城市活力等级上只能位列二线、三线行列,这与东部地区人口大量流失,城市生产和商业活力下降具有密切关系。

2. 区域生态承载资源配置失效

人口的区域分布是一定时间内区域人口与生态环境关系差异性在空间上长期调适和均衡的结果,也是区域生态承载资源有效配置的结果。随着人口流动对区域人口分布格局的快速改变,人口及其产生的生态服务需求与区域生态承载能力之间存在着"空间失配"问题。东部经济核心区尤其是北京、上海等直辖市,由于人口的流入,能源、土地、水资源、环境容量等人口承载资源更加紧张;而人口收缩区也出现了土地、公共服务设施荒废的现象。不同区域人口生态压力和生态承载能力之间的关系日益两极分化。众多研究表明中国生态承载整体上处于超载状态,全国 31 个省区市中仅有西藏、青海、内蒙古等少数省区具有承载盈余,多数生态承载的供给规模远远无法满足各种消费生态的需求,尤其是经济发达的北京、上海、广东、浙江、天津等区域生态赤字规模极大。根据世界自然基金会发布的《中国生态足迹》系列报告的数据,北京、上海、天津区域内产生的生态承载资源仅能满足自身 70% 左右的需求,浙江、广东、江苏等省的生态承载资源缺口在 40%—60% 之间。① 这些生态承载资源供给严重不足的区域恰好是中国最主要的流动人口目的地,大量人口流入而新增的生态消费需求使得区域生态压力持续增长。另一方面,河南、安徽、四川、贵州等人口流出大省,其生态承载资源相对丰裕,尽管也都存在一定的生态赤字,但其生态资源的自给率较高,随着人口的流出,生态压力进一步缓解。人口流动与空间再分布变动使得区域生态承载状态差异变大,区域生态承载资源在空间上的错配现象更加严重,在中国整体生态承载压力较大的背景下,这无疑增加了局部地区的生态退化风险,使得生态承载资源的整体配置效率降低。

---

① 《地球生命力报告——中国 2015》;《中国生态足迹报告 2012》,见 http://www.wwfchina.org/content/press/publication/2015/地球生命力报告·中国 2015.pdf。

第三章 均衡人口与云南可持续发展 I：
基本态势与内部均衡特征

人口是一个动态均衡系统,在不同历史阶段,人类所面对的人口问题的主要根源来自人口内部系统及其与外部系统关系的非均衡状态,随着人口系统诸要素以及人口与外部系统诸要素之间关系由冲突状态到适应状态的不断转换,人口问题也不断产生或者解决。作为整体人口系统的一个子系统,区域人口系统的均衡关系的影响要素更多,不仅受到区域人口系统与区域社会经济系统、整体人口系统与区域外人口系统的影响,还受到区域间社会经济相互关系的影响。云南作为一个边疆欠发达地区,人口和区域发展有着鲜明的地域特点。随着中国社会发展进入新的阶段,"一带一路"倡议和长江经济带等区域发展新战略带来了新的发展机遇期,云南省需要从人口与其他经济、社会要素的匹配性上寻找新的发展动力,把人口均衡作为寻求跨越式发展的基本保障。

第一节 云南人口均衡发展的新态势和新内涵

进入"十三五"后,云南经济社会发展进入了一个现代阶段,云南省发展的内外环境发生了重大变化。从宏观发展环境上来说,中国经济进入新常态,经济发展路径、增长方式、增长动力都发生了重大变化;从人口、资源、环境要素系统来看,人口的低生育、高流动、高集聚已经成为人口系统的基本状态;对于人口数量的适度、人口素质的高需求、人口结构的优化、生态质量的改善和优化已经成为社会对人口、资源、环境系统的基本要求;从社会发展的目标来看,全面建成小康社会,建设生态文明、实现生态文明排头兵的国家定位是云南省面临的紧迫任务。在新的发展阶段,面临着新的环境和任务,有必要重新审视云南人口、资源、环境状态和相互关系。借助最新的人口和社会经济数据,分析云南人口、经济、资源、环境与发展的最新情势,剖析云南人口与经济、资源、环境之间的互动关系,通过人口系统自身以及人口与经济、人口与资源环境均衡关系的调试,形成有效的调控手段,实现云南的持续协调发展。

一、云南均衡人口的新形势

1. 人口发展已经由总量控制需求转向均衡发展需求

随着改革开放 40 余年社会经济的快速发展,中国的人口形势已经发生重大的变化,在人口规模保持一定的惯性增长的同时,人口的低生育率、高流动率以及人口老龄化的快速推进已经成为中国人口发展的一个基本态势。如果说改革开放之初中国的人口面临的最大问题是相较于经济发展、资源环境供给水平而言,人口规模显得较大,人口规模与经济、资源、环境的关系较为紧张,那么经过近 40 年的发展,人口与经济、资源、环境的紧张关系并没有完全缓解,而且变得更加复杂。一是人口总量规模增长惯性将会减弱,但在较长时期内人口规模压力依然存在。许多研究机构和学者预测中国在 2030 年前后达到人口峰值,随后人口规模将持续下降,但人口总量依然巨大。在较长时间内,中国人口规模仍将保持在 13 亿人以上。[①] 人口对粮食供给的压力持续存在,人口与水资源短缺的矛盾始终突出,人口与能源消费的平衡关系依然十分紧张。未来随着全面小康社会的建成,中国居民富裕程度的提高,居民的消费水平会有一个较大的提高,而且会逐步由温饱型消费向舒适型、享受型消费转变,消费所需要的资源、能源以及环境服务将会极大增加,资源、环境对人口的承载依然面临着巨大的压力。

二是实现适度生育水平压力较大。在过去较长时间内,中国形成了人口

---

①　王金营、戈艳霞:《全面二孩政策实施下的中国人口发展态势》,《人口研究》2016 年第 6 期;秦中春:《中国未来人口变化的三大转折点预测——基于年龄移算人口预测模型的分析》,《区域经济评论》2013 年第 5 期;Unite Nations, *World Population Prospects: The 2015 Revision*, 2015.

数量控制为主的生育政策,以少生、不生为好的政策价值取向,这使得中国生育水平快速下降。根据人口普查数据,中国的总和生育率 2000 年为 1.22,2010 年降低到 1.18,尽管有学者认为根据普查数据测算的生育率水平存在较大的低估,[①]但中国成为全球总和生育率最低的国家之一已经是不争的事实。持续的低生育率严重影响了中国人口可持续发展的能力,如何通过政策调整实现生育水平的适度提升成为中国人口发展最为迫切的目标。在 2017 年发布的《国家人口发展规划(2016—2030 年)》中首次提出了人口规模的实现目标,而非过去的控制目标。规划提出总和生育率要逐步提升并稳定在适度水平,2020 年全国总人口达到 14.2 亿人左右,2030 年将达到 14.5 亿人左右。尽管在实施全面两孩政策后不同区域生育率有望出现不同程度的短期回升,但受养育成本、就业压力等生育行为选择变化因素影响,从长期看生育水平存在走低的风险,实现适度水平压力较大。

三是老龄化加速,不利影响加大。一方面劳动年龄人口波动下降,劳动力老化程度加重。劳动年龄人口在“十三五”后期出现短暂小幅回升后,2021—2030 年间将以较快速度减少。劳动年龄人口趋于老龄化,到 2030 年,45—59 岁大龄劳动力占比将达到 36% 左右。另一方面人口老龄化加快会明显,加大社会保障和公共服务压力,减弱了人口红利效应,并持续影响社会活力、创新动力和经济潜在增长率。

四是人口合理有序流动仍面临较多障碍。在未来较长时间仍然是中国人口流动的活跃期,预计 2016—2030 年,农村向城镇累计转移人口约 2 亿人,转移势头有所减弱,城镇化水平持续提高。以“瑷珲—腾冲线”为界的全国人口分布基本格局保持不变,但人口将持续向沿江、沿海、铁路沿线地区聚集,城市群人口集聚度加大。然而,人口快速聚集带来的资源、环境、健康和社会问题依然突出。人口集聚与产业集聚不同步、公共服务资源配置与常住人口不衔接,大中城市由于人口高度集聚带来的水资源短缺、城市空气污染问题亟待缓解。

---

① 　Retherford R.D.,Choe M.K.,Jiajian C.等:《中国的生育率:到底下降了多少?》,《人口研究》2004 年第 4 期;陈卫、杨胜慧:《中国 2010 年总和生育率的再估计》,《人口研究》2014 年第 6 期。

　　总的来看,未来一段时间是中国人口发展一个关键转折期,人口与经济资源、环境发展的关系已经由通过单一的控制人口数量,缓解人口对资源环境压力和社会养育负担,转变为通过以人口适量增长、质量提升、结构优化、合理布局为内涵的人口内部均衡发展,实现人口与经济、资源、环境发展的协调。云南省人口发展水平虽然滞后于全国,但人口发展轨迹和面临的态势是一致的。同时,由于云南省人口、资源、环境的一些特征,云南省人口与经济、资源、环境发展的协调和均衡问题更加具有复杂性。一是云南省作为中国西南边疆多民族聚居的省区,人口发展整体进程与全国相比较为滞后,这就导致了云南人口增长的惯性更强,人口数量导致经济、环境压力在一定时期表现得更加明显,同时由于人口发展的区域差异十分显著,人口自然结构、社会结构、空间结构不均衡而产生的发展问题也日趋严重。二是云南省作为中国生物多样性最为丰富的省区之一,也是多条国际、国内重要河流的上游,在全国生态功能保持和维护方面承担着不可或缺的重要责任与任务。在国家定位的特殊性以及自身发展能力有限的条件下,实现人口与资源、环境的协调发展难度更大,更加需要通过人口系统自身的均衡发展实现与资源、环境系统的外部均衡和协调。

　　2. 生态文明建设是推动人口均衡发展的重要手段

　　人口、经济、资源、环境协调发展是落实科学发展观、实现人口均衡与经济社会可持续发展的基本前提。但在社会经济实践中由于条块分割,使得人口、资源、环境这些要素大多在单一系统中发挥作用,影响了这些要素协调发展形成合力的效果。生态文明概念的提出,并且把生态文明建设作为党和国家的重要战略,将会推动在社会经济发展中人口、资源、环境问题的协调解决。

　　"十三五"期间将是我国实现增长方式转变、推进生态文明建设的关键时期,党中央把生态文明建设提高到与经济建设同样的高度,为生态文明建设提供了良好的政策条件。党的十八大提出了"五位一体"的总体布局,要求树立尊重自然、顺应自然、保护自然的生态文明理念,并把生态建设融入经济建设、政治建设、文化建设、社会建设各方面和全过程。党的十九大延续了建设生态文明的战略决策,并做出进一步的部署。云南的生态地位在全国十分重要,习近平总书记在考察云南时明确要求云南要为国家生态文明建设提供重要支持,确定云南建设生态文明排头兵的国家定位,云南省也成为5个整省推进建设全国生态文明先行示范区的省区之一,生态文明建设将成为未来很长一段时间云南省最重要的发展战略。中国共产党云南省第九届委员会第十二次全体会议中提出,云南省要遵循"坚持绿色发展,必须坚持节约优先、保护优先,坚持绿水青山就是金山银山,坚定走生产发展、生活富裕、生态良好的文明发展道路,营造绿色山川,发展绿色经济,建设绿色城镇,倡导绿色生活,打造绿色窗口,筑牢我国西南生态安全屏障,建设美丽云南,生态文明建设走在全国前列"①的发展目标。

随着党的十八大、十九大把生态文明建设提高到与经济建设和政治建设同样的高度,以及一系列重要会议对生态文明建设重要战略部署,中国将进入新一轮生态文明建设的高潮期,国家在水污染防治、大气污染治理、水土流失治理、生物多样性保护、国家公园建设等生态环境基础建设方面进行大量的投资。云南省要抓住生态文明建设的契机,以生态文明建设为抓手,通过生态环境基础设施建设、绿色经济发展、生态补偿转移支付、生态移民搬迁等方面的项目推动人口、资源、环境问题的统筹解决。

3. 人口资源环境的协调关系在实现中长期社会发展目标中的重要作用愈发突出

党中央提出要实现中华民族伟大复兴的中国梦,并在党的十八大确立了"两个一百年"奋斗目标,即到 2020 年实现国内生产总值和城乡居民人均收入比 2010 年翻一番,全面建成小康社会;到 21 世纪中叶把我国建成富强民主文明和谐美丽的社会主义现代化强国,实现中华民族伟大复兴。这是当前全党全国各族人民要共同为之奋斗的目标。

"两个一百年"奋斗目标的实现都需要人口、资源、环境要素发挥重要作用,并形成彼此协调发展的态势。目前要完成的第一个"百年"奋斗目标,即全面建成小康社会就包含着若干人口、资源、环境方面的实现目标。为了科学地反映中国全面建成小康社会的进程,国家统计局 2008 年公布了包含 23 项指标的评价指标体系,其中多项指标与人口、资源、环境密切相关,包括城镇人

---

① 《中国共产党云南省第九届委员会第十二次全体会议公报》,《云南日报》2005 年 12 月 11 日。

口比重、失业率、平均预期寿命、平均受教育年限、单位 GDP 能耗、单位 GDP 水耗、城市空气质量达标率、城市污水处理率、森林覆盖率、城市建成区绿化覆盖率等。这表明人口、资源、环境系统的全面发展是实现全面建成小康社会目标的重要保障。习近平总书记也曾经提出"小康全面不全面,生态环境质量是关键"①。

云南省也面临着和全国同步建成小康社会的重要任务。由于云南地处边疆、发展滞后,贫困问题十分突出,如何脱贫攻坚,确保贫困人口增加收入,是实现云南全面小康目标的关键环节。云南生态保护压力较大、人口素质较低、职业教育程度较差,这既是云南贫困人口较多的原因,同时也是未来脱贫攻坚的努力方向,要从"五个一批"脱贫攻坚原则出发,充分发挥云南山清水秀、生态多样性丰富的优势,以生态价值带动产业发展,让绿水青山充分发挥经济社会效益,通过生态补偿脱贫、教育脱贫等手段最大限度地发挥人口和资源环境要素在社会综合目标实现中的作用。

第二个"百年"奋斗目标是到 21 世纪中叶把我国建成富强民主文明和谐美丽的社会主义现代化强国,该目标的实现依赖于在经济、政治、文化、社会、生态文明建设方面取得重大突破。为此,国家提出了"五位一体"的总体布局,要求经济建设、政治建设、文化建设、社会建设、生态文明建设相互贯通、互为支持。这就要求在社会发展中更加注重人口、资源、环境等基础要素之间的关系,通过协调要素之间的关系形成合力,切实推动社会的进步。

4. 资源环境问题的社会关切程度日益提高

良好的生态环境是社会发展的基础也是人类福利的重要保障,然而在不同的社会发展阶段人们对于良好生态环境的需求和关切程度是不同的。根据经济学中的消费理论,在社会经济发展较为落后的阶段,人们对于食物、居住等生存型资源的需求程度极高,但对良好的生态环境这类舒适型资源的需求程度是较低的,但当人们的温饱和生存得到极大解决的情况下,对于良好的生态环境的需求就极大地提高了。随着近 40 年来中国经济的高速发展,云南省

---

① 《习近平生态文明思想引领"美丽中国"建设》,新华网,http://www.xinhuanet.com/politics/xxjxs/2018-05/22/c_1122866707.htm。

人均 GDP 快速增长,部分发展加快的城镇核心区的人均 GDP 已近逐渐接近 10000 美元,民众的消费需求也开始向舒适型资源转变,良好健康的空气、水环境越来越成为人们的刚性需要。近年来全国层出不穷的环境保护公共事件,如各地垃圾发电厂、垃圾填埋场修建的选址事件,污染型化工产业(如 PX 项目)建设的抗议事件,空气严重污染导致的公众恐慌事件,都表明了环境问题已经成为民众重大关切的问题。

以习近平同志为核心的党中央也高度重视环境问题。习近平总书记 2013 年在海南考察时就提出"良好生态环境是最公平的公共产品,是最普惠的民生福祉"[1],高度肯定了良好生态环境对于提高人民福祉的重要作用。2013 年 5 月,习近平总书记在中央政治局第六次集体学习时指出,"要正确处理好经济发展同生态环境保护的关系,牢固树立保护生态环境就是保护生产力、改善生态环境就是发展生产力的理念"[2]。2014 年 7 月,习近平总书记在哈萨克斯坦演讲中提出了著名的"绿水青山论",指出"我们既要绿水青山,也要金山银山。宁要绿水青山,不要金山银山,而且绿水青山就是金山银山"[3]。

二、云南人口均衡发展在新时期的新内涵

基于全国以及云南省社会发展目标、经济发展阶段、人口发展、生态保护、产业转型、消费升级等特征已经发生了重大改变,云南省人口均衡发展必然会有新的目标、内涵、路径和动力。在新时期,云南均衡发展需要围绕"创新、协调、绿色、开放、共享"五大发展理念展开。

党的十八大五中全会提出"创新、协调、绿色、开放、共享"五大发展理念,强调"发展是党执政兴国的第一要务""破解发展难题,厚植发展优势",要求:

第一,坚持创新发展,必须把创新摆在云南省发展全局的核心位置,不断推进理论创新、制度创新、科技创新、文化创新等各方面创新,让创新贯穿社会经济发展的一切工作,让创新在全社会蔚然成风。通过创新活动提升

---

① 《习近平在海南考察时强调:加快国际旅游岛建设 谱写美丽中国海南篇》,《人民日报》2013 年 4 月 11 日。
② 《习近平谈治国理政》第一卷,外文出版社 2018 年版,第 209 页。
③ 《习近平关于全面建成小康社会论述摘编》,中央文献出版社 2016 年版,第 171 页。

云南省发展的质量和动力，也推动人口要素与经济、资源、环境要素均衡与协同。

第二，坚持协调发展，必须牢牢把握云南省在全国社会主义事业总体布局的定位和作用，正确处理发展中的重大关系，重点促进国家与区域发展目标的协同，城乡区域协调发展，促进经济社会协调发展，促进新型工业化、信息化、城镇化、农业现代化同步发展，在增强区域发展硬实力的同时注重提升软实力，不断增强发展整体性。

第三，坚持绿色发展，必须坚持节约资源和保护环境的基本国策，坚持可持续发展，坚定走生产发展、生活富裕、生态良好的文明发展道路，加快建设资源节约型、环境友好型社会，形成人与自然和谐发展现代化建设新格局，推进美丽云南建设，为国家生态服务供给、生态功能维持和全球生态安全作出新贡献。

第四，坚持开放发展，必须顺应中国经济深度融入世界经济的趋势，奉行互利共赢的开放战略，借助云南省连接东南亚、南亚的动力区位优势以及中国面向东南亚、南亚辐射中心优势以及国家"一带一路"倡议的推进，发展多层次的开放型经济，积极参与区域社会、经济合作，把云南从中国经济发展的边缘地带变为对外开放的前沿，获得开发发展的红利。

第五，坚持共享发展，必须坚持发展为了人民、发展依靠人民、发展成果由人民共享，作出更有效的制度安排，使全体人民在共建共享发展中有更多获得感，增强发展动力，增进人民团结，朝着共同富裕方向稳步前进。

基于"五大发展理念"，需要重新审视云南人口与资源环境协调发展的系统关系，针对这一复杂系统的内在关系和外部条件的目前状态、现实问题和未来走势，进行重新评价和再认识，以获得实现云南人口与资源环境协调发展的新的思想、理论和观念指导下的战略构想和政策主张。由此，云南人口与资源环境协调发展的理论与应用研究，才能具有新思路，富有时代感。

第二节　云南人口内部均衡性分析

进入 21 世纪以来，以生育政策和户籍为核心的人口政策的调整进入了一个加速期。人口政策的大幅度调整以及教育、医疗等社会条件的巨大进步使得云南省人口的数量、素质、结构、分布都发生了明显的变化,云南人口内部均衡呈现出诸多新特征。

一、云南人口数量增长状况及其对人口内部均衡性的影响

由于外生性人口政策的强力干预以及社会经济快速发展带来的生产、生活模式的变迁,云南省快速实现了人口转变,人口增长迅速趋缓,并对人口年龄结构与人口长期变动产生了重要影响。

(一)人口数量及其变化特征

2018 年云南全省年末人口总数为 4830 万人,占全国总人口的 3.46%,云南省人口总量位居全国 31 个省市区的第 11 位,西部 12 个省市区的第 3 位。与 2010 年"六普"相比,云南人口增长了 233.4 万人,年均增长率为 6.21‰。尽管人口总量仍然保持着增长态势,但增长速度已经明显下降。图 3-1 为 1953—2018 年云南省人口年平均增长率的变化情况。可以看出 1953 年以来云南人口增长速度经历了一个先增加后下降的变化过程。1953—1964 年云南省人口年均增长率为 17.8‰,到 1964—1982 年增加到 47.6‰高点;1980 年以后随着计划生育政策的出台,人口控制因素的作用开始显现,云南人口的年平均增长率在 1982—1990 年快速下降到 16‰;1990 年以后人口增长率保持缓慢、持续的下降态势,1990—2000 年降为 13.7‰,2000—2005 年、2005—2010 年和 2010—2018 年分别下降到了 9.7‰、8.2‰和 6‰。

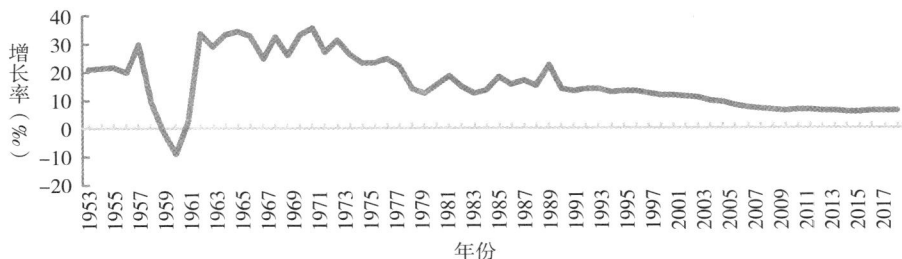

图 3-1 1953—2018 年云南人口年均增长率

数据来源:历年《云南统计年鉴》。

　　显然,人口增长速度的快速下降使得云南省人口数量增长的压力降低到了近 60 余年来的最低水平。图 3-2 是 1953—2015 年不同阶段云南省年均增加的人口数量。与人口增长率的变化一样,在经历了"二普"和"三普"之间人口年均增量爆发式的上升之后,人口年均增量开始持续地下降。在 1964—1982 年,云南人口迎来了增长大爆发,从 1953—1964 的年均 30.1 万人猛增至 1964—1982 年的年均 67.28 万人。在 20 世纪 80 年代实施计划生育政策后,人口控制成效显著地体现在年均人口增量的变化上。1982—1990 年间的年均人口增量比 1964—1982 年锐减 12.04 万人,减幅为 17.9%。到 1990—2000 年,年均人口增量继续下降,但下降速度已减缓,此期间年均人口增量仅比上一个人口普查期间少 1.37 万人,降幅为 2.48%。2000—2010 年,年均人口增量继续放缓,比前一个人口普查期间的年均人口增量减少了 23.03 万人,减幅达 41.22%,是人口增量减幅最快的阶段。到 2010—2015 年年均人口增长数进一步下降到 28.04 万人。显然,2000 年以后,人口增长的动力已经不断减缓,并且已经达到了一个较低的水平,只要人口增长机制没有重大改变,减量增长将一直持续到云南人口"零增长"。

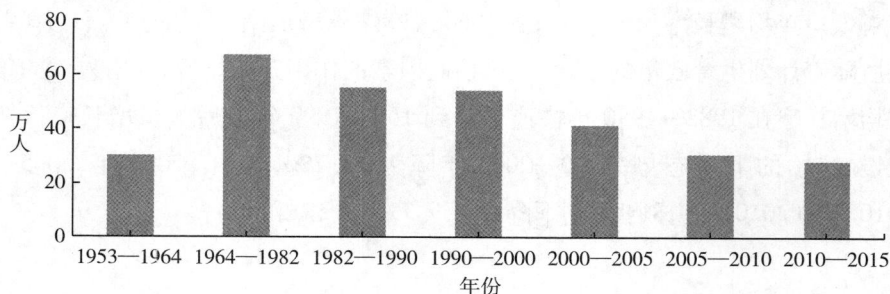

图 3-2　1953—2015 年云南不同时期年均人口增量规模

数据来源:历次人口普查和 2015 年云南省 1% 人口抽样调查。

(二)云南人口增长模式分析

　　区域人口规模的变动通常来源于两种动力,一是人口迁移带来机械增长的驱动力,二是人口系统内部人口再生产模式带来的驱动力。相对而言,云南人口系统是一个较为封闭的系统,云南地处中国西南边陲,远离中国经济最活跃的区域,人口迁移流动的频率相对较低,人口机械增长对于人口规模的影响十分有限。而人口自身生育、死亡模式和相对关系所带来的人口变迁才是决定云南人口增长特征最为主要的驱动因素。图 3-3 是云南省历年人口自然增长与迁移增长规模的比较情况，其中迁移增长人数通过人口总增长人数与自然增长人数的差值来估计。从图中可以看出，在多数年份中云南省人口自然变动的规模远远要大于机械变动，自然变动对云南人口增长的贡献率常年超过 95%，仅在 1982 年和 1990 年，人口机械增长规模较大。应该说明的是，1982 年和 1990 年都为普查年份，通常普查年份会通过人口普查将以往一段时间漏报的人口予以确认并再登记，因此此处计算的迁移增长人数的数值实际上有较大的偏差，其中包含了大量一段时间内漏登记的本地出生的人口，这两个年份人口机械增长与自然增长的相对关系并未发生本质性的变化。因此，人口系统内部人口再生产模式的变迁才是驱动云南人口增长变化的主要动力。

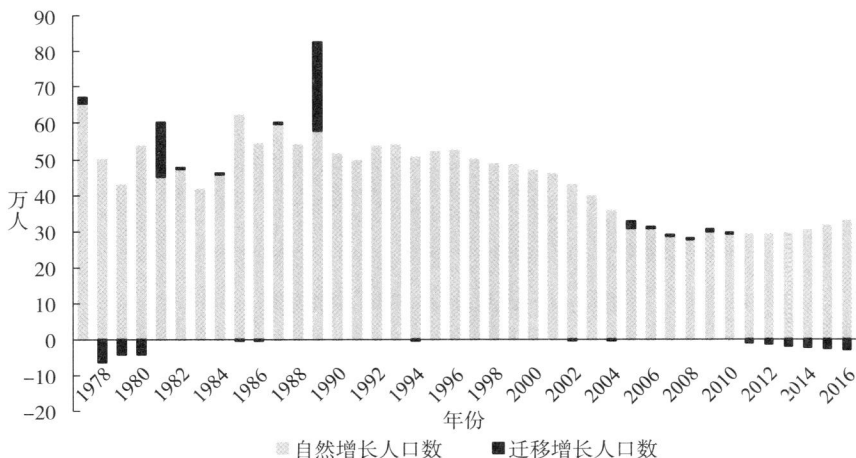

图 3-3　云南人口自然增长与迁移增长规模的比较

数据来源：根据历年《云南省统计年鉴》中人口自然增长规模与年末人口数量计算而得。

　　云南人口再生产模式的变迁实际上是云南人口转变在生育和死亡模式变化上的必然体现。在过去 60 余年中，人口生育率和死亡率的不同步下降导致了云南人口出生、死亡规模在不同时期展现出不同的相对数量关系，从而形成了云南人口增长的基本特征。根据人口转变的一般规律，死亡率大幅下降带来"死亡率革命"是率先影响人口再生产模式变迁的第一股力量,当死亡率下降到比较低的水平并持续一段时间后,生育率才开始大幅下降,并出现"生育率革命"的现象。根据死亡率和生育率在云南人口变动中影响力的大小可以把云南人口增长分为两个阶段,不同的阶段存在不同的主导模式。20 世纪50—70 年代为死亡率主导阶段,20 世纪 70 年代初期至今为出生率主导阶段。需要说明的是,云南省的"生育率革命"与全国一样,其动力机制是外生性的,是以政府政策的宏观控制来决定家庭生育行为。虽然云南由于边疆和民族政策的关系生育政策的控制相对内地较为宽松,但依赖于政府强有力的政策控制和社会管控手段,同样将个人与家庭的生育行为基本控制在政策生育范围内,形成了世界独一无二的政策型人口增长管制模式。随着这两种人口增长模式下的转化,塑造了云南人口增长的长期变动特征。

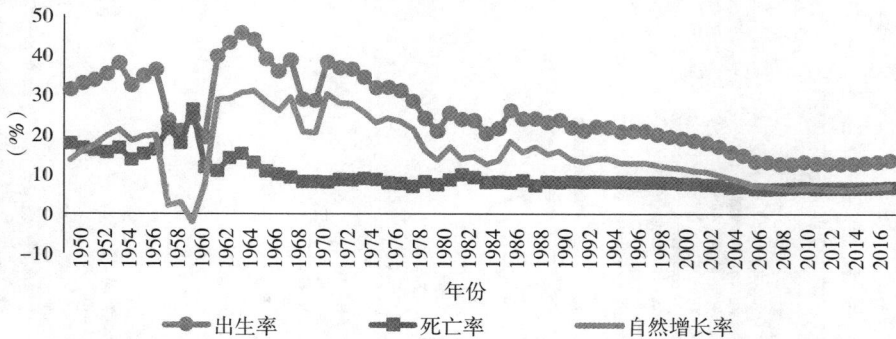

图 3-4   云南人口"三率"变化走势

数据来源:历次人口普查、2015 年云南省 1%人口抽样调查和历年《云南省统计年鉴》。

20 世纪 50—70 年代初,由于现代医疗技术的普及以及全面卫生公共服务制度的建立,云南出现了基于社会现代化转型而产生的典型的"死亡率革命",人口死亡率快速下降。全省人口死亡率由接近 20‰的较高水平下降到 10‰以下。尽管 1958—1962 年由于"三年自然灾害"和社会运动的外部冲击使得部分年份的死亡率超过了 20‰,其中 1960 年更是高达 26.26‰,但是死亡率持续快速下降的趋势并未改变,1968 年云南死亡率首次下降到 10‰以下,人口低死亡率的状态得以长期保持。在此期间,云南人口出生率保持在较高水平,多数年份都在 30‰以上,在一段时间内还由于社会生活条件的改善和多生多育观念的强化使得人口出生率表现出加大幅度的增长，出生率最高的1964年达到了45‰以上的较高水平。在死亡率持续快速下降的同时生育率保持着高位增长的状态，这形成了云南人口自然增长率近20年的爬升过程。

从20世纪70年代开始，云南的人口死亡率已经降到10‰以下的较低水平，且年均变动频率已经很小，死亡率对于云南人口数量变动的影响已经十分微弱。与此同时，在国家人口控制成为主要人口发展目标的背景下，外生性的生育控制政策导致了云南"生育率革命"的快速到来，也使得人口生育率迅速下降。在20世纪70年代以前的阶段，云南的人口出生率维持在30‰—46‰的较高水平，且整体上处于一个波动性增长的态势，1971年后则进入了一个持续性下降的通道。云南人口出生率由20世纪70年代初接近40‰的水平下降到20世纪90年代初期20‰—30‰的水平；到20世纪90年代末期进一步降低到20‰以内；到2010年以后云南人口出生率已经降到10‰左右的较低水平。在此期间，人口出生率变动成为决定云南人口自然增长的主要因素，云南省人口自然增长率也由20世纪70年代初接近30‰的高增长，逐渐降低到2019年6.43‰的较低水平。

纵观近70年来云南人口数量的变化，除了1960年以外，都处于一个规模扩张的态势。只是在20世纪70年代之前，人口自然增长处于一个加速期，而这之后人口自然增长的速度持续下降。进入21世纪后，云南人口增速已经下降到极低的水平，这种低增长的态势将会长期持续至21世纪中叶，届时云南人口将进入零增长和负增长的时代。[1]

（三）人口数量增长对云南人口内部均衡性的影响

人口数量及其变化是决定一定时期内区域人口系统特征最主要的影响因素，也是决定区域人口系统内部均衡关系的主要驱动力量。当前，云南人口已经进入了稳定低增长时代，人口快速增长带来的冲击已经消失。由于云南的"生育率革命"与全国一样，受到了外生性的生育控制政策的极大影响，生育政策使得人口系统自发的出生率下降阶段大大缩短了，加速"生育力革命"的

---

① 吕昭河：《云南未来人口发展预测及经济影响》，《云南民族大学学报》（哲学社会科学版）2005年第2期。

进程,使得云南人口在不长的时间内进入低生育率地区的行列。低生育的快速到来及其长期持续对于云南人口数量和结构的均衡性都造成了显著的影响。

1. 持续低生育将是长期影响云南人口数量均衡的问题

生育是抵抗人口死亡、保持人口数量的基本动力,在一定的死亡率水平条件下维持人口数量稳定的生育率水平是恒定的。在完成人口转变的现代社会中,人口死亡率会稳定在10‰以下。通常认为育龄妇女的总和生育率维持在2.1左右是实现封闭人口条件下人口规模长期稳定的生育水平,因此,2.1的总和生育率也被称之为保持人口数量稳定的更替水平生育率。图3-5是云南省1971—2015年主要年份的总和生育率的变化情况。可以看出1971年云南人口还处于一种自然生育的状态,总和生育率超过了6.0,在随后的30年间生育率水平快速下降,到2000年已经下降到2.1的更替水平之下,到2015年更是低至1.3。根据国际上通行生育率判断标准,总和生育率小于2.1为低生育水平,小于1.5为超低生育水平,小于1.3为极低生育水平[①]。到20世纪90年代中后期云南省生育水平已经低于2.1,已经跨过低生育水平的门槛,到2010年以前达到超低生育水平,到2015年达到极低生育水平。如果当前低生育率和生育模式长期持续,云南人口惯性带来的增长动力将在本世界中叶结束,届时云南人口将进入一个人口规模持续萎缩的时期。

根据世界各国人口转变和社会发展的经验表明,人口生育水平一旦下降进入低生育水平后就很难再回升,这即是所谓的"低生育陷阱"。为了避免"低生育陷阱"对人口规模的长期影响,国家和云南省进行人口政策的重大调整,将人口政策的重心从以人口数量控制目标转变为实现人口均衡发展目标,放宽了生育控制政策。

从最早的"一孩化"生育政策到后来的"双独两孩"生育政策、2013年实施的"单独两孩"生育政策以及2015年实施的"全面二孩"生育政策,实际上均属于有计划生育的范畴,计划生育基本国策的内涵会随着国情、社情的变化持续进行调整和完善。党的十八届三中全会和五中全会分别确定的"单独二

---

① 原新:《对低生育率水平与人口安全的思考》,《学海》2005年第6期。

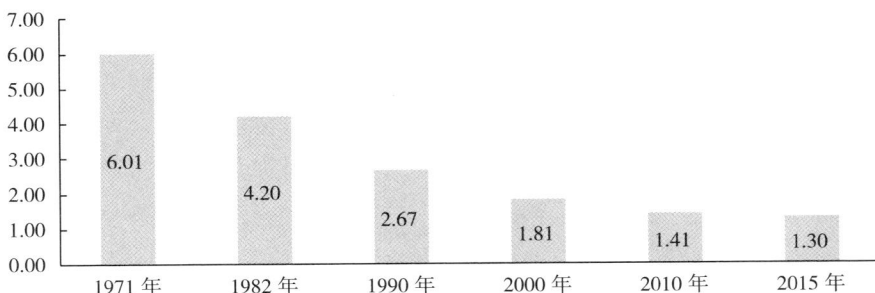

图 3-5　云南人口总和生育率的变化趋势

数据来源：1971 年数据来自《中国生育数据集》，中国人口出版社 1995 年版；其余数据来自相应年份的人口普查和抽样调查数据。

孩"政策和"全面二孩"政策是近 20 余年中国在生育政策调整方面调整幅度最大、影响人群最广的一次，也是国家调整和完善生育政策，实现中国人口长期均衡发展迈出的最为重要并具有转折意义的一步。

"单独两孩""全面二孩"政策是在社会普遍关注和强烈期望的背景下出台的，政策出台前社会普遍预期新政策将会极大地促进目标人群的二孩生育，但是区域间的政策效果的差异十分明显，不少省区用实际的生育行为对政策做出回应的家庭远远低于预期规模，云南省亦是如此。可以说新生育政策在云南省并没有达到政策预期的效果。

首先，从人口自然增长率来看，云南省人口自然增长率在生育政策的整体影响下有非常明显的下降趋势，由此可知长期严格的计划生育政策给云南的人口自然增长率带来了显著的抑制效应，其数值有非常明显的下降趋势，并且这样的下降趋势延续至今，从"单独二孩"政策以来，云南出生人口规模并未发生重大改变。图 3-6 是 2000—2017 年以后云南出生人口规模的变化情况。可以发现，生育新政出台后，出生人口数量并没有出现大幅度的增长，2014 年的出生人数甚至要比 2010 年低了 6000 人左右，2017 年也仅比 2010 年增长了 4.7 万人。2015—2017 年出现的小幅增长还要部分归因于"二孩"政策导致了的生育叠加效应。一些 20 世纪 70 年代末、80 年代初出生的即将度过生育期的女性，为了能够完成"二孩"生育，在政策出台的较短的时间安排生育计划，出现了"扎堆生育的现象"，客观上推动了短期内出生人口的增长，但是这种效应是不可持续的,新生育政策所产生的效应能够在多长时间内维持还有待观察。

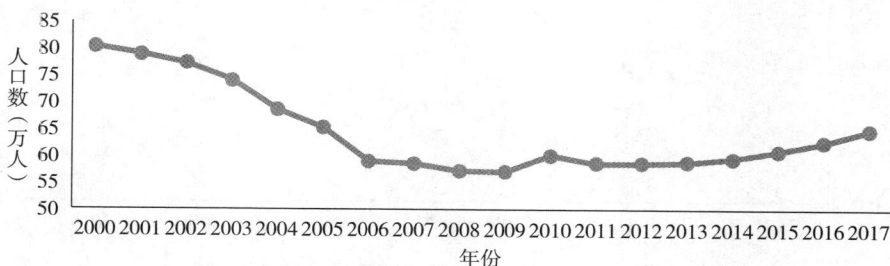

图 3-6　2000—2017 年云南出生人口规模的变化趋势

数据来源:历年《云南统计年鉴》,中国统计出版社。

2. 人口增速快速下降对云南人口结构的影响

云南从 6.0 左右的自然生育率下降到低生育水平用了不到 20 年的时间,从低生育水平到超低生育水平用了约 10 年时间,从超低生育水平到极低生育水平用了不到 10 年时间。也就是说,云南从生育水平来看,用了不到 50 年的时间就完成了人口转变的全过程,进入后人口转变的阶段,走完了西方国家一二百年才完成的生育现代化进程。

这种快速的人口转变必然会使得云南人口结构出现问题,导致人口年龄结构的失衡。人口的年龄结构反映的是人口系统的年龄构成特征,通常用不同年龄组别的人口在总人口的占比来衡量。按照国际通行的标准,可以将人口年龄划分为三个大的组别。人口中 0—14 岁的为"少年人口",15—59 岁或者 15—64 岁为"成年人口",60 岁或者 65 岁以上为"老年人口"。根据这三组人口所占比重的不同可以将人口定义为不同年龄结构类型的人口。联合国人口司发表的《人口老龄化及其社会经济含义》中确定的标准,以 65 岁及以上"老年人口"的比重来判断,当人口系统中 65 岁及以上老年人口系数小于 4%时,该人口系统的年龄特征为年轻型人口类型,当该系数为 4%—7%时为成年型人口,当该系数大于 7%时为老年型人口。①

————————

① 罗淳、吕昭河:《中国东西部人口发展比较研究》,中国社会科学出版社 2007 年版,第 85 页。

借助这一指标来观察云南人口年龄结构的变化,可以发现:在改革开放之前,云南人口属于典型的年轻型人口,1964 年第二次人口普查时云南 65 岁及以上老年人口系数仅为 2.98%,直到 20 世纪 70 年代的中后期老年人口系数才超过了 4%,变为了成年型人口;云南人口为成年型的时间不长,到 2002 年云南老年人口系数已经达到了 7.04%,跨过了老年型人口的门槛。虽然云南省跨入老年型人口的时间较晚一些,但是人口老龄化的速度要快得多。1953 年第一次人口普查的时候,中国 65 岁及以上的人口比重为 4.41%,已经是典型的成年型人口结构,到 2000 年"五普"时,老年人口系数达到 7.1%。根据以上数据,中国人口保持在成年型的时间至少在 50 年左右。然而,云南人口从成年型转变为老年型所用的时间非常短,用时不足 30 年。导致这种差距的原因主要源于中国和云南的人口生育率的快速下降都受到外生性生育政策强有力的推动,尽管云南的人口现代化进程要比全国滞后 20—30 年,但是外生性生育政策的实施却基本上与全国同步。生育政策实施的同步化,使得云南人口生育水平下降速度大大加快,这在很大程度上推动了云南人口的老龄化。尽管人口的增长速度与人口结构的变动并没有必然的关系,但是在过去的几十年间云南正处于人口转变转折期,外生性生育政策推动人口系统非自然演进导致的人口快速下降无疑使得人口增速下降与人口年龄结构失衡存在着内在逻辑联系。

"二孩"政策没有改变云南省生育水平持续走低的态势,其原因复杂多样。一是生育观念、抚养成本等多重因素导致我国家庭正在向家庭规模小型化转变,孩子的潜在增长与需求已然发生明显变化。生育动机反映了多样的生育需求,其基本逻辑是"生育是满足某种需求的手段"。由于"两孩"家庭面对较高的生育直接成本和机会成本,以及逐步完善的养老保障体系和养老服务体系,生育需求也就具有了可替代性,因而总和生育率较长时期保持在低水平状态。二是育龄妇女人口基数持续萎缩和生育年龄老化。因此,如需提升云南省人口与资源环境协调发展,生育政策的具体实施将会起到关键作用,优化生育政策、提升人口素质是云南省人口发展的先决条件。

二、云南人口素质状况对人口内部均衡性的影响

随着医疗保障和教育的快速发展,云南人口的健康素质以及文化素质都

得到了极大提升。人口素质的提高不仅极大提高了云南人口发展的水平,同时也对人口的数量、结构产生了影响。

(一)云南人口素质特征

人口素质又称为人口质量,是指在一定的社会生产力水平和社会制度下,人群所具有的身体素质、文化素质和思想素质。云南由于长期医疗、教育比较落后,各民族发展水平参差不齐,人口素质整体较为落后。

1. 人口身体素质

在人口学和相关学科中,人口身体素质指一个特定的人口总体在生命品质上所达到的程度,或者指人口总体的身体机能的健康程度。衡量人口身体素质的指标较多,如人口死亡率、平均预期寿命、人口失能率、青少年体格发育指标、疾病流行以及卫生投入等。此处,主要通过分年龄的人口死亡率、平均预期寿命的变化来刻画云南人口身体素质状态及其变迁。

(1)死亡率

死亡率反映了特定人口的综合健康状况,是描述人口身体素质最基本的指标。死亡率数据受到特定的生理特征、年龄构成以及该区域的医疗水平、公共卫生服务能力与效率、社会经济发展、文化教育的影响。如果不考虑人口年龄结构对死亡率的影响,死亡率数据的差异实际上揭示了在不同物质保障水平、医疗技术、公共卫生资源共享机制、人口健康意识条件下,居民在可获得的社会医疗保健的帮助下,保持健康的生理状态避免死亡风险能力的差异。这种避免死亡风险的能力正是社会、经济、科技条件与人体生理机能共同作用的结果,表达了特定区域人口平均的健康水平。

死亡率中常用的指标有总人口死亡率和婴儿死亡率。图 3-7 是云南与全国总人口死亡率水平的比较。可以看出,1982 年以来云南省的人口死亡率有了明显的下降,尽管 20 世纪 80 年代中后期出现了一些波动和反复,但在 2007 年以前,下降的态势十分明显,从 1982 年的 9.88‰下降到了 2007 年的 6.22‰。2007 年以后云南人口死亡率持续下降的趋势得到改变,死亡率基本稳定在 6.2‰—6.7‰。然而值得注意的是,2010 年之后,云南人口死亡率已经出现小幅持续增长的态势,2011—2017 年死亡率水平连续 6 年增长。分析影响云南死亡率变动的要素,快速的人口老龄化以及 1949 年后第一次人口出生高峰人群进入老龄人口行列导致的人口年龄结构的变化可能是造成人口死亡率水平提高的重要原因。

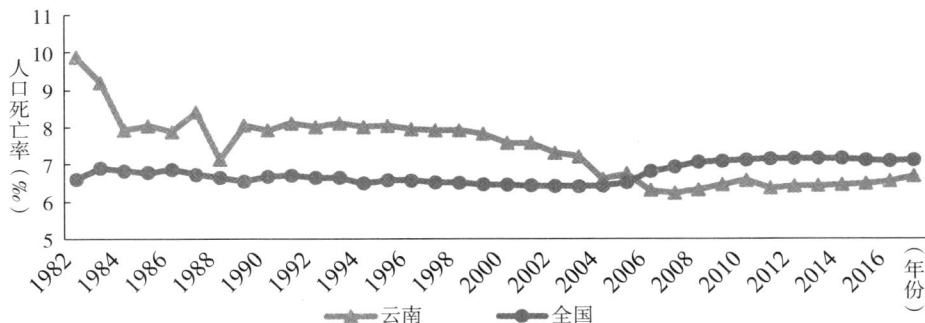

图 3-7　云南人口死亡率水平及与全国比较

数据来源：历次《云南统计年鉴》。

从死亡率与全国的比较来看，20 世纪 80 年代至 90 年代云南省与全国平均水平的差距较大，1982 年相差了 3.28‰，随后差距逐渐减小，到 2005 年前后，云南与全国基本处于同一水平。实际上，从 2003 年开始，全国的死亡率出现了一个较为明显的增长过程，到 2013 已经增长了 0.76‰。云南的死亡率增长拐点比全国晚了 7 年，而且增幅小得多。这使得 2006 年开始云南的死亡率低于全国水平，差距最大的 2011 年比全国低了 0.74‰。

图 3-8 是 2015 年云南与中国西南其他省区死亡率的比较。云南与西南其他省区地理相邻，文化习俗相似，社会发展差距相对较小，通过死亡率的比较能够更加清楚地看到云南人口健康素质的提高。可以看出在云南、四川、重庆、贵州、广西 5 个省区市中，云南人口死亡率仅仅略微高于广西，较大幅度地低于其他 3 个省区。

（2）分年龄别的死亡率

尽管从死亡率上看，云南省已经在较长的时间内低于全国，但并不意味着云南省人口健康水平已经达到甚至超过全国平均水平。由于人口死亡率与人口老龄化程度息息相关，在同等的人口健康水平之下，人口老龄化程度越高，死亡率也会更高。因此，考虑到云南人口老龄化进程滞后于全国水平的客观事实，从死亡率这个指标来判断，云南人口健康素质发展与全国虽然存在着一

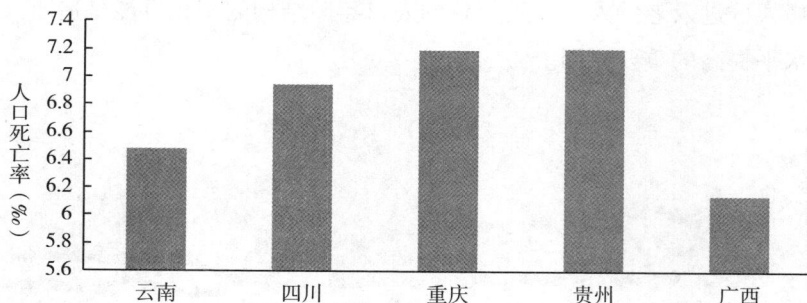

图 3-8　2015 年中国西南地区人口死亡率

数据来源:2015 年全国 1% 人口抽样调查。

定的差距,但差距有缩小的趋势。如果要剔除人口年龄结构对死亡率的影响,需要比较分年龄别的死亡率。

在分年龄别的人口死亡率中,婴幼儿死亡率使用最为广泛。婴儿死亡率实际上指 0—1 岁组人口的死亡率,其数值的高低除了受到社会医疗保障水平的影响,还直接决定于出生人口的身体素质,因此婴儿死亡率可以反映一个国家或地区经济发展水平、社会结构与体系运行效率、制度安排的科学性与合理性等整体人类生存系统中出生人口的生理状态以及抵抗死亡风险的能力,可以比较好地揭示出生人口以及生育人口的身体素质的情况。表 3-1 列出了 2015 年云南、中国以及世界部分地区的婴幼儿死亡率的状况。

表 3-1　2015 年婴幼儿死亡率比较　　　　　　　　　　单位:‰

	云南*	中国	世界	发达地区	不发达地区	最不发达国家
0—1 岁	20.20	12	36	5	39	57

* 云南的数据为 2015 年全国 1% 人口抽样调查数据,中国和世界的数据来自:United Nations Population Division、Department of Economic and Social Affairs:World Mortality 2015。

从表 3-1 可见,2015 年云南的婴幼儿死亡率为 20.20‰,已经显著低于世界平均水平,但较全球发达地区 5‰以及中国 12‰的水平还有不小的差距。尽管如此,从纵向来看,云南在降低婴幼儿死亡率方面取得了显著的进步。

1990 年云南的婴幼儿死亡率仍然高于50‰,到2000年降低到了33.1‰,此后基本保持每十年10个千分点的下降速度。目前,云南已经较大幅度地远离了不发达地区高婴儿死亡率的模式,摆脱了这一指标较为落后的状态,并以较快的速度追赶全国和世界发达地区先进水平。

婴儿死亡率的快速下降,表面上看只是表明了 0—1 岁组婴儿存活概率的提高,但实际上背后更多的表达的是云南人口整体健康水平的提高。在过去20 余年间,随着经济的发展、医疗卫生投入的增加,云南在医疗保健水平、公共卫生服务质量和普及率、个人健康意识、优生优育服务等方面取得了极大的进步,使得出生人口身体素质有了极大的提高。这种健康素质的提高对于整体人口身体素质提升的意义不仅仅局限于低龄组人口,随着出生队列人口的年龄推移,将会使得云南人口未来更多年龄组的人口的身体健康水平得到提高。

如果把人口分为少年人口(0—14 岁)、成年人口(15—64 岁)和老年人口(65 岁及以上)三个组别,观察不同年龄组的死亡率水平,可以在较大程度上剔除人口年龄结构变动尤其是人口老龄化对人口死亡水平的影响。表3-2 是云南和全国分三大年龄组的人口死亡率情况。观察可见:在 2000—2015 年间,云南省三个年龄组人口的死亡率都有了明显的下降,但是各年龄组人口死亡率较同期全国平均水平都有着明显的差距。2015 年云南少年组、成年组、老年组人口死亡率分别为 1.43‰、2.83‰和45.69‰,较 2000 年都有了不同程度的下降,尤其是幼年组和老年组人口分别降低了4.19 个和11.87 个千分点,这表明人口中死亡风险最高的幼儿和老年群体由于医疗保健水平的提高,身体素质有了显著的改善。但是云南人口死亡率与全国相比差距较为明显,2015 年时各年龄组的死亡率基本上只相当于全国 2000 年的水平。

表 3-2　分年龄组人口死亡率状况　　　　单位:‰

	云南			全国		
	2000 年	2010 年	2015 年	2000 年	2010 年	2015 年
0—14 岁组	5.62	1.75	1.43	1.84	0.64	0.41

续表

	云南			全国		
	2000 年	2010 年	2015 年	2000 年	2010 年	2015 年
15—65 岁组	3.69	3.14	2.83	2.85	2.31	1.92
65 岁+组	57.56	49.66	45.69	51.20	42.88	31.59

数据来源:2000 年、2010 年人口普查,2015 年全国 1% 人口抽样调查。

　　基于云南分年龄组人口死亡率全面落后于全国的基本事实,可以把云南整体人口死亡率自 2006 年开始低于全国的现象解释为死亡率的差异来自两者人口年龄结构的差异,中国人口更加深入的老龄化导致了死亡风险更高的老龄人口占人口总比重较高,这直接促使中国人口死亡率以更快的速度增加,而非代表了云南人口的身体素质超过了全国平均水平。从 2015 年云南分年龄组人口死亡率全面大幅高于全国来看,云南人口整体身体素质仍然较低。

　　云南人口死亡水平的降低依赖于社会、经济、医疗等要素发展,是社会、经济均衡发展带来的“发展红利”。未来,云南缩小人口身体素质的综合水平与全国和世界先进地区差距的目标仍然十分迫切,应该在明确健康素质核心指标差距的基础上,把提高婴幼儿健康水平作为最紧迫的任务和云南人口均衡发展的主要目标之一,通过云南社会、经济、医疗等领域的技术创新和制度变革,完成追赶先进的任务。

　　(3)预期寿命

　　平均预期寿命又称之为平均余命,指的是一定年龄的人口在一定社会经济和死亡率条件下,平均还可以存活的年数。通常将一个区域零岁组人口假设按照观测到的年龄别死亡率度过一生,人均存活的年数称之为该区域的出生预期寿命或平均预期寿命。① 平均预期寿命可以完全克服年龄结构对死亡率分析的影响,更加准确地反映人口健康状况及其避免死亡风险的能力,所以国际上通常把平均预期寿命作为衡量一个国家或地区居民生活质量和医疗卫

---

　　① 曾毅、张震、顾大男等:《人口分析方法与应用》,北京大学出版社 2011 年版,第 109—110 页。

生水平的重要指标,在人口学中也将其视为最具有综合概括力与方向指示性的人口健康素质指标。

20 世纪 80 年代以来,云南人口平均预期寿命进入一个快速的增长期,从 1982 年的 61.6 岁增长到 2010 年的 69.5 岁,平均每十年增长约增长 2.5 岁以上,2010 年后增长速度更快,到 2015 年已经达到了 73.6 岁,①这使得云南人口平均预期寿命与全国和世界的差距明显缩小。1982 年时云南人口平均预期寿命与世界平均水平基本相当,比中国平均水平低了 6.2 岁,比世界发达国家和地区低了 11.2 岁,到 2015 前后差距已经缩小至 2.7 岁和 4.7 岁。

表 3-3 主要年份平均预期寿命数据 单位:岁

	1982	1983	1998	2000	2008	2010	2013	2015
云南	61.6	—	—	65.5	—	69.5	—	73.6
中国	67.8	—	—	71.4	—	74.8	—	76.3
世界平均	—	62.0	65.6	—	68.8	—	70.5	—
发达国家	—	72.8	74.7	—	76.9	—	78.3	—
欠发达国家	—	59.4	63.7	—	67.1	—	68.8	—

数据来源:云南 2015 年数据来源于云南省政府,《云南省医疗卫生服务体系规划(2016—2020 年)》,其他年份和中国数据集来源于历年《中国统计年鉴》;世界的数据来自:United Nations Population Division、Department of Economic and Social Affairs:World Mortality 2015。

2. 人口文化素质

人口文化素质指的是现代社会中人类群体为适应经济、政治、文化、军事等社会活动需求而应具备的文化与科学知识、技术与实践能力所达到的程度,反映了人口群体所具有的满足现代社会发展的智力特征。人口文化素质一般用人口的平均受教育程度进行表征,常用的指标有不同受教育程度人口比重,平均受教育年数以及文盲率等。

(1)受教育程度

人口受教育程度是反映人口群体接受教育状态的指标,通常通过受过

① 《云南省医疗卫生服务体系规划(2016—2020 年)》,云南省政府网站,http://www.yn.gov.cn/zwgk/zcjd/zcjd1/201610/P020190710660885614177.pdf。

不同教育程度的人口数量和比重来反映不同区域或者同一区域不同时间地点的人口受教育的强度。在前现代社会中,人口受教育程度高低与其在总人口中的比重呈反比,即受教育程度越高的人口所占比重越小,而低教育程度的人口在总人口中占了绝大多数。进入现代社会后,随着现代教育的普及,受过中、高等教育人口的比重会逐渐超过低受教育程度人口比重,成为人群中的主体。

根据 2015 年 1% 人口抽样调查数据,云南省常住人口中,具有大学(指大专以上)教育程度人口为 342.0 万人,具有高中(含中专)教育程度人口为 456.5 万人,具有初中教育程度人口为 1387.2 万人,具有小学教育程度人口为 2006.3 万人。同比 2010 年第六次全国人口普查相比,每 10 万人中具有大学教育程度人口由 5778 人上升为 7221 人,具有高中教育程度人口由 8376 人上升为 9637 人,具有初中教育程度人口由 27480 人上升为 29286 人。

图 3-9 是 1982 年以来主要年份云南受过不同教育程度的人口数量和人群分布。可以看出,2000 年以前,云南省人口受教育状态的分布表现出明显的前现代社会的特征,即受教育程度越低的人口占比越高。1982 年和 1990 年时云南人口中受教育程度为小学及以下的比重超过 80%,其中小学以下受教育程度人口比重分别高达 57.35% 和 43.34%,而高中及以上受教育程度的人口不足 5%。到 2000 年时这一情况得到了改变,小学以下受教育程度人口比重已经下降到了 21.63%,所占比重也由第一下降到了第三。到 2015 年,小学以下受教育程度人口比重进一步萎缩,而受教育程度为初中、高中、大学的人口比重则快速增加,三者合计已经达到了 46.15%。从不同受教育程度人口的分布来看,2000 年之后由于受教育程度较低人口的大量减少,受过较高教育程度人口的稳步增加,分布曲线向着"中间多两边少"的正态分布模式转变,这表明了云南人口的文化素质在稳定提高,云南人口接受中等教育和高等教育的机会明显增多。

(2)平均受教育年数

平均受教育年数是对人口平均受教育程度的数量化描述,使用该指标可以更加准确地测量不同时期云南人口文化素质的变化。图 3-10 展示的是1964—2015 年云南人口接受教育的总年数情况。2015 年云南总人口受教育总

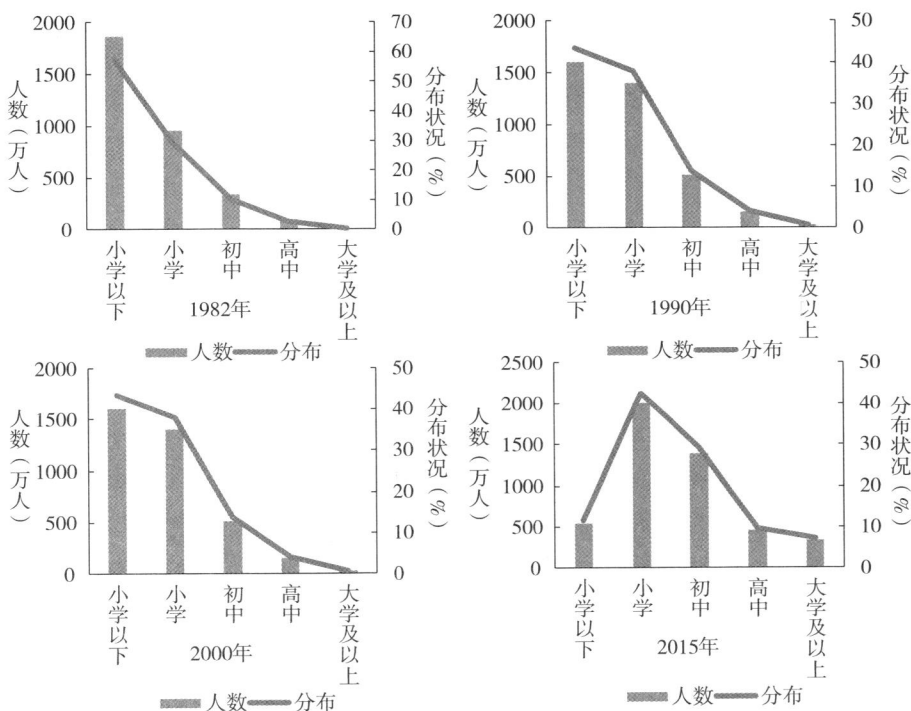

图 3-9 云南省不同受教育人口的分布情况及其变动

数据来源:云南省历次人口普查和 2015 年云南省 1%人口抽样调查资料。

年数为 35472.6 万年,比 1964 年增长了 11 倍以上,年均增长速度为 4.89%。其中,2000 年之前的增长速度较快,1964—1982 年、1982—1990 年和 1990—2000 年受教育总年数的年均增长速度分别为 6.72%、5.48% 和 4.69%;而 2000 年之后增长速度则大幅下降,2010—2015 年仅有 1.99%。

云南人口总教育年数提高的动力主要来自国家 9 年义务教育的全面实施,使得学龄人口基本能够普及小学和初中教育。20 世纪 90 年代初期和末期正是云南省全面完成普及小学和初中教育目标的时点,接受初等教育的人口规模持续增加,使得年轻人口基本上都具备初中或小学教育文化程度。2000 年以后,普及 9 年义务教育带来的额外增量已经消失,随着出生人口规模的下降,初等教育已经无法为提高云南人口平均受教育程度提供动力。

2000 年之后,随着高等教育事业的发展,接受高等教育的人口比重出现了一个快速的增长,受过大学及以上教育的人口比重由 2000 年的 2.01%增长到了 7.22%。高等教育机会的增加,无疑是未来提高云南人口受教育年数的可行路径。

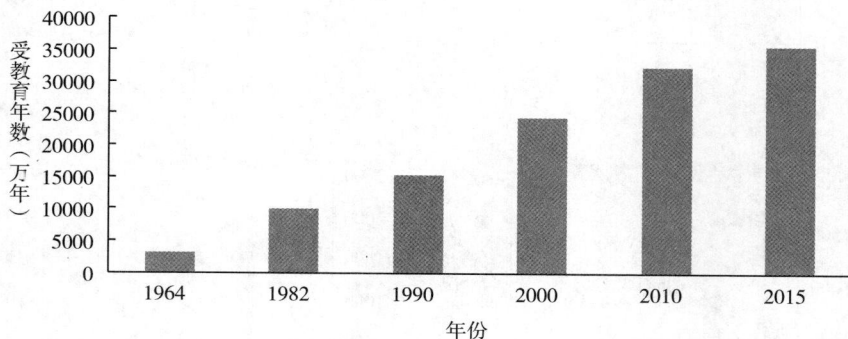

图 3-10　1964—2015 年间云南人口接受教育的总年数

数据来源:历次人口普查和 2015 年云南省 1%人口抽样调查资料。

受教育总年数反映的是人口整体接受教育的总量,除了与人口总体受教育水平相关外,还取决于人口的数量。由于云南人口规模一直处于扩张状态,必须剔除由于人口规模扩大对受教育总年数的影响,才能明确云南人口实际受教育程度的变化。因此,使用 15 岁以上人口的平均受教育年数这一指标来进行分析。如图 3-11 所示,从平均受教育年数的变化来看,1964—2015 年增长十分显著,从 1964 年的 2.48 年增长到 2015 年的 8.05 年,增长了 2.26 倍,年均增长率为 2.34%。从不同时段人口的人均受教育年数的增长速率来看,1964—1982 年间最高,年平均增长率为 4.02%,而此后的 1982—1990 年、1990—2000 年、2000—2010 年和 2010—2015 年四段时期的年平均增长率分别为 2.33%、0.86%、1.34%和 1.32%,增长速度明显下降。尽管 20 世纪 80 年代云南省开始推广义务教育,并在 2000 之前完成了全面普及 9 年义务教育,但是由于出生人口规模的快速下降,使得学龄人口数量极大地萎缩,与此同时在高中教育规模方面长期停滞不前,使得大多数适龄人口中的大多数无法获得进一步学习的机会。

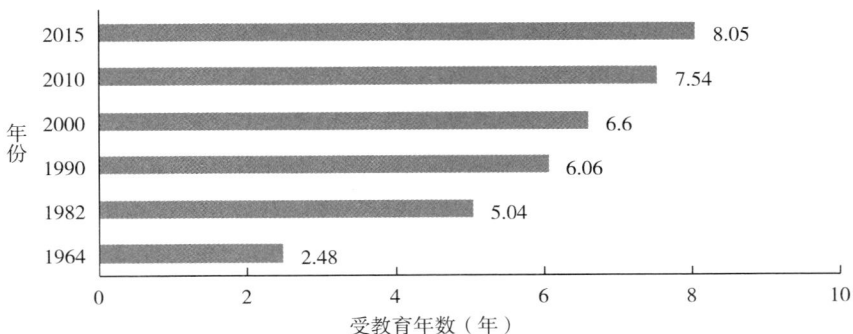

图 3-11　1964—2015 年间云南人口人均受教育年数

数据来源:历次人口普查和 2015 年云南省 1% 人口抽样调查资料。

因此,基于云南人口平均受教育年数的变化可以得到如下结论:一是人口的平均受教育程度持续提高;二是初等教育的普及是云南人口受教育程度提高的主要动力,在初等教育已经普及之后,由于年轻人口规模的萎缩,初等教育已经无法对未来人口受教育程度的提高起到作用;三是中等教育规模的长期停滞不前,既使得不同教育层次人口比例失衡,也使得近期云南人口教育程度提高乏力。

(二)人口素质变迁对云南人口内部均衡性的影响

近几十年来,尤其是改革开放 40 余年来,云南人口的身体素质和文化素质的提高都取得了巨大的进步。人口素质的提高无疑使得云南人口作为一种基本要素推动云南现代化发展的能力大大加强,使得人口与经济、人口与社会、人口与资源、人口与环境的关系改善获得了"人口质量"上的保障,推动人口要素与其他要素均衡关系的构建。与此同时,人口素质的变化也使得云南人口的生育、死亡、迁移流动等人口行为发生了变化,对云南人口内部均衡性产生了持续的影响。

1. 对人口数量的影响

人口素质变迁对于云南人口数量的影响主要体现在两个方面:一是通过降低人口死亡率影响人口数量;二是通过降低人口生育水平影响人口数量。

在死亡率方面,人口健康素质的提高降低了人口死亡风险,这极大减缓了低生育水平下云南人口负增长时代的来临。如果说在人口转变的前期人口死亡率的快速下降是导致人口爆炸性增长的主要原因,是人口规模膨胀的主要动力,那么在进入后人口转变的阶段,人口死亡率的低水平持续则是保证人口增长惯性的"最后一根稻草"。云南省30年来,人口健康水平得到了极大的提升,尤其是优生、优育社会支持体系的构建和完善,对恶性疾病和传染病的治疗和控制水平的提高,使得面临死亡风险最高的幼儿和老年群体的存活概率得到了极大的提高,这使得云南人口规模的增长惯性得以较长时间维持。云南的总和生育率在2000年以前就低于2.1的更替水平,这意味着从人口世代交替的角度而言,如果不考虑人口的机械变动,云南人口已经进入人口萎缩的阶段。然而现实的人口发展和预测表明,云南人口规模增长至少要到2050年以后才会结束。也就是说,低生育情况下,人口增长惯性使得云南人口的增长时间延长了半个世纪。这种人口增长惯性,除了来源于2000年之后一段时间内进入生育年龄的人口队列在总人口比例中还具有一定的优势外,主要动力就是由于人口健康素质提高后,人口平均寿命的延长,尽管这使得云南人口结构老化程度持续增加,但是却使得人口数量增长态势得以延续。

在生育方面,人口素质的提高降低了人口生育率,减少了人口出生规模。人口文化素质的提高主要依赖于社会教育,既包括正规教育,也包括非正规教育。云南省随着国家教育事业的发展,构建了包括基础教育、中等教育、高等教育、职业教育、成人教育等层次和内容较为完备的现代教育体系,这极大地提高了人口的文化素质。人口学研究已经证明,现代社会中人口文化素质的提高是导致人口生育水平下降的重要因素。美国著名人口经济学家贝克尔发现,随着个人文化素质的提高,高素质的个体往往具有更高的时间机会成本,这些人更加倾向于使用更多的时间去追求事业、从事社会活动和个人成就,会减少抚育孩子的时间,这会显著减少生育孩子的数目,更加注重孩子抚养的质量,这直接导致了社会生育水平的下降。[①] 云南人口文化素质提高的同时,人口城市化得到了快速发展。随着越来越多的农村人口进入城镇接受高等教育和职业教育,这些接受过较高教育的人更容易完成人口乡城转移,并倾向认同

---

① [美]加里·贝克尔:《人类行为的经济分析》,王业宇、陈琪译,上海三联书店1995年版,第175—198页。

减少生育子女数的生育意愿与行为。在 2013 年国家确定"单独二孩"的新生育政策后,有研究机构对云南"单独二孩"政策的目标人群生育意愿进行了调查,调查发现:在二孩政策下云南城镇的目标人群生育二孩的意愿十分低下,有高达 51.69% 女性明确表示没有生育二孩的意愿,人群的平均理想生育子女数与针对农村人群的调查结果差距较大。[①]

整体而言,人口素质的提高是人口现代化的一个结果,也是整个社会发展得以从依靠人口数量模式向依靠人口质量模式转变的一个前提条件。在很大程度上,人口素质的提高使得人口数量的稳定和下降成为可能。就云南而言,人口素质的提高使得云南人口数量更加迅速地转变为一种低增长的现代人口特征。

2. 对人口结构的影响

人口素质的提高对云南人口结构的影响主要表现在人口年龄结构方面。云南人口身体素质的提高使得不同年龄群体的死亡率都得到了不同程度的下降,尤其是 0—4 岁组儿童死亡率与 65 岁以上的老年人口死亡率下降幅度特别大。人口身体素质的提高使得云南人口群体抵抗死亡风险的平均能力得以提升,更多的个体能够存活到老年阶段,使得老年人口占总人口的比重增加。2015 年云南省人口预期寿命已经达到 73.6 岁,老龄人口比重也增长到了 8.76%。未来,人口身体素质和文化素质的提高是云南人口寿命延长的基本动力因素,也是推动人口年龄结构进一步老龄化的主要影响因素。

三、云南人口自然结构状况对人口内部均衡性的影响

人口自然结构指人口个体天然所具有的特性在人口群体中的分布和结构,这种天然所具有的特性通常是指人口的年龄和性别。性别和年龄结构是包括人类在内的所有生物种群所具有的群体特征,它既是生物种群生殖、繁衍

---

① 罗淳、庆红、戴琼瑶:《"单独二孩"政策实施与云南人口发展预期研究》,《中国人口科学》2014 年第 3 期;白鸽、王胜难、戴瑞明等:《全面二孩政策下云南省大理州某县居民生育意愿调查》,《医学与社会》2019 年第 3 期;蔡乐、潘明仁:《陆良县农村已婚育龄妇女生育意愿及影响因素分析》,《中国初级卫生保健》1999 年第 12 期。

以及发展的群体结构条件,也是生物种群在特定环境条件下与各种生态因子形成均衡时内部结构的时间地点特征。人口的自然结构除了具有生物种群特征的一般意义,还与人类的社会属性发生着复杂的联系,是生物总群性别、年龄结构演变的自然规律与社会价值、经济发展以及资源环境外部影响共同作用的结果,既反映了人口系统的内部均衡关系,也反映了人口系统与经济、资源环境等外部系统的均衡关系。

(一)云南人口的性别结构

人口的性别结构是指男性和女性分别在总人口中所占的比例。常用的衡量人口性别结构的指标主要有:总人口性别结构、出生人口性别结构、婚龄人口性别结构。理想的总人口性别比应该是 100,但通常把总人口性别比在 96—106 之间的都视为性别比基本平衡。

据云南省 2015 年 1% 人口抽样调查,云南省总人口性别比为 106.1,较 2010 年有所下降。纵观从 1964 年以来云南省人口性别比的变化,以 2000 年为界将其分为两个阶段:1964—2000 年云南人口性别比保持着持续增高趋势,在 2000 年达到了 110.06 的最大值,此后持续下降,到 2015 年降低到了 106.1 的低点(见图 3-12)。

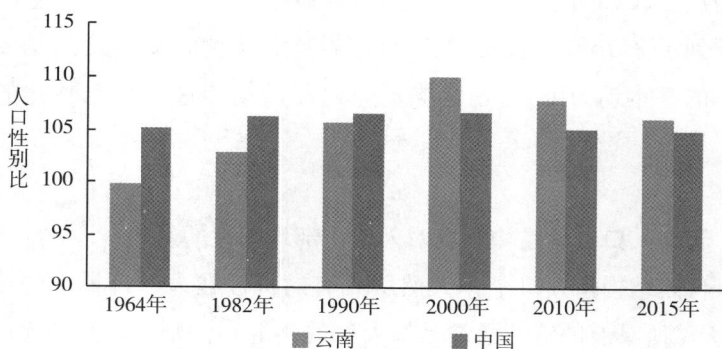

图 3-12 历年中国与云南总人口性别比

数据来源:历次人口普查和 2015 年 1% 人口抽样调查资料。

观察同期全国人口总性别比,基本维持在 105—107 之间,尽管也经历了先增加再下降的变化,但不同时点的变化不大。1964 年云南总人口性别比为

99.85,远远低于全国 105.2 的水平;此后性别比不断攀升,到 2000 年时达到了 110.06,已经远远高于全国水平;2000 年之后云南的性别比持续下降,与全国的差异有所缩小,但仍然高于全国水平。

云南人口性别比之所以表现出与全国不同的特征和变化趋势,与云南独特的社会、经济发展特征乃至丰富多样的民族文化都有着密切的关系,但其最直接的人口学因素是出生、死亡和流动等人口行为存在明显的性别差异,并最终使得人口内部性别比例关系发生变化。

出生人口的性别比指的是出生婴儿的性别比例关系,通常当期的出生婴儿是未来某一年龄段人口最主要的构成来源。因此,出生婴儿性别比在很大程度上决定了未来人口总性别比。根据人类的生殖原理,出生婴儿的性别比理论上应该为 1∶1,也就是在无人为干预的自然条件下,一定时期内出生的男性婴儿与女性婴儿的数量应该大致相等。然而世界各地人口统计的数据表明,出生人口中男性婴儿通常略高于女性婴儿,因此,人口学中通常将出生性别比值在 103—107 之间视为正常。[①]

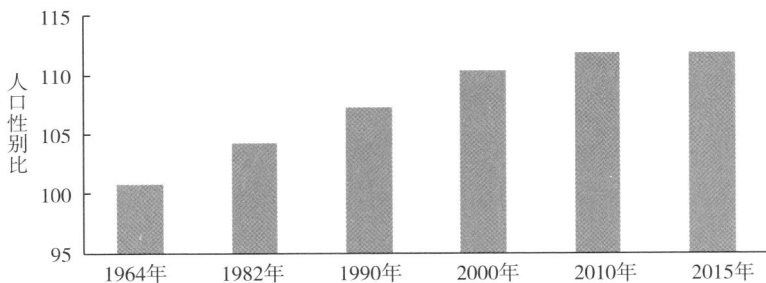

图 3-13　2018 年云南出生人口性别比变化情况

数据来源:历次人口普查资料及 2015 年云南省 1%人口抽样调查资料。

20 世纪 60 年代以来,云南人口出生性别比整体上呈不断增高的态势,尤其是从 1982 年以后,出生婴儿性别比持续增长,从 104.2 快速上升到 1990 年超过正常水平的 107.2,到 2015 年已经高达 111.9。在 1982 年之前云南出生人口性别比在 102 左右波动,尽管较一般意义上的出生性别比正常值下线的

[①]　涂平:《我国出生婴儿性别比问题探讨》,《人口研究》1993 年第 1 期。

103 略低,但仍可视为是一种正常的波动。1982 年之后出生性别比的飙升则是外生性的生育政策约束、生育辅助技术的进步与普及条件下生育意愿表达的一种必然结果。尽管云南省的政策生育率较全国多数地区较为宽松,但生育政策也带来了合法生育数量"断崖式"减少,其下降速度远远快于云南社会经济发展导致的人口总体生育意愿的下降。在此背景之下,随着胎儿性别鉴定医疗技术的普及、人口辅助生殖技术中性别选择行为的增多,云南出生性别比不断地攀升。比较云南总人口性别比与出生婴儿性别比的变化轨迹,可以看到,2000 年以前,两者是同向变化的,而且同一时间的出生婴儿性别比要高于总人口性别,从两个指标之间的内在逻辑联系不难看出,出生婴儿性别比是推动总人口性别比走高的重要力量;2000 年以后两者呈现出不同变化态势,在总人口性别比下降的情况下,出生婴儿性别比仍然稳定增加,这表明这个阶段有其他因素产生反向动力,对冲了出生婴儿性别增高带来的增长势能。死亡率的性别差异就是平衡云南人口性别比升高的重要因素。

从图 3-14 可以看出,云南女性人口具有更低的死亡率水平。2010 年云南男性和女性人口的死亡率分别为 7.15‰和 5.50‰,女性人口死亡率明显低于男性;1982 年、1990 年、2000 年几次普查时间点死亡率表现出同样的性别差异。实际上男性人口死亡率高于女性,几乎在所有年龄段都有所体现,男性更高的死亡风险导致同一出生队列中男性人口减少规模更大,随着时间的推移,出生人口性别比导致的男性结构优势逐渐瓦解。云南人口分年龄的性别比的差异可以验证这一判断。

图 3-15 是云南省 2015 年人口年龄性别比。可以看出,云南不同年龄人口性别比存在明显的差异,整体上表现在年龄轴的两端,也就是低年龄组和高年龄组两性人口数量差异大,位于年龄轴中间的年龄段两性人口数量差异小的特征。图 3-15 中 60 岁是两性人口数量差异特征的分界点,越接近 60 岁,两性人口规模越均衡,性别比越接近 100。低于 60 岁的年龄组中,性别比随年龄的增长呈现波动式的下降。性别比最高的年龄组是 0—19 岁年龄组,超过了 110;20—24 岁组、25—29 岁组性别比出现了明显的"塌陷",其原因可能来自生育政策波动、人口不对称流动导致的外生性冲击;30—44 岁年龄组人口性别比也处于一个较高水平,在 107—111 之间;40—59 岁年龄组人口性别比逐

人口死亡率（‰）

人口死亡率（‰）

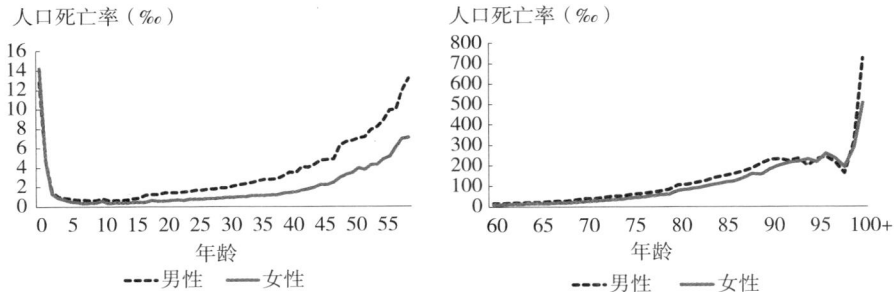

图 3-14　2010 年云南人口分年龄性别的死亡率

数据来源：2010 年云南省第六次人口普查资料。

渐下降，男性人口的数量优势逐渐消失。60 岁之后的年龄组女性人口的数量优势快速显现，60—64 岁年龄组男女比例为 96.53∶100，到 80—84 岁年龄组这一比值下降到 73.57∶100；到 100 岁以上年龄组时只有 36.36∶100。

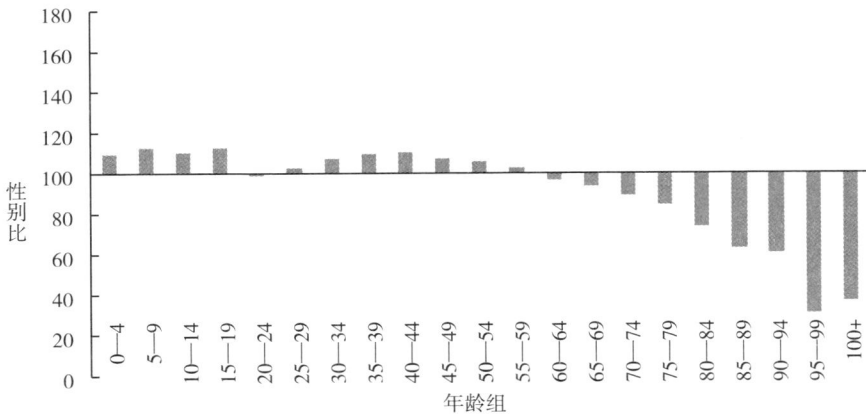

图 3-15　2015 年云南人口年龄性别比

数据来源：2015 年云南省 1% 人口抽样调查资料。

　　除了出生、死亡外，人口流动可能是导致云南总人口性别比变动的另一个可考因素。人口流动行为本身与人口性别结构无关，但只要流动人口与区域人口在性别结构上存在差异，必然会导致该地性别结构发生改变。2000 年以前云南省整体上属于人口净流入地区,但人口流动规模不大。2000年云南跨省流动人口规模仅为116.44万人,人口迁移率仅为2.75%,流动人口的性别比为99.52。由于2000年时净流动人口占云南人口比例较低,同时性别结构较均衡,人口流动和迁移对云南人口性别结构的影响十分微弱。2010年时云南变成了人口净流出区,虽然跨省流动人口规模较2000年有小幅增长,但人口迁移率还降低了0.06个百分点。2010年云南迁移人口性别比为129.85,尽管人口迁移中的男性比例较高,但是较低的迁移率,使得此时人口流动产生的影响亦是十分微弱。

从云南分年龄性别比的数值变化、出生人口性别比与总人口性别比的内在联系、流动人口的性别结构及其在云南总人口中的比重可以得出这样的结论:出生性别比是构建云南人口性别结构特征决定性力量,死亡的性别差异是调整性别结构重要力量,流动迁移的性别差异对云南人口性别结构的影响力十分微弱,出生性别比是云南人口发展性别失衡的本质性因素。

(二)云南人口的年龄结构

人口年龄结构是反映人口内部的年龄构成特征,与人口再生产、人口长期数量变化等具有密切的关系,是决定人口发展特征的重要指标。人口普查数据显示,从1982年起,云南已经出现明显的低龄人口比重缩减的态势。图3-16是云南1982年、1990年、2000年和2015年四个时间点的人口年龄金字塔。可以看出,1982年时0—4岁组人口比重已经低于了上一个年龄组,人口年龄金字塔的底部收缩现象已经出现。随着时间的推移这种底部收缩的现象越发显著,到2015年时,人口比重最大的组别已经由0—14岁之间的年龄组变为25—49岁之间的年龄组,人口年龄构成重心向成年组偏移的趋势十分明显。人口金字塔的形状也由底部略微收缩的"金字塔"形状,转变为了中间粗、两头细的"纺锤状"。

云南人口年龄结构的变迁实际上是云南社会现代化进程与人口发展政策共同作用的结果。从20世纪70年代开始,云南进入了一个经济、社会、文化快速发展和现代化转型的过程,人口的城市化、经济的工业化使得人们的生活方式、价值取向和生育概念发生了较大的变化。与此同时,全国性的生育控制政策进一步极大加速了云南人口生育模式的转型。生育模式由从传统的"多子多福"向"少生优育"转变,这直接导致了云南人口出生规模的下降。云南出生人口由1973年98.42万人的峰值逐渐下降,到2000年和2010年分别减少到80.3万人和60.1万人。出生人口规模的不断萎缩使得低龄人口所占比重持续缩减,人口年龄结构的重心逐渐向更高的年龄段偏移。如同图3-16中1982年人口金字塔所示,1982年时云南人口规模最大的年龄组是5—9岁年龄组,10—14岁次之,15—19岁、0—4岁再次之,实际上形成了以当时5—9岁,也就是出生于20世纪70年代中后期的一批人为中心,往两边规模递减的人口年龄分布格局。随着出生人口规模的减少,这一批人在总人口中所占比重的优势地位得以保持,并随着时间的推移向高年龄段移动。

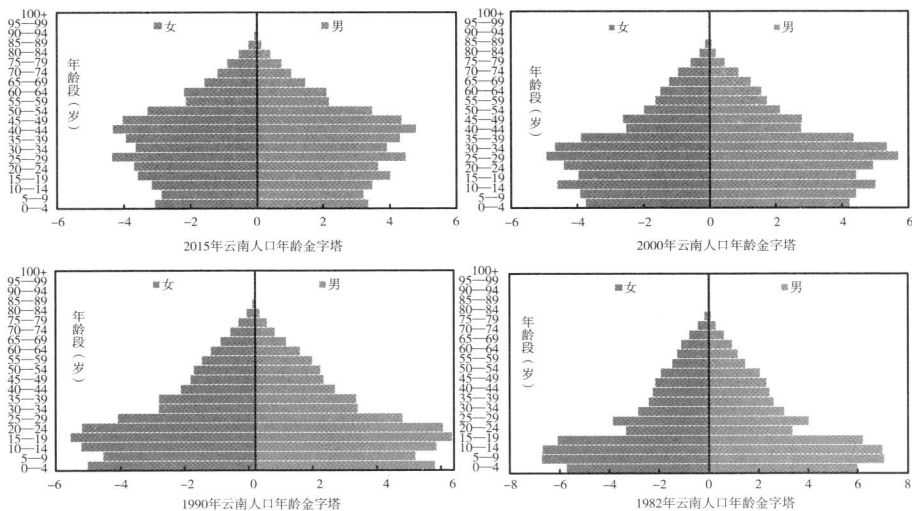

图3-16　云南省历年人口年龄金字塔

数据来源:历次人口普查资料及2015年云南省1%人口抽样调查资料。

　　观察人口年龄金字塔的变化,可以发现云南人口年龄结构有几个明显的变化特征:一是出生人口持续下降,使得低龄人口比重极大地萎缩;二是老年人口比重有较大幅度的增长;三是低龄人口比重的萎缩幅度大于老龄人口的增长速度,成年组(15—64岁)人口比重持续升高。实际上云南人口年龄结构变动就是云南人口不断老龄化的过程。从1964年到2015年,云南人口老龄化一直呈现出增长的趋势,到2015年已经到达8.76%的最高值。

(三)人口自然结构的均衡性分析

人口的自然结构是影响人口系统特征的重要因素,人口结构合理性和均衡性决定了人口系统的长期稳定发展。云南人口自然结构的变迁对云南人口数量、人口质量乃至婚姻家庭等人口要素都产生了重要和长期的影响。

1. 人口性别结构均衡性变动及相关影响

就性别结构而言,基于人类婚姻家庭模式以及生育行为特征,理论上合理性别结构应该是男性人口规模与女性人口规模相当,也就是总性别比保持在100。但在实践中无论在宏观、中观还是微观的空间尺度上,两性人口数量绝对均衡的情况是不可能出现的,在人口与社会学中通常把总人口性别比在96—106之间,出生人口性别比在103—107之间都视为性别比基本平衡。[1]

基于云南省半个多世纪以来总人口性别比和出生人口性别比的变化轨迹(图3-12、图3-13)与性别比均衡性的判断指标,可以发现云南人口总体性别结构经历了一个从失衡到再均衡的转变过程。总人口性别比数据显示,1964年云南总人口性别比为99.85,尽管女性人口数量略多于男性,但已经十分接近人口性别比例绝对平衡的理想数值;但此后男性人口增长速度明显超过女性,到1990年时性别比已经达到了105.67,已经接近性别比失衡的阈值;2000年时云南人口性别比达110.06,男性人口规模超过女性10%以上,呈现出比较严重的性别失衡现象;2000年以后,云南人口性别比持续下降,出现了一个性别结构再均衡的过程,但是仍然处于男性人口"相对过剩"的失衡状态。从出生人口性别比结构来看,则呈现出均衡性不断恶化的变化轨迹。1964—2015年间云南出生人口性别比持续增长,在1990年已经跨越了性别相对均衡的临界值,目前仍然较大程度高于均衡值。对于云南人口性别比结构均衡性的分析可以得到如下结论:第一,云南省已经进入性别比下降的通道,人口总体性别结构趋于平衡;第二,人口出生性别比仍然在增长,虽然增长势头已经趋缓,但男性出生人口数量大幅度高于女性数量长期持续所产生的推动人口性别比升高的力量将长期存在,并随着这一人口队列年龄的增长成为影响云南人口性别结构失衡的潜在因素。

---

① 原新:《对我国出生性别比失衡人口规模的判断》,《人口研究》2007年第6期。

　　性别比的失衡可能导致婚姻挤压现象,进而引发各类相关的社会问题。尽管云南人口总体性别结构已经趋于平衡,但是婚育年龄人口的性别失衡现象依然不容乐观,尤其是 1990 年以后性别比严重失衡条件下的出生人口已经逐渐进入了婚育年龄阶段,这使得婚育年龄段人口男性相对过剩现象和婚姻挤压效应日趋严重。根据 2015 年 1% 抽样调查数据,云南省 20—39 岁最佳婚育年龄段人口性别比为 104.6,男性人口比女性人口多了 33.96 万人。尽管男女婚配存在一定的年龄差,在存在婚姻挤压现象的情况下可以通过扩大婚配对象年龄差距以及到区域外的婚姻市场上寻找婚配对象等方式缓解男性过剩的压力。但是作为经济和社会欠发达地区的云南往往成为婚姻挤压现象的受害者。相关研究发现随着女性年轻人口大量外出务工,并进入更高发展程度区域的婚姻市场寻求配偶,云南大量的偏远山区、边境地区、民族地区出现了婚龄女性人口缺乏,男性结婚困难的现象,这些无法在本地婚姻市场上获得婚配对象的男性不得不通过跨国婚姻的形式完成婚育行为。一项研究表明,云南省在 2010 年前后仅在边境地区的跨境婚姻家庭数就在 3.5 万—4.5 万之间[1]。大量缅甸、越南等东南亚国家的女性通过非法入境、人口拐卖的形式进入国内,并且在没有任何监管和婚姻登记的情况下形成事实婚姻。据 2009 年 5 月统计,德宏州陇川县户撒乡 65 个自然村有 161 对跨境婚姻,婚姻登记为零,章凤镇 85 个自然村 854 对跨境婚姻中仅有 1 对登记[2]。由于这些女性多来自艾滋病高发的国家和地区,没有经过审批和入境手续,导致了极大的人口健康风险、法律风险和社会治安风险。

　　2. 人口年龄结构均衡性变动及相关影响

　　人口年龄结构不像性别结构一样,有一个明确判断结构是否均衡的指标。人口的年龄结构是否均衡取决于人口系统的发展阶段特征,当人口年龄结构特征与相应人口发展阶段的其他人口、非人口要素特征相一致时可以认为人口年龄结构具有均衡性。

---

　　① 杨晓兰:《桥头堡建设战略下中缅边民跨境婚姻管理创新探索》,《云南财经大学学报》2011 年第 4 期。

　　② 杨筠、付耀华:《人口安全视域下的婚姻挤压问题研究——以云南省 7 个人口较少民族为例》,《西南民族大学学报》(人文社科版)2016 年第 3 期。

　　目前,在人口与社会研究领域已经普遍认同人口转变过程是人口发展的一个必由过程,也是人口发展由传统向现代演进的必不可少的阶段。根据人口转变的理论,人口发展一般可以分为三个阶段:第一阶段是以高出生率、高死亡率、低自然增长率的原始型人口再生产模式为特征的"前人口转变"阶段;第二阶段是以人口死亡率和出生率相继大幅下降、人口增长率先升后降并维持在10‰左右的较低水平为标志的人口转变阶段;第三阶段是以人口低出生率、低死亡率、低自然增长率为特征的"后人口转变"阶段。在不同的人口转变阶段,人口具有不同的年龄结构特征。在"前人口转变"阶段,人口规模增长率极低,由于死亡率高,人口的平均寿命较低,通常会出现以年轻人口为主的"年轻型"人口年龄结构。此时,14岁及以下少年人口比重可能超过40%,而65岁及以上老年人口比重极低。到了人口转变阶段,死亡率快速下降以及社会生育水平的持续下降使得老年人口比重增加,少年人口比重下降,并在一定时间内形成成年人口比重持续增长的"成年型"人口年龄结构。但人口转变完成,进入"后人口转变"阶段后,老年人口比重持续增长,少年人口比重和成年人口比重同时降低,呈现出人口不断老龄化的"老年型"人口年龄结构特征。

　　云南人口年龄结构的变化与云南人口转变的进程密切关联。1982年时云南已经进入人口转变阶段的后期,少年人口比重已经开始萎缩,进入21世纪以后云南人口已经开始从人口转变阶段向"后人口转变"阶段过渡。从人口发展的阶段特征来看,云南人口年龄结构特征是生育、死亡、迁移等人口因素共同作用的结果,也是与人口转变的大背景相适应的。从这个意义上来说,云南人口性别结构及其变化具有自身的合理性。但是应该看到,在云南人口转变的过程中,由于外生性的生育政策和社会经济发展水平跨越式发展,使得生育水平的下降过于迅速,导致了人口年龄结构的非均衡演进。1971年云南的总和生育率为6.01,属于极高的生育水平,此后生育率迅速下降,到2015年下降至1.3的极低生育率水平。如此快速的生育率下降,导致低龄段人口比重过快地萎缩,导致了由人口年龄结构所决定的人口抚养关系急速变化。

　　从总抚养比的构成来看,云南最近50多年一直呈现出下降的趋势,经过了20世纪60年代的生育高峰期,云南少儿抚养比呈现出直线下降的态势。

但是,随着60年代出生的人口逐渐衰老,云南人口的老年抚养比呈现出加重的趋势。然而,由于少儿抚养比下降的速度远远超过老年抚养比的上升速度,云南人口总抚养比仍然出现了大幅度的下降。这就是云南人口转变过程中人口年龄结构变化所带来的人口红利。从表3-4可以看出,快速的人口转变所带来的人口年龄结构的变化,使得云南在人口抚养关系上的人口红利快速形成并予以释放,尤其是2010年之后,云南总抚养比降低到了40%以下的极低水平。由于人口红利的释放过于迅速,随着几次人口出生高峰人群逐渐进入老年,云南人口红利效应也将快速消失,并由此带来更为沉重的养老负担。

表3-4　云南历次人口普查和抽样调查人口年龄构成和抚养比　　　单位:%

年份	占总人口比重			抚养比		
	0—14岁	15—64岁	65岁以上	总抚养比	少儿抚养比	老年抚养比
1964	39.14	57.88	2.98	72.77	67.62	5.15
1982	39.17	56.33	4.5	77.53	69.54	7.99
1990	31.66	63.44	4.9	57.63	49.91	7.72
2000	25.96	67.95	6.09	47.17	38.20	8.96
2005	24.07	68.4	7.53	46.20	35.19	11.01
2010	20.73	71.64	7.63	39.59	28.94	10.65
2015	17.79	73.45	8.76	36.15	24.22	11.93

数据来源:根据云南省历次人口普查数据和2015年云南省1%人口抽样调查数据。

　　人口年龄结构以及由其形成的人口抚养关系是衡量人口内部均衡水平以及变动态势的重要指标,而且也是衍生一系列经济与社会关系,诸如社会抚养负担轻重、劳动力资源丰裕与匮乏、经济活动人口的创造活力、消费力与需求结构等等重要关系。由于云南与全国一样都进入了一种滞后效应延至百年的人口变动态势,由人口年龄结构的非均衡演化引致的非均衡人口结构,将是我们必然长期面对的,而且也是代际传递的人口问题。人口年龄结构的非均衡性所表达的本质内涵是其非均衡影响的远期性,可以认为基于均衡人口概念判断的云南人口年龄结构的非均衡演化属于"代际非均衡"状态。

四、云南人口空间特征变动及其均衡性分析

由于自然地理特征和社会发展的共同作用,云南省人口在空间分布上具有小聚集、大分散的特点。近年来,随着流动人口规模的持续扩大、城镇化的快速发展,云南省人口聚集度进一步提高。

(一)人口空间分布的基本特征

云南省人口分布具有极大的空间差异性,人口集中分布于滇中、滇东北、滇东南的核心城镇和平坝地区。1990年以来,人口分布呈现出人口集聚度普遍增加、空间差异性不断扩大的态势。

1. 人口密度

根据全国1%人口抽样调查数据,2015年云南省总人口为4741.8万人,平均人口密度为120.32人/平方公里,较全国每平方公里143.07人水平略低。图3-17展示了云南省2015年分县的人口密度。可以看出,人口密度较高的地区主要分布于昆明市、玉溪市、大理市的城市核心区以及滇中、滇东北地区的县市;其中位于昆明主城区的五华区、盘龙区人口密度分别达到了每平方公里2900人和1383人,人口集聚程度远远超过云南其他地区。人口密度较低的地方主要位于滇西北的迪庆州、怒江州以及滇西南的普洱市、西双版纳州的部分地区,其中香格里拉市、德钦县、贡山县人口密度不足每平方公里20人,属于人口分布极其稀少的地区。

从州市尺度来看,人口密度的区域差异依然十分明显(见图3-18)。排名前三的昆明市、昭通市和曲靖市的人口密度分别为每平方公里287.29人、235.87人和184.56人,而排名最后的迪庆州、怒江州和普洱市的人口密度仅为每平方公里17.09人、36.86人和57.35人,差距十分显著。昆明市、昭通市、曲靖市、玉溪市、红河州、保山市6个州市的人口密度超过云南省平均水平,其中昆明市、昭通市、曲靖市、玉溪市超过了全国平均水平,而迪庆州等10个州市人口密度低于全省平均水平。从人口密度的州市程度的比较可以看出

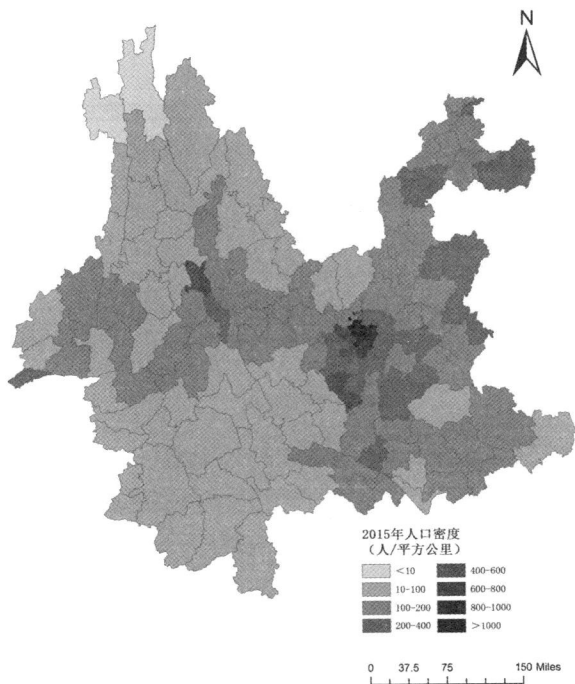

图 3-17 云南省分县人口密度

数据来源:根据 2016 年《云南统计年鉴》计算所得。

两个特征:一是人口分布在地理空间上呈现出"东密西疏"的特征。人口密度高于全省平均水平的地州除了保山市之外都位于云南省东部的滇中、滇东北、滇东南地区。二是少数民族自治地区和集聚区人口密集尺度较低。在人口密度较高的 6 个州市中仅红河州为民族自治地区,而在人口密度较低的 10 个州市中有 7 个为民族自治地区。

表 3-5 是按不同人口密度等级统计的县级单元数及其人口和土地状况。可以看出多数县级单元的人口密度位于 150—199 人/平方公里、100—149 人/平方公里和 50—99 人/平方公里的组别中,这三个人口密度等级的县级单元数分别为 23 个、27 个和 38 个,合计占云南省县级单元总数的 68.22%。而人口密度高于 200 人/平方公里和低于 50 人/平方公里的县级单元数较少,仅占总数的 31.78%。

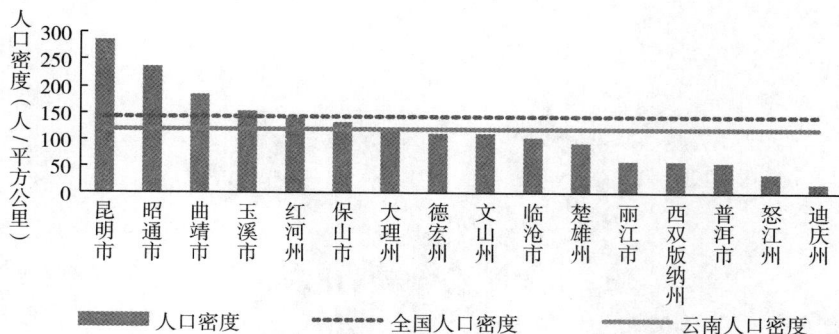

图 3-18　2015 年云南省各州市人口密度

数据来源:根据 2015 年云南省 1%人口抽样调查资料,2016 年《云南统计年鉴》中数据计算所得。

表 3-5　云南省 2015 年按人口密度分级的县级单元数及其特征

人口密度等级	县级单元数(个)	占县级单元数的比重(%)	占全省人口的比重(%)	占全省面积的比重(%)
>500	5	3.88	7.22	0.84
300—499	8	6.20	10.53	3.36
200—299	14	10.85	13.62	6.78
150—199	23	17.83	21.56	14.99
100—149	27	20.93	20.29	19.69
50—99	38	29.46	21.54	34.51
<50	14	10.85	5.24	19.84

数据来源:根据 2015 年云南省 1%人口抽样调查资料,2016 年《云南统计年鉴》中数据计算所得。

将 2015 年云南省 120.32 人/平方公里的平均人口密度作为评判依据,可将人口密度高于 150 人/平方公里的地区作为人口高密度区,人口密度低于 100 人/平方公里的地区作为人口低密度区,人口密度在 100—149 人/平方公里的地区作为人口中密度区。2015 年云南省人口高密度区的县级单元数为 50 个,人口规模达 2509.7 万人,面积达 10.35 万平方公里,占云南省县域总数、人口总规模和总面积的比重分别为 37.76%、52.93% 和 25.97%。位于人口中密度区的县级单元数为 27 个,人口规模达 962.28 万人,面积达 7.85 万平方公里,占云南省县域总数、人口总规模和总面积的比重分别为 20.93%、20.29% 和 19.69%。位于人口低密度区的县级单元数为 52 个,人口规模为 1269.81 万人,面积达 21.66 万平方公里,占云南省县域总数、人口总规模和总面积的比重分别为 40.31%、26.78% 和 54.34%。

　　2. 人口变动的空间差异

　　云南人口分布呈现出的“东密西疏”的空间特征,既是历史人口特征的延续,也是近年来云南人口变动在空间上差异化发展的结果。整体而言,1990年以来云南省除了极少数县级单元外,几乎所有区域的人口都呈增长态势,但是增长速度存在明显的空间差异。根据人口增长的幅度,可以将云南不同地区的人口变化分为人口增加地区、人口减少地区两大类。这两类地区又分别包括人口显著增加地区、人口绝对增加地区、人口相对增加地区以及人口相对减少地区、人口绝对减少地区以及人口显著减少地区几个小类。这些类别的含义和划分标准见表 3-6。①

表 3-6　云南不同地区人口增减变化分级标准

人口增减变化地区分类		分级规则
人口增加地区	人口显著增加地区	人口增幅两倍于全省平均人口增长速度以上的地区
	人口绝对增加地区	人口增幅为 1—2 倍全省人口平均人口增长速度的地区
	人口相对增加地区	人口增幅低于全省平均增速的人口增长地区
人口减少地区	人口相对减少地区	人口减幅低于 1/4 全省平均人口增长速度的地区
	人口绝对减少地区	人口减幅为 1/4—1 倍全省平均人口增长速度的地区
	人口显著减少地区	人口减幅高于全省平均人口增长速度的地区

---

　　①　人口增减变化分级标准来自于《中国人口分布适宜度报告》,并基于研究区域的尺度,将文中的全国人口平均增速变为云南省平均人口增速,中国人口分布适宜度研究课题组:《中国人口分布适宜度报告》,科学出版社 2014 年版,第 216 页。

云南省县级单元人口增减状况统计详见表 3-7。1990—2000 年间，云南省人口增加的县级单元共有 126 个，占县级单元总数的 97.67%，人口总增长规模为 498.40 万人；人口减少的县级单元为 3 个，占总数的 2.33%，人口减少规模达到 0.65 万人。在人口增加区中，多数地区人口增长速度较慢，有 61 个地区低于全省人口平均增长速度，为人口相对增加区；人口显著增加区和人口绝对增加区仅有 16 个和 49 个。人口减少的地区都为人口相对减少的地区，无人口绝对减少和显著减少的地区。2000—2015 年云南省人口减少地区数目明显增长，其中人口相对减少、绝对减少的县级单元数分别由 3 个、0 个增长为 4 个、2 个，人口减少规模也从 0.65 万人增长到 5.31 万人。在人口增加地区中，人口相对增加的县级单元数量明显增长，由 61 个增长到了 92 个；而人口显著增加和绝对增加的县级单元则不同程度地大幅下降。总体而言，在 1990—2000 年和 2000—2015 年间，云南省县级单元人口增长的空间差异的演变呈现出三个特征：一是多数县级单元为人口增长地区，其中多数县级单元人口增速低于全省平均速度，呈现出一种较慢增长的态势，人口快速增长的县级单元相对较少。二是人口减少的县级单元数量少、比重低，但呈现出逐渐增多的态势。三是人口增长速度较快的县区数量大幅下降，县级单元人口增长速度的空间差异性有所降低。

表 3-7 1990—2015 年云南县级单元人口增减情况

		1990—2000 年增减人口			2000—2015 年增减人口		
		县级单元数（个）	人口增减量（万人）	比例（%）	县级单元数（个）	人口增减量（万人）	比例（%）
人口增加地区	人口显著增加地区	16	176.92	35.50	2	23.35	4.24
	人口绝对增加地区	49	211.99	42.53	29	245.76	44.58
	人口相对增加地区	61	109.49	21.97	92	282.21	51.19
	小计	126	498.40	100	123	551.31	100

续表

		1990—2000 年增减人口			2000—2015 年增减人口		
		县级单元数（个）	人口增减量（万人）	比例（%）	县级单元数（个）	人口增减量（万人）	比例（%）
人口减少地区	人口相对减少地区	3	0.65	100	4	0.15	2.83
	人口绝对减少地区	0		0	2	5.16	97.17
	人口显著减少地区	0		0	0		0
	小计	3	0.65	100	6	5.31	100

数据来源:根据云南省第四次、第五次人口普查资料,2015 年云南省1%人口抽样调查资料数据计算所得。

　　图3-19 和图3-20 是云南省1990—2000 年和2000—2015 年人口增减变化的分布状况。可以看出,人口增长在空间分布上具有一定的规律性。整体而言,人口增长较快的县级单元主要分布在各州市的中心城区和核心城镇以及原来人口密度较低的边境和偏远地区。滇中昆明市、曲靖市、玉溪市、楚雄州的中心城区是人口高增长县区最集中的区域,1990—2000 年,昆明市的官渡区、五华区、西山区、盘龙区人口增速是全省的5 倍以上,昆明市的呈贡区、曲靖市的麒麟区、玉溪市的红塔区也达到了全省的2 倍以上;2000—2015 年,这些地区人口的相对增长速度有所放缓,但全省人口增速达到平均速度5 倍以上的唯一一个县区(呈贡区)仍然位于昆明市内,昆明市内的五华区、官渡区、盘龙区、安宁市,玉溪市的红塔区增速仍然位居全省前列。除了滇中的主要城市区域外,德宏州的瑞丽市、普洱市的思茅区、红河州的蒙自市、西双版纳州的景洪市和勐腊县、迪庆州的香格里拉市等边境地州和偏远地区的中心城镇的人口增速也显著地高于全省平均水平。

　　1990—2015 年,云南人口减少的县级单元数较少,但在空间分布上也表现出一定的规律性,即人口减少地区集中分布于核心城市周边。1990—2000年人口下降幅度最大的是昆明市的东川区,人口减少了3436 人,下降了1.23%;2010—2015 年人口下降幅度位列全省前三的是昆明市的嵩明县、禄劝县和寻甸县,人口降幅分别达到了 5.90%、4.28% 和 2.85%。昆明市作为云南省经济中心、文化中心、教育中心、对外交往中心以及交通枢纽,是省内最大和最具吸引力的城市。昆明市的主城区一直是全省流动人口首选的迁移流动目的地,这使得全省流动人口源源不断地流入昆明市主城区,产生大城市对人口吸引的"人口虹吸效应"。通常而言,由于距离近和迁移阻力小的优势,这种效应在大城市的周边区域更为明显,通常表现为在大城市核心地区人口较快增长的情况下,其距离较近地区出现慢速人口增长乃至人口负增长。从 1990—2015 年云南省分县人口增长速度的对比可以发现大城市对于周边地区的"人口虹吸效应"已经初现端倪,尤其是在 2000—2015 年,距离昆明市主城区较近的嵩明县、禄劝县、寻甸县已经出现了幅度较大的人口负增长。

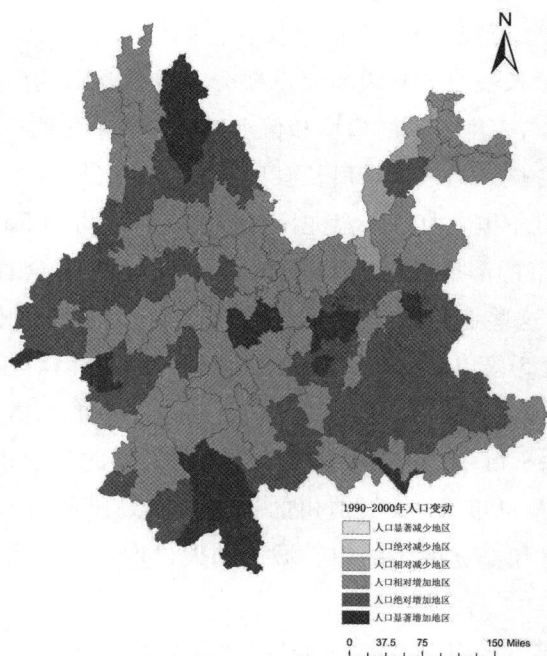

图 3-19　1990—2000 年云南省人口增减变化分布图

数据来源:根据云南省第四次、第五次人口普查资料计算所得。

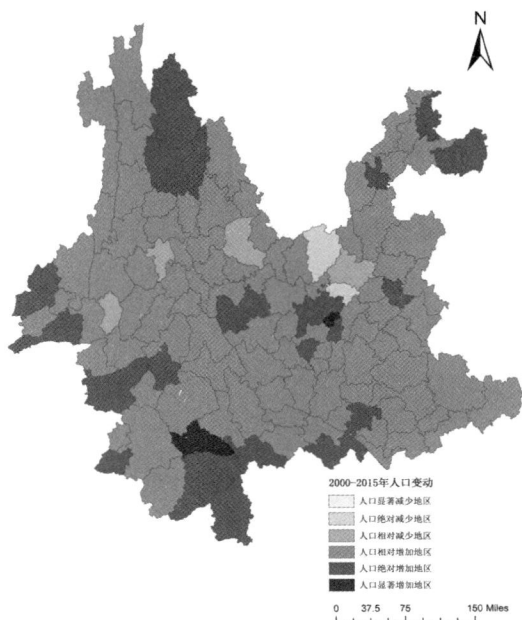

图 3-20　2000—2015 年云南省人口增减变化分布图

数据来源：根据云南省第五次人口普查资料、2015 年云南省 1% 人口抽样调查资料计算所得。

3. 人口集聚度

人口集聚度是表征人口在空间分布上疏密程度的重要指标，可以用来表达某一地区相对于全国或特定区域的人口集聚程度，通常可用某一地区相对全国 1% 土地面积上的人口占全国人口的比重来表达。[①] 由于本文主要考虑人口分布在云南省内的疏密和集聚程度，因此比较对象改为云南省。其计算公式为：

$$JJD_i = (P_i/A_i) \times (A_n/100)/P_n = D_i/D_n/100 \qquad （公式 3-1）$$

公式 3-1 中，JJD_i 为 i 地区的人口集聚度，单位为 %；P_i 为 i 地区的人口数量，单位为人；A_i 为 i 地区的土地面积，单位为平方公里；P_n 为云南省的人口数量，单位为人；D_i 为 i 地区的人口密度，单位为人/平方公里；D_n 为云南省的平均人口密度，单位为人/平方公里。

---

① 详见《中国人口分布适宜度报告》，科学出版社 2014 年版，第 215 页。

使用云南省各地区 1990 年以及 2015 年人口和国土面积数据根据公式 3-1 可以测算出云南人口集聚度的数值。1990 年云南省县级单元的平均集聚度为 1.37,到 2015 年提高到了 1.51。这表明随着社会经济的发展,尤其是城市化和工业化的加速,云南人口空间分布的集聚程度有了明显提高。图 3-21 展示的是云南省分地州人口集聚度的数据。可以看出,不同州市在人口集聚度上差异明显。昆明市、昭通市、曲靖市的人口集聚度在最低的年份都超过 1.5,明显高于其他州市,这三市构成了云南省人口分布最为密集的地区;迪庆州、怒江州、西双版纳州的人口集聚度在最高年份也没有超过 0.5,这些地区是云南省人口集聚程度最低的地区。从 1990 年和 2015 年两个时点的变化来看,昆明市人口集聚度出现了明显的增长,2015 年的人口集聚度较 1990 年增长了 0.69,人口集聚度在全省的排名也从第 2 上升到了第 1;曲靖市出现了一定幅度的下降,其他州市的变化不大。

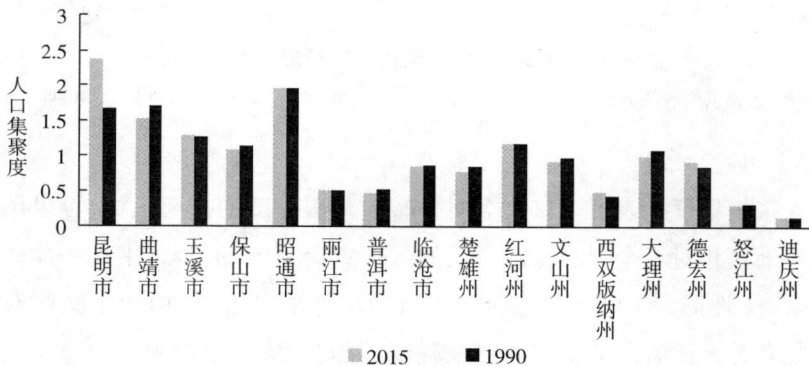

图 3-21　云南各州市的人口集聚度

数据来源:根据云南省第四次人口普查资料、2015 年云南省 1%人口抽样调查资料、《云南省统计年鉴数据》计算所得。

根据人口集聚度数值的差异,可以将云南省不同县级单元的人口集聚程度及其空间差异进行描述和评价。表 3-8 是人口集聚度的分级标准,按照该分级标准可以将人口集聚程度分为人口密集地区、人口均值地区和人口稀疏地区三类地区,依据数值还可进一步分为人口高度密集区、人口中度密集区、人口低度密集区、人口密度均上区、人口密度均下区、人口相对稀疏区、人口绝对稀疏区、人口极端稀疏区 8 个级别。[1]

表 3-8　人口集聚度分级标准

人口集聚度分级		人口集聚度范围
人口密集地区	人口高度密集区	JJD>8
	人口中度密集区	4≤JJD<8
	人口低度密集区	2≤JJD<4
人口均值地区	人口密度均上区	1≤JJD<2
	人口密度均下区	0.5≤JJD<1
人口稀疏区	人口相对稀疏区	0.2≤JJD<0.5
	人口绝对稀疏区	0.05≤JJD<0.2
	人口极端稀疏区	JJD<0.05

　　根据人口集聚度分级标准，云南省大部分县级单元为人口均值区，人口主要分布在人口均值区，高人口集聚程度地区数量不足。1990 年云南省有 92 个县级单元分布于人口均值区，占了县级行政单元总数的 71.32%，该区域人口占了全省人口的 70.2%；而分布于人口密集区和人口稀疏区的县级单元数仅为 21 个和 16 个，人口数量合计仅占全省总人口的 29.8%。与 1990 年相比，2015 年人口密集区、人口均值区和人口稀疏区的土地面积、人口比重以及县级单元数目变化不大。无论 1990 年还是 2015 年，分布于人口密集区的人口规模都不足总人口的四分之一，这表明云南省人口分布在县域层面的空间差异性较小，人口集聚度较低。根据相关文献的研究，2000 年中国分布于人口密集区的人口比重已经达到 69.5%，而分布于人口均值区的人口比重不足 26%。[2] 2015 年云南省人口密集区承载的人口比例较全国 2000 年尚有巨大的差距。云南人口密集区数量不足与城镇化水平滞后具有密切的关系。云南省 2015 年城镇化率仅达到 43.33%，比全国低了 12.77 个百分点，在全国 31

---

① 《中国人口分布适宜度报告》，科学出版社 2014 年版，第 215 页。
② 《中国人口分布适宜度报告》，科学出版社 2014 年版，第 46 页。

个省市区中排名第 28 位。城镇化发展的落后以及核心城市人口集聚能力的不足使得云南高人口密集区在区域数量增长上停滞不前,其人口承载的潜力和作用没有得到充分发挥。

表 3-9　云南分县人口集聚度统计表　　　　　　　单位:个,%

	1990 年			2015 年		
	数目	人口比重	土地比重	数目	人口比重	土地比重
人口密集区	21	23.74	8.64	19	23.27	6.56
人口均值区	92	70.20	69.95	91	69.13	68.37
人口稀疏区	16	6.06	21.41	19	7.60	25.07

数据来源:根据云南省第四次人口普查资料、2015 年云南省 1% 人口抽样调查资料、《云南省统计年鉴》数据计算所得。

图 3-22 和图 3-23 是云南省 1990 年和 2015 年不同人口集聚度县级单元的空间分布状况。可以发现无论 1990 年还是 2015 年人口集聚度较高的人口高度密集区、人口中度密集区和人口低度密集区都主要分布在以滇中的昆明市、玉溪市,滇西的大理市为核心的城镇密集区以及滇东北、滇东的人口大县。人口聚集度居中的区域主要集中分布在滇东北、滇中、滇东各州市非中心城镇区以及大理州、保山市、德宏州沿云南省东西向重要交通要道的部分县区。人口集聚度较低的地区主要分布在滇西北的丽江市、迪庆州、怒江州和滇西南的临沧市、普洱市等地。

(二)人口流动特征

进入 2000 年以后,随着中国经济和社会开放程度的不断提高,云南省人口流动空前频繁,人口流动规模、强度、频率都有了极大的提高。尤其是随着云南人口受教育程度和技能的提高,跨省流出现象日益增多,云南省人口流动的格局有了巨大的变化。

1. 流动人口总体规模

根据 2015 年全国人口抽样调查资料,2015 年云南省流动人口总规模为

927.72万人,①跨乡镇、街道的流入人口为 753.62 万人,占全省总人口的 15.91%;跨乡镇、街道的流出人口为 773.28 万人,占全省总人口的 16.32%。流动人口总规模比 2010 年增加了 174.1 万人,年均增长率达到了 4.24%。云南省跨乡镇的流出人口以省内流出为主。2015 年云南省 773.28 万流出人口中,有 72.68% 为省内流出人口,跨省流出的人口为 211.28 万人,仅占 27.32%。在流入人口中省内流动人口同样是主流。2015 年云南省流入人口中省内流动人口为 561.99 万人,占总量的 77.44%,跨省流入人口为 154.44 万人,仅占总流入人口的 22.56%(图 3-24)。

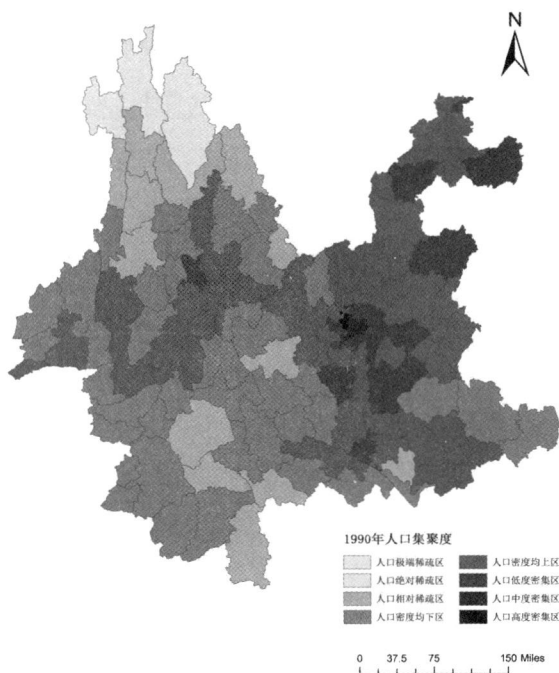

图 3-22　1990 年云南省不同人口集聚度区域分布图

数据来源:根据云南省第四次人口普查资料计算所得。

---

① 流动人口总规模包括了省内跨乡镇的流动人口以及省际流动人口。

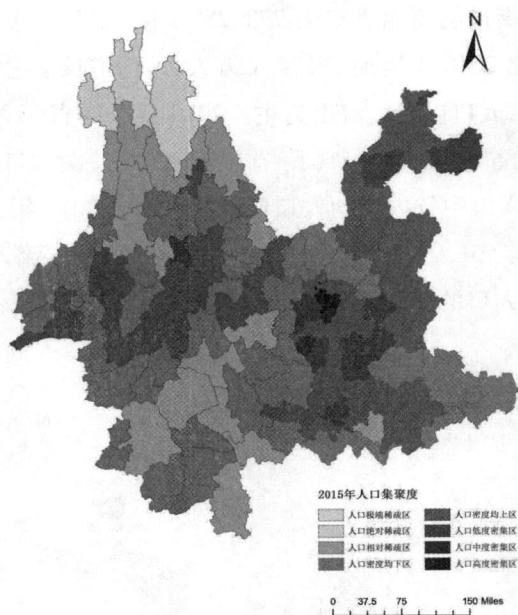

图 3-23   2015 年云南省不同人口集聚度区域分布图

数据来源:根据 2015 年云南省 1% 人口抽样调查资料数据计算得。

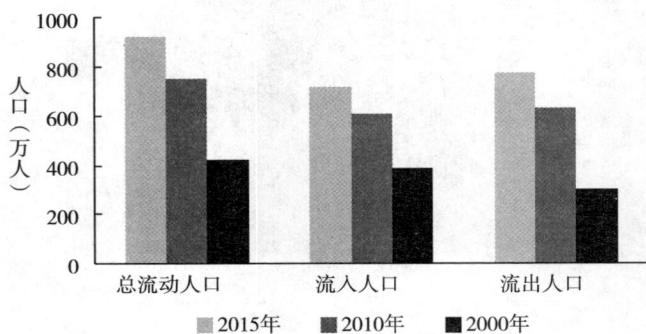

图 3-24   云南省流动人口规模

数据来源:第五、六次全国人口普查资料。

流动人口的迅速增加,使得常住人口中流入人口比例不断提高。根据 2015 年 1% 人口抽样调查数据,云南省常住人口中户籍人口比例为 84.41%,

跨乡镇、街道的流入人口占总人口的 15.59%,流入人口比重比 2010 年增加了 2.55 个百分点,比 2000 年增加了 6.45 个百分点。云南省各地区在流动人口占常住人口比重方面存在着巨大的差异,出现了明显的分层(图 3-25)。第一层次为昆明市,其流动人口比重显著高于其他地区,2015 年达到了 37.80%;第二层次为西双版纳州、德宏州、普洱市、迪庆州和玉溪市,流动人口比重在 14.25%—21.07% 之间;第三层次为楚雄州、怒江州、红河州、保山市、丽江市、昭通市,流动人口比重在 9.79%—13.82% 之间;第四个层次为临沧市和大理州,流动人口比重都低于 7%。

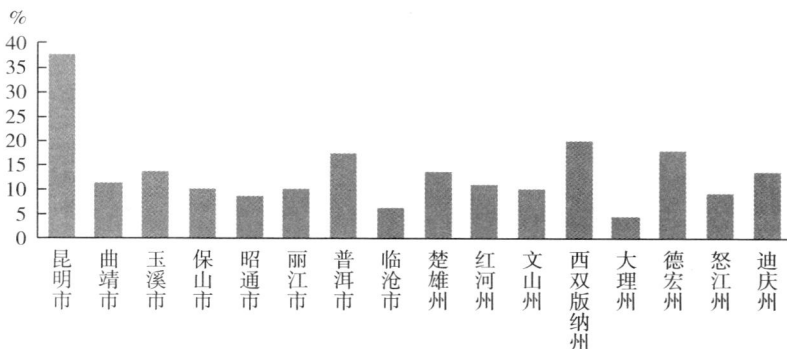

图 3-25 云南省各地区流动人口占常住人口比重

数据来源:2015 年云南省 1% 人口抽样调查。

2. 云南流动人口的结构特征

(1)流入人口结构特征

从年龄结构上看(图 3-26),2015 年云南流入人口以劳动年龄人口为主,15—64 岁人口占了总流动人口的 84.70%。流动人口的年轻化特征十分明显,15—39 岁年轻劳动力占总流动人口的 60.65%;在年轻人口中,又以 25—29 岁和 20—24 岁年龄组为最多,分别占到云南流入人口的 14.66% 和 13.55%。云南流入人口的年龄结构金字塔呈现出十分典型的中间大、两头小、底部严重萎缩的"火炬"状。青壮年劳动力是人口流动主力人群,这充分表明云南流动人口是以经济为目的、以非家庭整体流动为主体的流动模式。

从性别结构来看,云南流入人口中男女比例相对均衡,云南流入人口中男

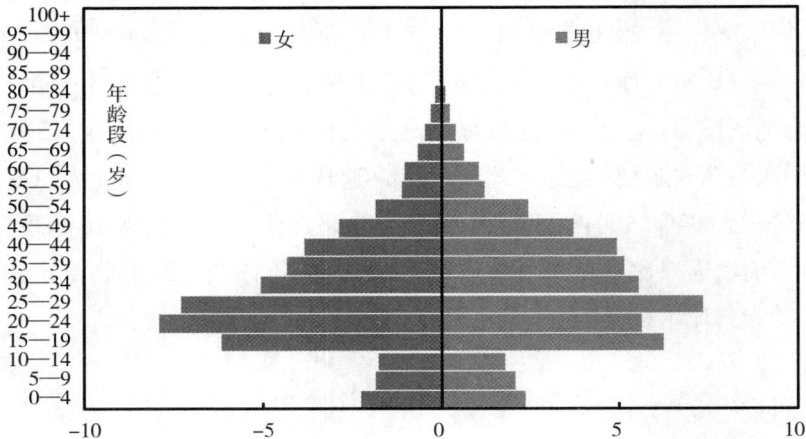

图 3-26 云南流入人口年龄构成

数据来源:2015 年云南省1%人口抽样调查。

性占51.06%,女性占48.94%,男性略高于女性。这与全国流动人口性别构成"男多女少"的情况基本上相同。

从文化素质来看,云南省流动人口的受教育程度主要集中在初中和小学文化程度(图3-27)。首先,初中文化程度的流动人口的规模和所占比重是最高的,达43.06%;其次是小学文化程度,占比为23.85%;再次是高中文化程度,占比为12.12%;最后,受教育程度在大专以上的流动人口仅为4.3%。与云南总人口的文化程度相比(图3-9),流动人口的平均受教育程度更高,但是大专以上受教育程度人口比重过低,这也表明了流动人口中高素质的劳动者的缺乏是一个基本的特征。

(2)云南流出人口的结构特征

与流入人口相似,2015 年云南省流出人口的年龄结构也是以劳动年龄人口为主(图 3-28)。流出人口中 15—64 岁人口比重达到了 73.91%,其中20—44 岁青壮年人口比重超过总流出人口的 50%。在 20—44 岁青壮年劳动者中,各细分年龄段的分布比较均衡,比重最高的 25—29 岁年龄组占总流出人口比重为 13.27%,其次是 20—24 岁年龄组占总量的 11.04%,其他年龄组人口占比在 8.7%—10.20%之间。45 岁以上各年龄组人口比重随年龄上升

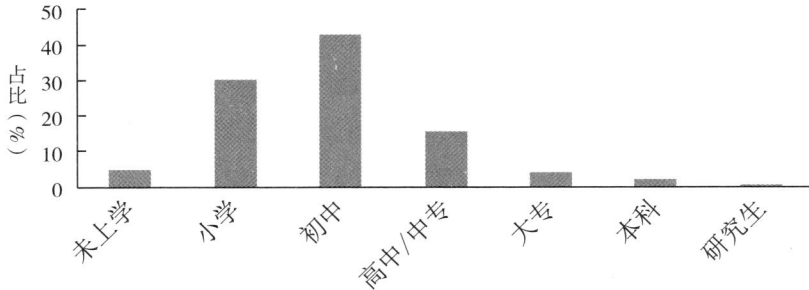

图 3-27　云南流入人口的受教育程度

数据来源：2015 年云南省 1% 人口抽样调查。

快速下降，尤其是 60 岁以上各年龄组占比都小于 1%。与流入人口不同的是，流出人口中 0—14 岁低龄组人口所占比重较高。2015 年云南流出人口中 0—4 岁、5—9 岁、10—14 岁年龄组人口比重分别为 8.46%、9.07% 和 7.84%，三个年龄组合计比重比流入人口高了 13.25 个百分点。流动人口中幼儿比重较高，表明在人口流动行为中，以家庭为单位携带未成年孩子一同进行迁移流动的比重较高。云南人口跨省流出，本质上属于一种远距离人口流动行为，在子女教育和亲子情感交流越来越成为个人决策的重要价值取向以及外来务工人员子女教育权益日益得到保障的背景下，子女随迁行为大量的增加导致了未成年人口比重的提高。总体而言，云南流出人口的年龄结构特征为：以青壮年劳动年龄人口和未成年人为主，较流入人口以及总人口而言，人口年龄结构年轻化的特征十分明显。

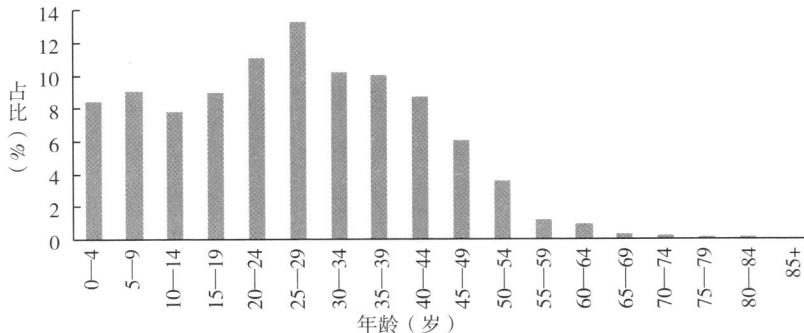

图 3-28　云南流出人口年龄构成

数据来源：2015 年云南流动人口动态监测数据。

从云南省流出人口的受教育情况来看(图 3-29),整体文化程度不高,以初中和小学文化程度人口为主,其中,首先是初中文化程度人口占调查人数的 41.60%,是所有文化层次中比重最高的;其次是小学文化程度,占比为 34.4%;再次是高中文化程度的人口,占比为 12.50%;最后,受教育程度在大专及以上的流动人口,仅占约 5.0%。云南省流出人口的受教育程度及其分布特征与流入人口基本一致,但相较而言,流出人口中未上学和小学学历的低教育程度人口比重略高于流入人口,而高中及以上文化程度人口比重略低于流入人口。

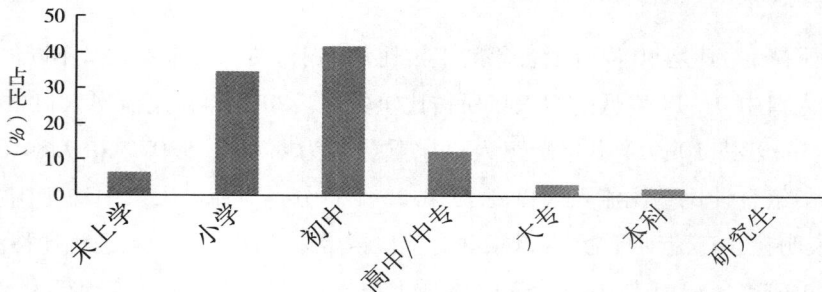

图 3-29 云南流出人口受教育程度

数据来源:2015 年云南流动人口动态监测数据。

(3)云南流动人口的来源与流向

①跨省流动

2015 年云南跨省流动总人口为 365.73 万人,其中流入人口 154.44 万人,占全省总人口的 3.26%;流出人口 211.28 万人,占全省总人口的 4.46%;净流出人口 56.84 万人。与 2010 年和 2000 年两次普查时数据比较,云南跨省流动人口具有如下特征:第一,无论流出人口还是流入人口在规模上都表现出持续增长的态势,但流出人口的增长速度明显高于流入人口。相较于 2000 年"五普"时,2015 年云南跨省流出人口增长了 176.93 万人,增长率达到了 515.08%;而跨省流入人口仅增长了 38 万人,增长率为 32.63%。这表明随着云南社会、经济更加开放,云南与区域外的人口流动更加频繁,尤其是随着云南劳动者素质的提高以及守土重迁乡土观念的改变,云南人口更多的流入省外。第二,云南从人口净流入区域变为了净流出区域,人口的双向流动更加均衡。2000 年时,云南跨省流入人口规模远远高于流出人口,人口净流入 82.09 万人,到 2010 年时流出人口数量已经反超流入人口 24.59 万人,云南已经从人口净流入区转变为人口净流出区,2010—2015 年间净流入人口继续增长,达到 56.84 万人。从流入人口与流出人口规模的对比来看,2000 年时表现为显著的单向流动特征,流入人口与流出人口的数量比为 3.39∶1,形成了人口流入为主的跨省人口流动格局。此后,随着流出人口的快速增加,两者之间的差距逐渐减小,2010 年和 2015 年流入人口与流出人口数量比分别变为 0.83∶1 和 0.73∶1,人口流入与流出变得相对均衡。

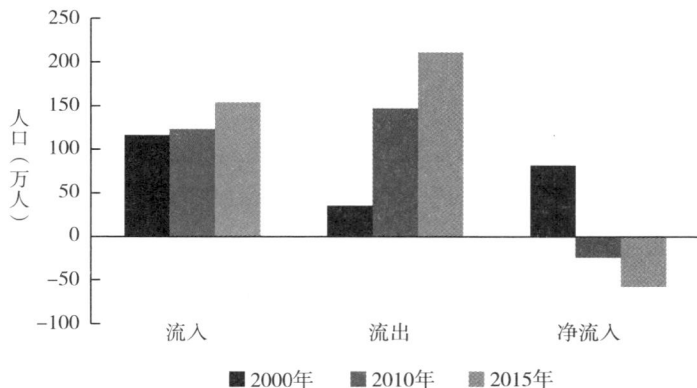

图 3-30　云南省省际流动人口规模

数据来源:第五、六次全国人口普查资料和 2015 年 1% 人口抽样调查资料。

　　2015 年云南省省际流入人口主要来源于位于中国西南、中南和东南部的省区(表 3-10)。其中四川省流入云南的人口为 33.96 万人,占流入人口的 21.99%;贵州省流入云南的人口为 20.34 万人,占流入人口的 13.17%;重庆市流入云南的人口为 16.30 万人,占流入人口的 10.55%;湖南省流入云南的人口为 15.35 万人,占流入人口的 9.94%;浙江省流入云南的人口为 9.05 万人,占流入人口的 5.86%;湖北省流入云南的人口为 7.90 万人,占流入人口的 5.12%;福建省流入云南的人口为 6.36 万人,占流入人口的 4.12%;广东省流入云南的人口为 5.83 万人,占流入人口的 3.77%。

表 3-10　2000 年、2015 年云南省流入人口主要来源地区及人口比重

排序	2000 年			2015 年		
	地区	人口（万人）	比重（%）	地区	人口（万人）	比重（%）
1	四川	47.59	40.87	四川	33.96	21.99
2	贵州	19.50	16.75	贵州	20.34	13.17
3	湖南	9.45	8.12	重庆	16.30	10.55
4	重庆	9.04	7.77	湖南	15.35	9.94
5	浙江	6.19	5.32	浙江	9.05	5.86
6	湖北	4.45	3.82	湖北	7.90	5.12
7	—	—	—	福建	6.36	4.12
8	—	—	—	广东	5.83	3.77

数据来源：2000 年全国人口普查资料、2015 全国 1% 人口抽样调查数据。

　　与 2000 年相比，云南省省际流入人口来源格局上出现了一些新的变化。一是四川省籍流入人口一家独大的情况得到了改变，从四川省流入云南的人口占云南总流入人口的比重从 2000 年的 40.87% 下降到 21.99%；二是距离云南较远的一些省区如福建、广东来源的流入人口比重有所增加。

　　2015 年，云南省共登记流出省外的人口 211.28 万人，主要流向为长三角地区、珠三角地区、东南沿海地区以及周边的省区市。流向浙江、广东、江苏、福建、四川、上海、北京 7 个省区市的人口占总流出人口的 81.4%。与 2000 年相比，云南人口流出特征有了一些变化，主要体现为：第一，流出人口的迁移目的地集中度更高。云南流出人口分布规模最大的浙江、广东两省占了云南总流出人口的一半以上，而 2000 年时不足 40%；流向宁夏、甘肃、吉林、西藏、黑龙江、山西、辽宁、新疆、内蒙古、海南、河南、陕西、青海、河北 14 省区的云南流动人口占比继续萎缩，不足 6%。第二，云南流出人口表现出更加强烈向经济中心集中的倾向。位于东南沿海的制造业中心浙江、广东、江苏、福建 4 个省是云南流出人口的集中分布地，集中了近 70% 的云南跨省流出

人口,而经济发展相对滞后的西北地区、东北地区则分布极少。第三,2000—2015年云南省跨省流出人口规模有了巨大的增长,从2000年的34.35万人增长到了2015年的211.28万人,15年增长了5.15倍。这表明云南省人口长期以来由于自身文化、素质及交通条件制约所形成的跨省流动率低的状况正在改变。

表3-11 2000年、2015年云南省流出人口主要流向地区及人口比重

排序	2000			2015		
	地区	人口(人)	比重(%)	地区	人口(人)	比重(%)
1	广东	65693	19.12	浙江	53.01	25.09
2	浙江	49059	14.28	广东	52.82	25.00
3	四川	43309	12.61	江苏	19.65	9.30
4	江苏	35734	10.4	福建	17.15	8.12
5	山东	31928	9.29	四川	13.52	6.40
6	贵州	15268	4.44	上海	10.36	4.90
7	重庆	12862	3.74	北京	5.47	2.59
8	广西	12784	3.72	贵州	5.19	2.46
9	福建	11524	3.35	重庆	3.70	1.75

数据来源:2000年全国人口普查资料、2015全国1%抽样调查数据。

②省内流动

2015年云南省省内跨乡镇、街道流动人口为561.96万人,比2000年增加了291.24万人。图3-31是2015年省内流入人口在云南省各地区的分布情况,可以看出省内流入人口在地域空间分布上具有极强的不均衡性:省内流入人口主要集中分布在滇中地区,滇东北和滇东南的部分州市分布规模较大,滇西和滇西北地区分布较少。

滇中地区仅昆明市区的省内流动人口规模就达到了196.27万人,占全省省内流动人口的34.92%;如果再加上另外3个位于滇中地区的曲靖、玉溪、楚

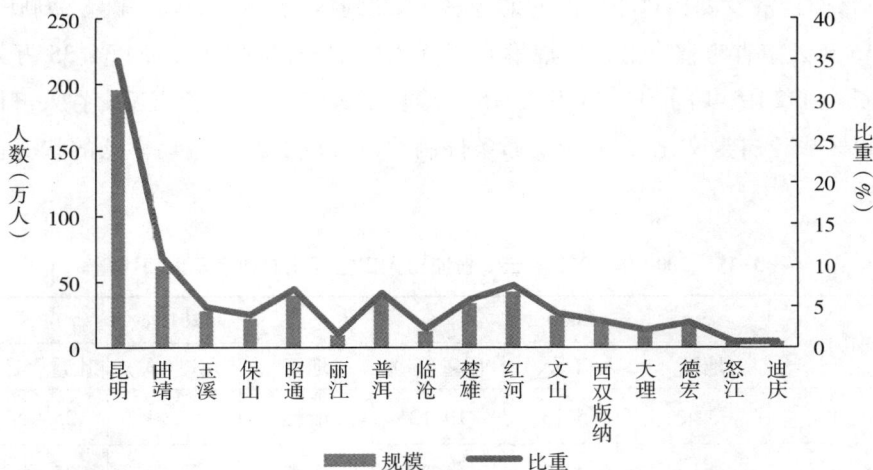

图 3-31 2015 年云南省各地区省内流入人口规模和比重

数据来源:2015 年云南省 1% 人口抽样调查。

雄三州市,滇中地区的省内流入人口占比将达到 56.87%。滇西北地区的省内流动人口占比极低,其中怒江州和迪庆州最少,流入人口规模不足 4 万人,占比不足 1%。就滇中地区而言,昆明也处于"一枝独秀"的状况,昆明市对流动人口的吸引力远远高于其他 3 个地州,流动人口规模比第二位的曲靖市多了 3 倍以上。由此可以看出,云南省省内流入人口具有较高的集中度,主要集中在以省会城市昆明市为主的周边地区。

(三)人口城镇化特征

城镇化也称之为城市化,是在人类社会现代化进程中,随着人口分布和人类活动的地域空间逐渐从农村向城市转移,人类经济、社会、文化系统的运行方式发生转变与革新的过程。城市化是人类社会的一种系统性转变,反映在人口空间分布、社会结构、产业经济结构、生活方式、文化习惯、地域生态景观格局等诸多方面。总体而言,城市化是人类的社会经济组织形式和生产、生活方式由传统的乡村型向现代城市型转化为主的多维度转变过程,是一个国家或地区经济社会发展进步的主要反映和重要标志。如果从经济学的角度来看,城市化就是伴随着非农产业发展而发生的劳动力、资本等要素用途转换、流动与聚集的过程。其中最突出的表现就是农村人口向城市迁徙,以及原有城市不断扩张和新城市不断诞生和成长。大量农村富余劳动力纷纷涌入城市寻找生计,将其社会生活的空间转移到城市,并最终成为市民,这是世界许多国家都有过的历程,也是城镇化的普遍规律。现代意义上的人口城镇化与经济生产的工业化、非农化以及经济活动的集中化具有密切的逻辑联系和耦合关系。

1. 云南人口城镇化的历程和阶段特征

云南省早在先秦时期就在滇池流域产生了以手工业和商业为主的人口聚落和城镇经济,到唐代南诏时期已经初具规模。但由于地处中国的边疆,社会经济发展较为闭塞,城镇发展较为迟缓,到 1949 年云南省仅有昆明一个规模较大的城市,人口仅有 28 万人。[①] 1978 年以后随着改革开放的洪流以及工业化和非农化的持续推进,云南进入了城镇化快速发展的阶段。

根据 1978 年以来历年云南城镇人口数量和比重的变化,可以发现近 40 多年云南省人口城镇化率呈现出持续、快速增长的态势。1978—2018 年 40 年,云南城镇人口规模从 375.7 万人增长到 2308.7 万人;城镇化率由 12.2% 增长到了 47.8%,不同人口规模的城镇都得到了快速发展,在滇中的昆明市、玉溪市、曲靖市以及滇东南的红河州等地区已经出现了规模不等的城镇化中心和城市群。图 3-32 是 1978—2018 年云南省人口城镇化率的变化情况。

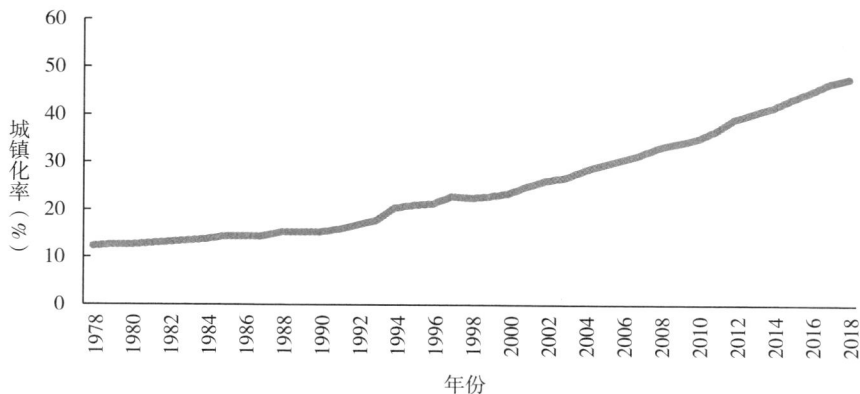

图 3-32 1978—2018 年云南省历年人口城镇化率

数据来源:历年《中国统计年鉴》《云南统计年鉴》;云南省 1983—1999 年城镇化数据根据人口普查数据进行了修正和调整。

---

① 《迈向小康社会的中国人口》云南卷,中国统计出版社 2016 年版,第 277 页。

　　从人口城镇化的增速上来看,可以将云南省40年人口城镇化大致历程分为3个阶段。第一个阶段是1978—1993年,此阶段为云南省人口城镇化恢复发展时期。人口城镇化率由1978年的12.15%增长到1993年的17.77%,人口城镇化率年均提高0.37个百分点,处于慢速增长的状态。尽管这一时期云南省城镇人口数量和城镇化率增长缓慢,但这一时期云南省的城镇体系得到了充分的发展,尤其是抓住了国家设市标准降低的机遇,使得一些小城镇升格为城市。在此期间,云南省先后设立了昭通、开远、曲靖、玉溪、保山、楚雄、畹町、思茅、景洪、瑞丽、宣威、安宁、潞西13个城市,形成了3个地级市、12个县级市、109个县城、254个建制镇的城镇体系,奠定了云南省人口集聚和城镇化的基本空间格局。①

　　第二个阶段是1994—2005年,此阶段人口城镇化的速度明显加快,城镇化率由1994年的20.41%提高到2005年的29.5%,人口城镇化率年均提高将近1个百分点,人口城镇化进入加速发展阶段。在此期间,云南省城市数量和城市人口规模都得到了明显的提高。尤其是20万—50万人口的中等城市(2014年以前的城市规模分级标准)数量增长尤为显著,玉溪市、曲靖市、大理市、个旧市相继进入中等城市行列。此外,全省唯一的特大城市昆明市以及昭通、开远、保山、楚雄、丽江、思茅、景洪、瑞丽、宣威、安宁、潞西、临沧12个小城市的人口规模也快速增长。在大中小城市都得到较快发展的情况下,云南省开始形成城市群,并进入城市集群发展的新时期。以滇中城市群和昆明"一湖四片"为引领的人口集聚和人口城镇化发展成为新的城镇发展战略。

　　第三个阶段是2006—2018年,此阶段为云南省人口城镇化的高速发展阶段。通常而言,当人口城镇化率达到30%时,城镇化的辐射效应开始增强,进入一个高速发展阶段。2006年云南省的人口城镇化率首次超过30%,达到30.5%,到2018年增长到了47.8%,年均提高1.44个百分点,增长速度明显更快。在此期间,都市经济圈、区域性城市群对于城镇化的引领作用更加明显,以昆明为中心的滇中城市群以及大理、红河、思茅—普洱—景洪、保山—腾

---

　　①　《迈向小康社会的中国人口》云南卷,中国统计出版社2016年版,第277—278页。

冲一潞西一瑞丽、滇东北5大城市经济圈初步成型，并形成了以都市经济圈、区域性城市群为引领，市县行政中心驻地为节点，中心集镇和边境口岸为末梢，以交通网为纽带的多层次、网络状的城镇体系。

2.云南人口城镇化水平的横向比较

近40年来云南省城镇化发展进入了一个新的时期，尤其是20世纪90年代以后，随着工业化的持续推进和社会经济活力的逐渐增强，云南人口城镇化更是驶入了快车道。然而，不可否认的是受制于区域内自然地理单元的破碎和相对隔离以及城镇经济支撑人口集聚能力的薄弱，云南省长期以来就是全国城镇发展比较滞后的地区，经过改革开放40年的发展，这种差距依然存在和明显。1978年云南城镇化率为12.15%，与全国相差了5.77个百分点，随后这种差距逐渐扩大，到1990年差距扩大到10个百分点以上，到2010年扩大到15个百分点以上，2015年以后差距有所缩小，仍然维持在12个百分点左右。

表3-12　主要年份云南省城镇化率与全国的比较　　单位：%，位

	1990年	2000年	2005年	2010年	2015年	2018年
云南城镇化率	14.91	23.36	29.50	34.7	43.33	47.81
全国城镇化率	26.41	36.22	42.99	49.95	56.1	59.58
全国城镇化率最高值	73.48	88.31	89.09	89.3	87.6	88.1
云南省排位	28	29	29	29	28	28

数据来源：历年人口普查和1%人口抽样调查数据，2019年《中国统计年鉴》《云南统计年鉴》。

从全国省级行政单元的比较来看，云南省人口城镇化发展的落后状态长期没有改变。1990年云南省城镇化率为14.91%，在全国30个省级区域中位居第28位，除西藏自治区外仅略高于广西壮族自治区；城镇人口比重比城镇化水平最高的北京市相差了58.57个百分点，仅为北京市的五分之一。2000年以后，云南城镇化开始提速，与全国最先进的省区市的绝对差距逐渐缩小，到2018年与全国第一的上海市的绝对差距缩小为40.29个百分点，然而云南省城镇化率仍然位列全国后列。2010年以前云南省城镇化水

平稳定地位居全国倒数第 3 位,到 2015 年上升 1 位,除西藏外仅仅略高于甘肃省和贵州省。

3. 云南人口城镇化水平的地区差异

整体而言,在近 40 年来的城镇化进程中云南省借助中国整体的工业化和市场化动能以及延边开放的区域优势获得了长足的进步,但是区域内地区间差距却十分明显。滇中地区、滇东南地区和滇西局部地区是云南人口城镇化水平较高的地区,而滇西北、滇东北地区城镇化发展明显滞后。以昆明市主城区、玉溪市红塔区、曲靖市麒麟区为核心的滇中城市群和以红河州的个旧市、开远市、蒙自市,文山州的文山市为核心的滇东南城市群,以大理州大理市、保山市隆阳区、德宏州芒市和瑞丽市为核心的滇西城市群极大增强了这些区域的人口集聚能力和城镇化水平。

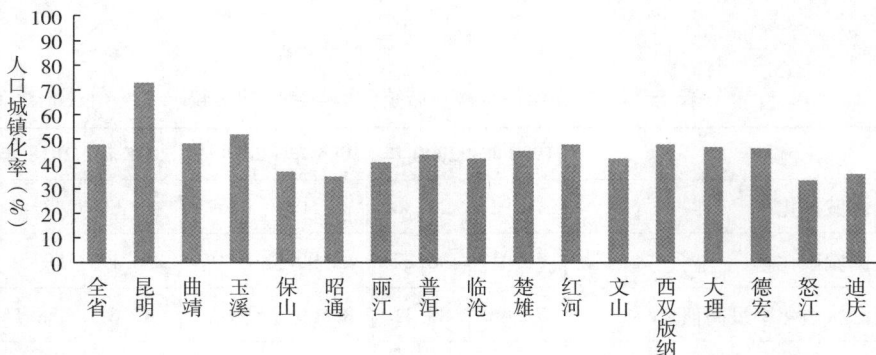

图 3-33 2018 年云南省各地区城镇化率

数据来源:2019 年《云南统计年鉴》。

从分州市的尺度看,差异更加明显。2018 年全省城镇化水平最高的昆明市的城镇化率为 72.85%,已经完成了城镇化快速增长阶段进入高城镇化地区(见图 3-33)。而城镇化水平最低的怒江州、迪庆州、昭通市,城镇化率刚刚突破 30% 的临界点,进入城市化高速发展的起步阶段。根据 2018 年全国和云南省的城镇化率指标可将全省各州市城镇化分为高、中、低 3 个组别(详见表 3-13)。其中,城镇化率高于 59.58%(同期全国平均水平)的州市为高城镇化地区,仅昆明市 1 个地区。城镇化率在 59.58%—47.81%(同期云南省平均水平)的州市为中城镇化地区,全省共有 4 个,分别为玉溪市、曲靖市、西双版纳州、红河州。城镇化率低于 47.81%的为低城镇化地区,全省共有 11 个,分别为保山市、昭通市、丽江市、普洱市、临沧市、楚雄州、文山州、大理州、德宏州、怒江州、迪庆州。

表 3-13　云南省不同城镇化发展水平分组表

	州市数	州市名	城镇人口数（万人）	城镇人口占全省比重（%）
高城镇化地区	1	昆明市	499.02	21.61
中城镇化地区	4	玉溪市、曲靖市、西双版纳州、红河州	706.35	30.59
低城镇化地区	11	保山市、昭通市、丽江市、普洱市、临沧市、楚雄州、文山州、大理州、德宏州、怒江州、迪庆州	1103.60	47.80

可以看出,在云南省城镇化发展中,昆明市处于"一枝独秀"和"一家独大"的局面,很多地区特别是边疆地区的城镇化仍然处于低度发育状态。导致这一现象的一个重要原因是多数偏远和边疆地区的城镇体系不健全,人口集聚能力较强的市和市辖区数量过少,人口规模较少的建制镇成为城镇人口分布的主要载体。图 3-34 展示了 2018 年云南各地州市、区、镇等不同城镇层级现状单元数量以及镇人口在城镇总人口中的比重。可以发现,人口城镇化率的高低与镇人口占城镇人口的比重呈负相关关系。包括丽江、文山、怒江、迪庆、临沧等边远区域的城镇化发展都是由镇人口为主体构建的,这充分反映了云南城镇化发展的低层次性。镇人口集中度太低,过于分散,平均人口规模小,不足以形成具有人口经济规模效应的区域产业中心,人口经济运行依赖的根基仍然深深根植于传统的乡村土壤,在本质上没有发育为具有产业扩展和延伸特征的现代产业体系,没有成为城市改造传统农村带动农村发展的"前沿阵地"。

(四)人口空间结构的均衡性分析

由于地域空间对人口集聚和承载起到决定性影响的经济、文化、资

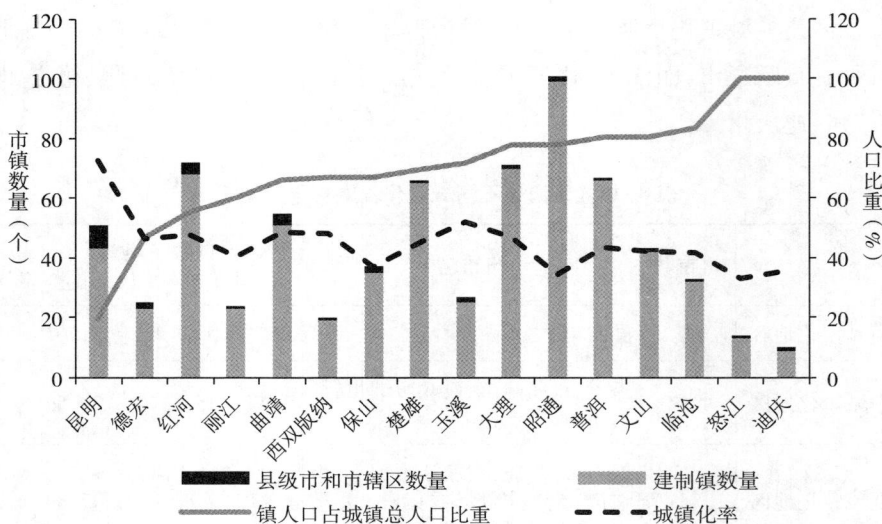

图 3-34　2018 年云南省各地区市镇规模与镇人口比重

数据来源:2019 年《云南统计年鉴》。

源、环境等要素属性天然就具有差异性,人口数量在区域空间上必然不可能是绝对平均的。因此,对于人口空间分布均衡性的评判不能仅仅依据人口数量在区域空间上的数量差异,而更需要从以下两个维度进行评判。一是人口数量的空间分布特征与经济、自然资源、生态环境等要素的空间分布特征是否具有一致性;二是基于区域发展战略和人口空间变动的一般规律判断人口集聚和分散特征在不同的空间尺度上是否具有合理性。由于第一个维度涉及人口与人口系统之外的社会、经济、生态、环境要素之间的关系,属于人口外部均衡的内容,因此本处仅从第二个维度分析云南省人口空间分布的均衡性以及人口流动、城市化对于人口均衡性的影响。

云南省人口分布的基本特征是东密西疏,人口集中分布于滇中、滇东北、滇东南的核心城镇和平坝地区,在空间上具有小聚集、大分散的特点。但目前中国正处于城市化高速发展的阶段,并处于区域非均衡发展战略向均衡发展战略的转型期,区域人口空间分布特征的主要变动方向为人口集中度持续增强,通过人口流动形成在局部空间上的人口高度集聚区域,进而形成要素高度密集的增长极,驱动区域社会经济的整体发展。基于这一人口空间变动大的趋势和背景,云南省人口空间均衡性呈现出在宏观空间尺度上人口分散不足、在微观空间尺度上人口集中不够的特征。

1. 人口聚集区高度集中、分散不足

近年来,随着流动人口规模的持续扩大、城镇化的快速发展,以昆明市主城区、呈贡新区为中心的滇中区域的人口聚集度得到了极大的提高,但是云南省其他区域的人口集聚增长相对缓慢,没有形成全省性的人口集聚中心,人口聚集区高度集中、分散不足的特征十分明显。实际上昆明市作为云南省唯一的大型城市在人口集聚中"一枝独秀"的局面长期存在,近年来在云南省中小城市和特色小城镇得到快速发展的情况下,昆明市的压倒性优势依然存在。人口城市首位度可以衡量城镇体系中的人口在最大城市的集中程度。2017年云南省的城市首位度①为2.8,而同样位于西南地区的四川、贵州、广西三省区的城市首位度分别为2.1、1.1和0.9,明显低于云南省。具体来看云南省排名靠前的几个城市的建成区人口数量,第一大城市昆明市为391.48万人,排名第二到第四的曲靖、玉溪、保山分别为68.89万人、38.23万人和32.67万人。昆明市与位列其后的几个城市在人口体量上的差距十分明显,这表明云南省除了最大的城市外其他城市发育不足,无法很好地分担人口承载和集聚的功能。

基于云南省除了受到昆明市辐射的滇中地区外没有形成全省性的中心城市和人口集聚中心的客观事实,在《云南新型城镇化规划(2014—2020年)》中明确提出除了滇中城市群外,全省要着力打造滇西城镇群、滇东南城镇群,滇东北城镇群、滇西南城镇群、滇西北城镇群5大城镇群,形成全省性人口集聚和城镇化发展新的增长点。然而,就目前的情况而言,新打造的6大城市群的核心城市的人口集聚能力还不足以形成辐射全省和区域性的功能。

---

① 城市首位度的计算方法常用的有两城市指数、四城市指数和十一城市指数,此处计算的是四城市指数。

表 3-14　云南省 6 大城市（镇）群主要节点城镇 2018 年人口密度

区域		人口密度（人/平方公里）	区域		人口密度（人/平方公里）
滇中城市群	昆明市主城区	891.28	滇东南城镇群	个旧市	294.61
	玉溪红塔区	512.95		开远市	168.39
	曲靖麒麟区	179.46		蒙自市	205.70
	玉溪江川区	339.06		文山市	164.32
	玉溪通海县	432.18	滇西城镇群	大理市	462.60
	楚雄市	133.89		隆阳区	195.65
滇西北城镇群	香格里拉市	15.53		瑞丽市	229.23
	泸水市	65.11		芒市	141.81
	古城区	169.62	滇东北城镇群	昭阳区	381.74
滇西南城镇群	思茅区	77.32		会泽县	329.97
	景洪市	76.28		镇雄县	376.24
	临翔区	92.96		水富市	344.51

数据来源：根据 2019 年《云南统计年鉴》数据计算而得。

表 3-14 是 2018 云南省 6 大城市（镇）群主要节点城镇的人口密度数据。可以看出，目前仍然只有滇中地区、滇东北形成规模较大的人口高密度区，除了大理市外其他几大区域重点城镇的人口集聚度都较低。2018 年云南省人口密度超过每平方公里 500 人的县市区有 5 个，都位于滇中城市群内，其中 4 个为昆明市的五华区、盘龙区、官渡区、呈贡区，另一个为玉溪市的红塔区；人口密度在每平方公里 300—500 人的县市区有 8 个，除了大理市外，通海县、西山区、昭阳区、镇雄县、江川区、水富县、陆良县 7 个县市区都位于滇中的昆明市、玉溪市、曲靖市以及滇东北的昭通市。

因此，无论从城市首位度来看，还是从高人口密度县市区的分布来看，云南省人口聚集区集中度太高、分散不足，在多个次级区域内没有形成具有全省吸引力和影响力的人口次级集聚中心，这对于合理利用云南省国土空间资源，实现宏观尺度上相对的人口空间均衡是需要改善的。

2. 人口密集区数量少且发育不足，与发达地区差距较大

在微观尺度上，云南省存在高人口密度区数量少且发育不足，与发达地区

差距较大的问题。按照中国科学院地理与资源科学研究所制定的中国人口集聚度分级标准,云南省 2015 年达到人口高度密集区的县级单元仅有 3 个,其中 1 个达到了城市核心区的标准,达到人口中度密集区和低度密集区的县级单元数分别为 2 个和 14 个,达到三个等级的人口密集区的县级单元数分别占总数的 2.32%、1.55% 和 10.85%。表 3-15 展示了云南省与全国人口密集区相关数据。可以发现,无论是人口密集区的数量、占地面积和比重,还是所承载人口比例,云南省都全方位的低于全国,尤其是人口高度密集区和人口中度密集区,差距更加明显。云南省仅有 0.84% 的国土面积分别为人口高度密集区和人口中度密集区,承载了 7.22% 的人口;而全国人口高度密集区和人口中度密集区所占国土面积比重达到了 5.7%,承载人口比重超过了 40%。

表 3-15 云南省与全国人口密集区的比较

		县级单元数目(个)	人口数(万人)	人口比重(%)	土地面积(万平方公里)	土地比重(%)
2015 年云南省	人口高度密集区	3	258.20	5.45	0.18	0.45
	人口中度密集区	2	83.97	1.77	0.16	0.39
	人口低度密集区	14	761.28	16.05	2.28	5.72
	合计	19	1103.45	23.27	2.62	6.56
2010 年全国	人口高度密集区	167	29071.90	21.68	14.30	1.50
	人口中度密集区	344	30277.70	22.58	40.20	4.20
	人口低度密集区	521	35368.60	26.37	88.90	9.30
	合计	1032	94718.20	70.63	143.40	15.00

数据来源:云南省数据根据 2016 年《云南统计年鉴》和 2015 年云南省 1% 人口抽样调查数据计算,全国数据来自于《中国人口分布适宜度报告》,科学出版社 2014 年版,第 45 页。

云南省的人口密集区不仅数量少,而且人口密集程度远远低于发达地区。城市地区通常是一个区域内人口最为密集的区域,通过比较云南省与其他省区人口密集度最高城市的人口密度可以很直观地看出云南省与发达地区人口密集区的发育程度。图 3-35 是 2017 年云南城市人口密度与部分省外城市的比较情况。由于中国城市的概念具有多重含义,城市人口规模也有多重统计口径。此处选择的是市辖区人口的统计口径,也就是设区市以市辖区为统计边界,不设区的城市以城市行政区域为统计边界。此处选择了中国东部、中部、西部各 1 个代表性的省区,将这些省区人口密集度最高的 4 个城市与云南省进行比较。

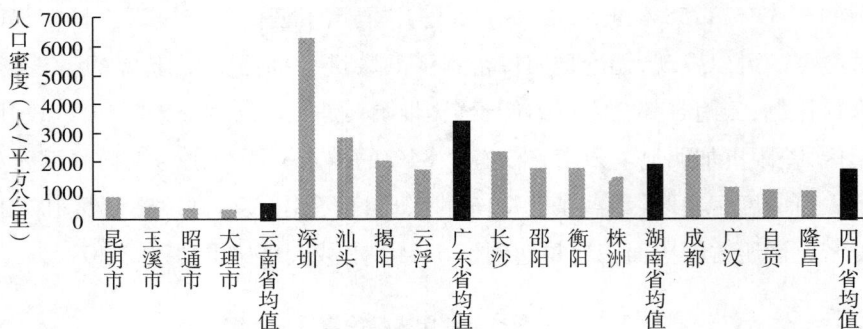

图 3-35　2017 年云南城市人口密度与部分外省城市的比较

数据来源:根据 2018 年《中国城乡统计年鉴》计算而得。

注:图中各省平均值为各省排名前四位城市的平均人口密度。

2017 年云南省人口密度排名前四位的是昆明市、玉溪市、大理市和昭通市,人口密度在每平方公里 300—800 人,均值为 588 人。广东省、湖南省、四川省城市人口密度均值分别达到每平方公里 3397.2 人、1901.08 人和 1709.5 人,差距十分巨大。云南省人口最为密集的昆明市市辖区人口密度为每平方公里 780.64 人,只是广东省、湖南省、四川省人口密度排名第四城市人口密度的 45.47%、53.13% 和 80.13%,如果将昆明市放到这三个省中与该省的城市进行排名,昆明市在广东省只能排到第 18 位,在湖南省和四川省只能排到第 10 位。世界经合组织(OECD)对于人口集聚程度有一个得到广泛运用的分级分类标准,该标准认为东亚国家人口密度超过每平方公里 500 人以上的区域可以认为该地理单元为城市,如果低于 500 人则为乡村地区①。根据这个评判标准,2017 年云南省 23 个城市中仅昆明市可以认为是属于城市主导的区域,而其他城市都为乡村主导型的区域。

---

① 张车伟、王智勇:《中国人口合理分布研究——人口空间分布与区域协调发展》,中国社会科学出版社 2015 年版,第 23 页。

第四章 均衡人口与云南可持续发展Ⅱ：人口外部均衡特征

　　人口的外部均衡是人口系统与经济系统、社会文化系统、资源环境系统等外部系统之间相互作用以及均衡关系。经济、社会、资源、环境是人口发展的基本要素，人口系统在发展和演进过程中与这些要素及其所组成的系统形成了复杂的互动关系。人口系统既依赖这些外部系统所提供的自然资源、生态承载、物质财富、智力资源完成各种人口行为，推动人口的发展和演进；同时，人口也是构成和保障经济系统、社会文化系统、资源环境系统正常运转的重要影响力量。因此，寻求人口与经济、资源、环境等多种外部要素的均衡关系对于实现人口长期可持续发展具有重要的价值。云南省位于中国西南边疆，由于独特的生态地理区位和社会发展历史，在生态功能、生物多样性、经济发展等方面具有十分显著的特征。在民族团结示范区、生态文明排头兵和面向东南亚辐射中心三大建设目标成为云南全社会中长期发展目标的背景下，需要观察云南人口变动对人口外部系统和外部均衡关系的影响。

第一节　云南资源环境系统发展状态及其与人口系统均衡性评价

　　云南由于地处多个地理单元和宏观生态系统的交错和过渡地带，具有生物物种、生态功能、自然资源种类多样性丰富，自然资源规模小、分布分散，生态系统脆弱性高的基本特征。随着云南人口情势的巨大转变，云南人口与资源环境系统的关系也出现了新的特征。

一、云南省主要自然资源开发利用状况

云南省自然环境与土壤类型多样,地形地貌复杂,这使得云南土地、水资源、生物、能源等自然资源的分布和开发具有自身的独特性。

(一)土地资源

云南省处于低纬度高原,西北部是高山深谷的横断山区,东部和南部是云贵高原。全省土地面积为 39.41 万平方公里,地形地貌类别多样。其中山地面积最大,占全省面积的 80% 左右;高原面积其次,占全省面积的 14%;剩余6% 左右的土地面积为盆地和河谷冲积平原。在滇东、滇东南山发育有大面积喀斯特岩溶地貌区域,约占总土地面积的 28.14%。① 地形、地貌和地质结构的基本特征,决定了云南土地资源以坡度较大的山地为主,相对平坦的平坝和河谷较为稀缺。

云南的土地资源禀赋决定了在土地利用中农业和林业用地占了绝对优势。2017 年云南省全省农业用地规模最大,为 3292.79 万公顷,占全省土地面积的 85.93%;其次为未利用土地,规模为 428.59 万公顷,占全省土地11.18%;最后是建设用地规模为 110.51 万公顷,仅占全省土地 2.88%。在农业用地中,林地、耕地、园地、牧草地分别使用 2300.62 万公顷、621.33 万公顷、162.83 万公顷、14.7 万公顷,分别占全省土地面积的 60.1%、16.2%、4.3% 和 0.4%。从土地利用格局的变化来看,建设用地规模呈现出增长态势,农业用地总体变化平稳,但其中的林业用地增长迅速。图 4-1 是 2002—2017年主要年份云南省主要用地类型规模和比重变化情况。从图中数据可以看出,林业用地规模从 2002 年的 1287.32 万公顷,增长到 2017 年的 2300.62 万公顷,占总土地面积的比重也从 33.59% 增长到 60.04%,增长了 26.45 个百分点;在林业用地大量增长的同时,农用地以及耕地规模和比重保持相对稳定,变化幅度不大,这表明了林地的增长主要来自荒山荒坡等宜林地的造林和植被恢复。得益于城市化和交通基础设施的快速发展,建设用地规模增长幅度也较大。2017 年云南省建设用地总面积达到 110.51 万公顷,比 2002 年增长了 47.51%,占土地总面积的比重达到了 2.88%。

---

① 王声跃、张文:《云南地理》,云南民族出版社 2002 年版,第 43—64 页。

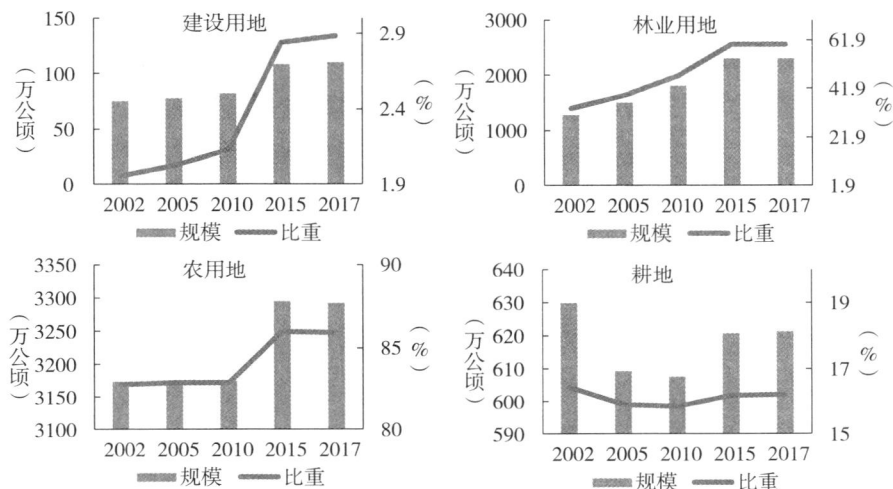

图 4-1　2002—2017 年主要年份云南省主要用地类型规模和占比情况
数据来源：历年《云南统计年鉴》。

云南省近年来土地开发利用一个显著的特点是，以林业为主的生态用地和以城镇居住和工业用地的增长幅度较大，这与云南省生态立省、走新型城镇化和工业化的发展战略密切相关。尽管耕地规模没有明显减少，但陡坡耕地以及位于水源保护区、水体周围生态敏感地区等生态红线内的耕地，在退耕还林、退田还湖等政策的推行下，有了明显的减少。由于云南土地资源中有利于工农业生产和城市建设的平坝和平缓山地所占比重较小，适宜城镇建设、工业发展、交通设施建设的用地与农业用地在空间上有极大的冲突性，如何在保障生态用地红线和国家基本农田保护任务的情况下获得工业和城市建设空间，构建合理的土地空间格局，提高土地利用的整体效率是未来很长一段时间云南土地资源利用亟须解决的问题。

（二）水资源

云南地处青藏高原向云贵高原以及中南半岛的过渡地带，域内河川纵横，湖泊密布，形成了以长江、珠江、红河、澜沧江、怒江、伊洛瓦底江六条大河，滇池、洱海、抚仙湖、阳宗海、星云湖、程海、泸沽湖、异龙湖、杞麓湖九大高原湖泊以及密布全境的库塘为主体的地表水资源分布格局。除了地表水外，云南省地下暗河发育充分,地下水资源储量亦十分丰富,据测算,全省地下水资源总量超过 600 亿立方米。云南省整体上属于中国水资源较为丰富的省区,由于地处季风气候区,来自太平洋的东南季风和来自印度洋的西南季风带来丰富的水汽,降水较多,多年平均降水量能达到 1200—1300 毫米,正常年份自产水资源超过 2000 亿立方米,占全国水资源总量的 8.4%,仅次于西藏、四川,居全国第 3 位。除了境内自产水外,还有金沙江、怒江、伊洛瓦底江等河流带来的过境水量 1943 亿立方米。①

尽管云南省水资源总量丰富,但在水资源利用中存在时空和需求分布不均、局部地区水污染严重导致污染性缺水、资源利用效率不高等突出的问题。

在时间分布上,云南存在旱季不足、雨季有余的显著特征。多数地区 5—10 月进入雨季,雨季产生的地表径流占全年径流量的 73%—85%,而 11—4 月的旱季中,径流占比仅为 15%—28%。在空间分布上呈现出西部多、东部少,南部多、北部少,山区多、坝区少,西部地区水资源集中分布于山上,东部岩溶地区集中分布于地下的特点。在水资源需求上同样存在分布不均衡的特征。坝区是云南省人口承载和工农业生产高度聚集的区域,但可供给水资源量却相对短缺。冰川、元谋、祥云、蒙自等坝区土地平坦,具有较好的耕作条件,是云南重要的农业区,农业用水需求量很大,但同时也是云南有名的旱区,水资源十分缺乏。而位于滇西北的怒江州,人口稀少、工农业规模极小,但年均降水量超过 2000 毫米,人均水资源量高达 45394 立方米。②

云南省水资源质量较高,如位于云南中部的抚仙湖,水质长期维持在Ⅰ类水质,这在临近人口密集区的湖泊中是不多见的,使得该湖泊成为国家战略水资源储备库。但是局部地区由于水污染导致水资源短缺的现象却十分严重。目前,云南九大高原湖泊中仅有抚仙湖、泸沽湖、阳宗海、洱海达到水质良好以上等级,而滇池、异龙湖、程海、杞麓湖、星云湖则呈现出不同程度的水污染。高原湖泊的水污染使得这些地方出现了明显的污染性缺水现象。位于滇池之畔的昆明市,由于滇池严重的水污染,守着滇池十多亿立方米的水资源无法使

---

① 《新编云南省情》编委会:《新编云南省情》,云南人民出版社 1996 年版,第 11—12 页。
② 钱谷平:《云南水资源现状及可持续利用》,《云南农业科技》2009 增刊第 1 期。

用,不得不通过掌鸠河引水工程、滇中调水工程来满足城市的用水需求,极大地增加了水资源的使用成本。

由于云南水资源使用上以农业为主,加之工业生产效率不高,整体水资源利用效率较低。近年来云南农业用水占到全省用水总量约三分之二,农业灌溉以明渠大水漫灌为主,水资源浪费较为严重。2017年云南省万元农业增加值和工业增加值的需水量分别为464吨和57.22吨,每万元GDP产出的耗水量为100.52吨,比全国平均水平高了37.27个百分点。

(三)生物资源

云南地处我国西南边陲,特殊的地理位置和复杂的自然条件,为各种生物的起源、演化和繁衍提供了适宜的环境,云南是中国生物种质资源最为丰富的省区,自古以来就享有"动植物王国""物种基因库""药材之乡""香料之都"等美誉。

云南植物种类丰富,集中了热带、亚热带、温带乃至寒带的所有气候带中的植物品种。根据最新的数据,在全国约3万种高等植物中,云南有19365种,含被子植物15969种、裸子植物127种、蕨类植物1363种、苔藓植物1906种,占全国高等植物物种总数的50.2%;大型真菌2729种,占全国已知大型真菌物种总数的56.9%;地衣1067种,占全国已知地衣物种总数的60.4%。[1]极其丰富的植物资源使得云南成为众多具有重要经济价值的栽培、中草药、香料作物和观赏植物的起源和多样性中心。云南拥有主要农作物及其野生近缘种植物数千种,其中栽培植物约1000种、主要栽培植物500余种,200多种起源于云南,占全国的80%,是世界栽培稻、荞麦、茶、甘蔗等作物的起源地和多样性中心。全省核桃、板栗等特色经济林果种类100多种。全省中药材资源6559种、药用植物6157种,分别占全国的51.4%和55.4%。民族药资源有2000多种。[2] 利用中草药制成的"云南白药""血竭""青蒿素""灯盏花系列产品"等名贵中药驰名中外。全省香料植物资源约400余种,分布在69个科,

[1] 《云南省生物物种名录(2016版)》,中国科学院昆明分院网站,http://www.kmb.cas.cn/mtsm/201605/t20160524_4607822.html。
[2] 刘冬梅、施济普、李俊生等:《西南生态安全屏障战略视阈下云南生物多样性保护对策》,《环境与可持续发展》2017年第6期。

具有辛香调味品种类齐全、香花类资源众多、可提炼香精的物种丰富的特点，薰衣草、素馨花、黄樟、香茅树苔等香料作物种植规模都较大。全省拥有 2100 多种观赏植物品种，其中花卉植物在 1500 种以上，不少是珍奇种类和特产植物。不少观赏花卉已经形成了丰富的品种体系，如杜鹃花有 300 多个品种，茶花有上百个品种。[①]

云南有脊椎动物土著种 2242 种，占全国脊椎动物的 51.4%，其中有国家重点保护野生动物 242 种，含国家一级重点保护野生动物 60 种、二级重点保护野生动物 182 种，占全国重点保护野生动物的 57.1%，占云南脊椎动物的 10.65%。云南特有脊椎动物 344 种，占云南脊椎动物的 15%；地方畜禽品种约 172 个，种质特性各异，其中 45 个品种被《云南省畜禽品种志》收录。[②]

丰富的生物资源为云南生物产业的发展创造了良好的条件，早在 20 世纪末期，云南省各级政府就把生物资源产业作为 21 世纪拉动云南社会经济发展的重要的增长点，并成立了推动生物资源开发和产业化的专门部门，使得云南部分生物产业在全国具有了重要的影响力。在最近的 10 余年中云南省烟叶、茶叶、花卉、咖啡、核桃、膏桐、橡胶 7 个产业种植面积居全国第一，烟叶、鲜切花、咖啡、核桃、橡胶 5 个产品产量名列全国第一，甘蔗、蔬菜、丝麻、中药材等品种的面积和产量名列全国前茅。[③] 尽管生物资源型产业已经成为云南重要的产业类型，在很多年份中生物产业增加值占全省生产总值的比例已经超过三分之一，但开发粗放、科技含量低、效益低下、产业开发多集中于产业链的中低端等问题长期存在；在开发中缺乏规划、一哄而上，使得珍贵的种质资源受到毁灭性破坏的情况在局部地区还存在。基于此，云南省将具有比较优势的生物医药、生物农业、生物制造、生物能源和生物服务等五大行业列为重点发展的生物产业，依托在全国具有一定优势的茶叶、三七、畜产品、植物油、薯类、橡胶、糖制品、花卉、蔬菜、林浆纸等十大产业，推动产业链的延长和加宽，并且

---

① 《新编云南省情》编委会：《新编云南省情》，云南人民出版社 1996 年版，第 10 页。

② 刘冬梅、施济普、李俊生等：《西南生态安全屏障战略视阈下云南生物多样性保护对策》，《环境与可持续发展》2017 年第 6 期。

③ 李超群、杨文彩、奚琪等：《云南生物产业发展现状研究》，《安徽农业科学》2014 年第 36 期。

以生物医药、木本油料、生物制造等三个产业为切入点，升级和迭代产业形态，提升生物资源开发的附加值。①

（四）矿产资源

云南省地质环境类型丰富多样，成矿条件优越，矿产资源丰富，素有"有色金属王国"的美誉。除了有色金属矿产之外，多种黑色金属以及化工、建材等非金属矿产储量也较为丰富，在全国占有非常重要的地位。

云南省已经发现矿产类别有 142 种，占全国已发现矿产 171 种的 83.04%。探明资源储列《云南省矿产资源储量简表》的矿产有 86 种，其中能源矿产 2 种、金属矿产 36 种、非金属矿产 45 种。按矿床规模划分，有大型矿床 112 处、中型 270 处、小型 832 处。区域内共有矿产地（矿区）1214 处，其中能源矿区 358 处、金属矿区 537 处、非金属矿区 319 处。目前，主要开采的矿产资源有铅、锌、锗、铟、铊、镉、磷、蓝石棉、锡、铂、银、钾盐、砷、硅灰石、水泥配料用砂岩、硅藻土、铜、镍、钴、锑、化肥用蛇纹岩、盐、煤等等。②

云南省多种矿产的储量居全国前列，其中保有储量居全国前 10 位的有 54 种，居全国前 3 位的有 25 种。有色金属是云南最大的优势矿产，多种矿产储量均排名全国前列，其中，铅、锌、锡保有储量居全国第 1 位，铜、镍居第 3 位，锑居第 4 位，锰土矿居第 7 位，钨居第 8 位。在黑色金属中，铁、锰、钛、铬、钒储量较为丰富，其中，钛矿储量居全国第 4 位，锰、铁储量居第 6 位。在贵金属和稀有元素矿中，铟、铊、镉储量居全国第 1 位，银、锗和铂、钯、锇、铱、钌、铑等铂族金属储量居全国第 2 位，铍、锆、锶居第 4 位。在化工原料矿产中，磷、盐、芒硝、砷、钾盐、硫铁矿、电石用灰岩、化肥用蛇纹岩储量居全国前 10 位。③

云南矿产资源分布具有如下特征：一是分布相对集中，大型矿区和大型矿床的资源储量占比极高。81.83%的锡矿、79.2%的铅锌矿、74%的铁砂矿、70.78%的铜矿、55.76%的锗矿集中分布于大型矿区；90.14%的锡矿、84.95%

① 潘文良：《生物产业领航云南绿色发展》，云南省第四届生态文明与生态经济学术大会会议论文。
② 丁星妤、杨孟、普志坤等：《SWOT 分析在云南省矿产资源开发利用中的应用》，《中国矿业》2015 年第 4 期。
③ 《新编云南省情》编委会：《新编云南省情》，云南人民出版社 1996 年版，第 11 页。

的锑矿、81. 71 的钨矿、78. 33%的锗矿、73. 76%的铅锌矿分布于大型和超大型矿床。二是富矿比例大。富锰矿占全国的 50. 9%,富铜矿占全国的 16. 08%,富铅矿占云南省储量的 35. 2%,富锌矿占云南省储量的 70. 7%。三是共生、伴生矿产多。许多有色金属、贵金属矿床,矿石伴生有价值的其他矿物品种多达 20 余种,且多为价值高的镉、铊、锗、铟、银、金等分散元素和贵金属,其经济价值远远超过主体矿产。[1]

云南矿产资源开发的历史很长,最早始于商代,元朝之后,金、银、铜、锡等矿产的开发规模已经很大,在全国占有非常重要的地位。[2] 1949 年后,随着全国地质勘探工作取得的重要进展,云南矿产资源的开发利用也进入了一个新的阶段。目前云南省地质勘查成果已有 80%以上直接服务于社会经济建设,形成规模开发利用的矿种有:煤、地热、铁、锰、铜、铅、锌、锡、锑、钨、金、磷岩盐、硫、铁、石膏、石灰岩、白云岩、硅石、铸型黏土、饰面用大理岩等,云南省已经成为中国重要的磷化工和有色金属基地。[3] 长期以来,矿产资源开发对云南社会经济发展作出了重要贡献,但是资源开发效率低、缺乏可持续性的问题长期存在。云南从事矿业开发的主体多为规模较小的国有和民营企业,企业技术力量和资本较为缺乏,设备装备水平和研发能力较弱,且在矿业开发和生产中主要从事开采、冶炼等利润较低的产业环节,经济效益相对较低。此外,在矿产资源的开发中没有依托资源优势形成一定的产业优势,在资源过快开发的情况下,东川、个旧等矿业城镇和牟定铜矿等工矿区出现了矿产资源枯竭导致的不可持续的经济发展形态。

(五)能源资源

云南能源资源得天独厚,除了水能、煤炭等传统能源资源储量较大外,太阳能、地热能、风能、生物能源等新能源也具有较为优越开发条件和资源禀赋。

云南省是全国水能资源最为富集的区域之一。众多的河流大川和陡峭多

---

① 李志群、陈耀光、李伟中等:《云南省矿产资源主要矿种及其可持续发展探讨》,《矿业快报》2004 年第 12 期。

② 杨寿川:《云南矿业开发史》,社会科学文献出版社 2014 年版。

③ 李志群、陈耀光、李伟中等:《云南省矿产资源主要矿种及其可持续发展探讨》,《矿业快报》2004 年第 12 期。

变的地势使得云南水能资源十分丰富,尤其是金沙江、澜沧江、怒江水系是中国水能资源最为富集的河流。云南水能资源理论蕴藏量为10364万千瓦,占全国总蕴藏量的15.3%,居全国第3位;可开发的装机容量为9000多万千瓦,占全国可开发装机容量的20.5%,居全国第2位。[1] 在中国规划的13大水电基地中,金沙江水电基地、南盘江—红水河水电基地、澜沧江干流水电基地、怒江水电基地全部或部分位于云南境内。近年来,随着金沙江干流的溪洛渡乌东德、白鹤滩、溪洛渡、向家坝等大型水电站的相继动工和投入生产,以及中小型水电站的快速发展,云南省水电开发率得到了极大的提高。截至2016年云南省水电装机容量已经达到了6096万千瓦,发电量已经约为2278.15亿千瓦时,占全省电力生产规模的84.59%。

除了传统能源,云南省在地热能、太阳能、风能等新能源方面也有较好的开发前景。在地热能方面,云南温泉众多,分布广泛,既有以腾冲热海为代表的高温热水点和过热水点类型的温泉,也有低温热水点、中低温热水点、中高温热水点不同温度的温泉。据资料统计,云南省温泉天然热流量为26.36万大卡/秒,每年从温泉释放的热量相当于118.7万吨标准煤,居全国之首。在太阳能方面,云南平均海拔高,空气洁净,光质好,日照时间长,年日照时数在1000—2800小时,大部分地区年太阳总辐射量达每平方米5000兆焦耳,有着较好太阳辐射资源。[2] 早期云南省对太阳能的开发利用主要集中在太阳能热水器、太阳能电池方面,近年来光伏发电得到了重点发展。截止到2016年,已经建成了一批大型光伏电站,总体光伏装机容量达到208万千瓦。在风能方面,根据早年国家相关部门编制的《我国风能资源》《中国风能区划》和《中国风能资源评价报告》等文献的评价,云南省平均风能密度不高,属于风能相对欠缺的区域。[3] 但是,局部地区在冬春季风能密度高,并且云岭哀牢山以东的滇中许多山区,风能的地形效应显著,风能已接近或达到我国最大风能区的水

① 《新编云南省情》编委会:《新编云南省情》,云南人民出版社1996年版,第12页。
② 《新编云南省情》编委会:《新编云南省情》,云南人民出版社1996年版,第13页。
③ 邢婷、郑有飞、朱勇等:《云南风能资源及其开发利用研究进展》,《气象与环境科学》2013年第4期。

平,且风向稳定,极具开发价值。① 2005 年编制完成的《云南省风能资源评价报告》认为全省风能资源总储量为 12990 万千瓦,可利用的风能储量为 2823 万千瓦。截止到 2016 年底,云南完成风电装机容量 737 万千瓦,预计到 2020 年可达 1300 万千瓦。②

二、云南省生态环境状况

生态环境是人口存在的最基本的条件,是实现可持续发展的物质基础,也是云南省实现与全国同步全面建成小康社会的重要保障。改革开放以后,随着人口城市化和工业化的快速发展,云南生态环境受到人类活动的压力日益增大,环境污染和生态破坏现象日益严重。进入 21 世纪以后,由于可持续发展战略的全面实施,生态文明建设和绿色发展成为云南发展的重要内涵,一系列生态建设和环境保护措施的实施,为云南生态系统恢复和系统关系再平衡创造了良好的机遇。全面梳理和准确把握云南省的生态环境现状及其问题对于云南人口、资源、环境系统协调性判断和协调发展模式的构建都有着重要意义。

(一)水环境质量状况

根据《云南省环境状况公报》的数据③,2018 年云南省地表河流水环境质量较好,水质评价为优和良好的比例分别占到了总量的 57.4% 和 26.4%,轻度污染、中度污染和重度污染河流的占比分别为 8.3%、3.0% 和 4.9%。从流域来看,云南六大水系中红河水系、澜沧江水系、怒江水系、伊洛瓦底江水系水质较好,长江水系和珠江水系水质呈轻度污染状态。从湖泊、水库水体质量来看,尽管在监测的 67 个水质监测点中,有 49 个为优,8 个为良好,优良率达到了 85.1%,但是占云南湖库水资源总量比重较大的九大高原湖泊的水质状况却不容乐观。九大高原湖泊中仅抚仙湖、泸沽湖水质达到 I 类水质标准,水质为优;洱海、阳宗海水质为 III 类水质标准,水质良好;滇池、程海水质为 IV 类标准,

①　顾本文、王明、施晓晖:《云南风能资源的特点》,《太阳能学报》2000 年第 1 期。
②　赵庆丽、方豪、吴政声等:《云南新能源电力发展空间及布局研究》,《云南电力技术》2015 年第 3 期。
③　云南省生态环境厅:《云南省环境状况公报 2018》,2019 年 6 月 4 日,见 http://sthjt.yn. gov.cn/hjzl/hjzkgb/201906/t20190604_190327.html。

水质轻度污染;杞麓湖水质为Ⅴ类标准,水质中度污染;异龙湖、星云湖水质为劣Ⅴ类标准,水质严重污染。从集中供水水源地水质来看,州市级城市集中饮用水水源地取水点水质均达到或高于地表水Ⅲ类水质标准,均达到国家对集中供水水源地水质要求标准。然而,在受监测的179个县级城市集中饮用水水源地,有2个取水点水质不能满足供水需求。[①]

　　尽管2018年九大高原湖泊水质仍然不容乐观,但云南省整体水环境质量仍然处于一个逐渐改善的进程中。图4-2为云南省历年水体质量变化的情况,可以发现,从20世纪80年代以来,云南水环境质量经历了一个污染从逐渐加重到逐渐改善的转变过程。根据国家水环境质量标准(GB 3838-2002),Ⅰ类水质标准表明水环境质量为优,Ⅱ—Ⅲ类水质标准表明水环境质量良好,Ⅳ类以下水质表明水体受到污染。从河流水质变化情况来看,1985年水质状况较好,受污染的河流断面仅占5.6%,1985—2005年受污染河流比重逐渐增加,到2005年时达到了42.0%的最大值,2005年以后受污染河流比重开始持续下降,到2018年时降低到16.2%。值得注意的是,近年来河流水质的提升,主要是源于"良好"等级水质占比的提高,2018年水质为"良好"等级的河流断面比重达到了78.1%,比2005年提高了22.8个百分点,而水质为"优"等级的河流断面比重极低且增长缓慢,到2018年仍然只有5.7%。湖泊水质的变化情况与河流基本类似,都是经历了从水质恶化到水质逐渐改善的一个转变过程。但不同的是,发生转变的时点和变化轨迹存在一定的差异。云南九大高原湖泊[②]整体水质在2000年前呈不断恶化的趋势,1985年时有70%的湖

　　[①]　根据国家地表水环境质量标准(GB 3838-2002),Ⅰ—Ⅴ类水质标准分别水质从优到严重污染不同的质量等级,其中Ⅰ类为优、Ⅱ—Ⅲ类为良好、Ⅳ类为轻度污染、Ⅴ类为中度污染,劣Ⅴ类为严重污染。不同水质水体的功能为:Ⅰ类主要适用于源头水、国家自然保护区;Ⅱ类主要适用于集中式生活饮用水地表水源地一级保护区、珍稀水生生物栖息地、鱼虾类产卵场、仔稚幼鱼的索饵场等;Ⅲ类主要适用于集中式生活饮用水地表水源地二级保护区、鱼虾类越冬场、洄游通道、水产养殖区等渔业水域及游泳区;Ⅳ类主要适用于一般工业用水区及人体非直接接触的娱乐用水区;Ⅴ类主要适用于农业用水区及一般景观要求水域;劣Ⅴ类水体基本丧失了水体的生态功能。

　　[②]　滇池分为草海和外海两个部分,两者之间有船闸分离,水体交换十分有限,水质差异也较大,所以在水质监测中将滇池草海和滇池外海分开监测和评价,此处的数据实际为滇池草海、滇池外海、洱海、抚仙湖、阳宗海、星云湖、程海、泸沽湖、异龙湖、杞麓湖10个湖泊的监测和评估数据。

泊水体水质等级为"优"和"良好",到 2000 年时仅有 3 个湖泊水质等级在"良好"之上,70% 的湖泊呈不同程度的污染状态。2000 年以后湖泊水质有所改善,污染水体比重呈现出波动式的下降,到 2018 年水质等级达到"污染"等级水体比重下降到 60%。

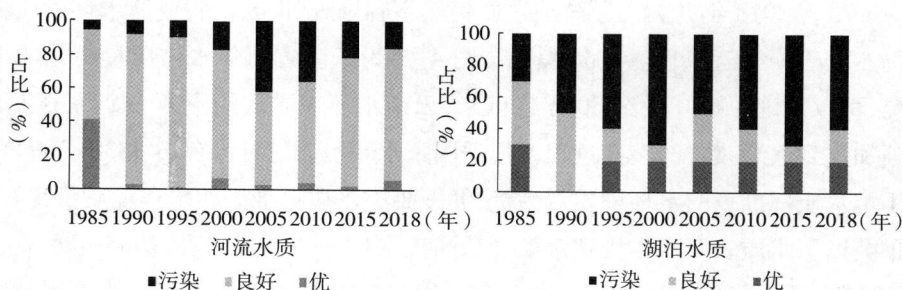

图 4-2　云南省不同等级水质占比变化情况

数据来源:历年《云南省环境状况公报》。

云南省水环境质量的变动与云南工业化、城市化发展和污染管制水平的变迁密切相关。20 世纪 80 年代到 21 世纪初是云南工业化、城市化快速发展的起步时期,由于对于环境污染的认识和管制能力有限,污水排放问题十分严重,大量未经任何处理的工农业生产污水直接排入河流、湖泊等天然水体,导致水质快速下降。云南九大高原湖泊水质断崖式的下降就是由此而来。高原湖泊所形成的湖盆区土地相对平坦,水分条件好,是云南人口集聚和工农业发展的核心区域。20 世纪 80 年代后以化肥、农药大量使用为特征的现代农业生产模式的普及、乡镇企业的发展以及城镇生活污水排放量的激增,导致高原湖泊普遍出现富营养化和水体污染。进入 21 世纪的第一个十年,随着整个社会对环境问题的重视、污染排放与治理等法律法规的逐渐健全,《云南省滇池保护条例》《云南省抚仙湖保护条例》等水体专门保护法律法规逐渐出台,全社会的治污、防污能力大为加强,尤其是"十一五"之后,污染物排放总量控制成为社会和国民经济发展的约束性指标,水污染排放量的增速得到控制,水体质量出现了不断改善的局面。

图 4-3 和图 4-4 是云南省历年污水排放量与 COD 排放的变化情况。可

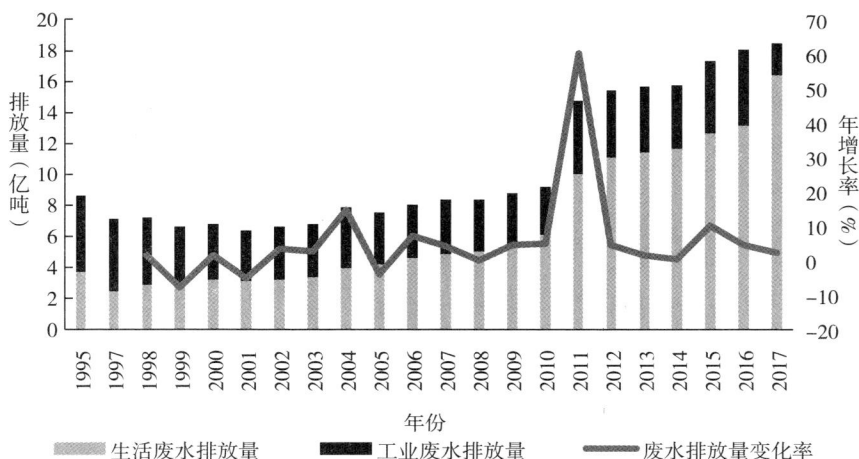

图 4-3　云南省污水排放量变化情况

数据来源：历年云南省环境状况公报。

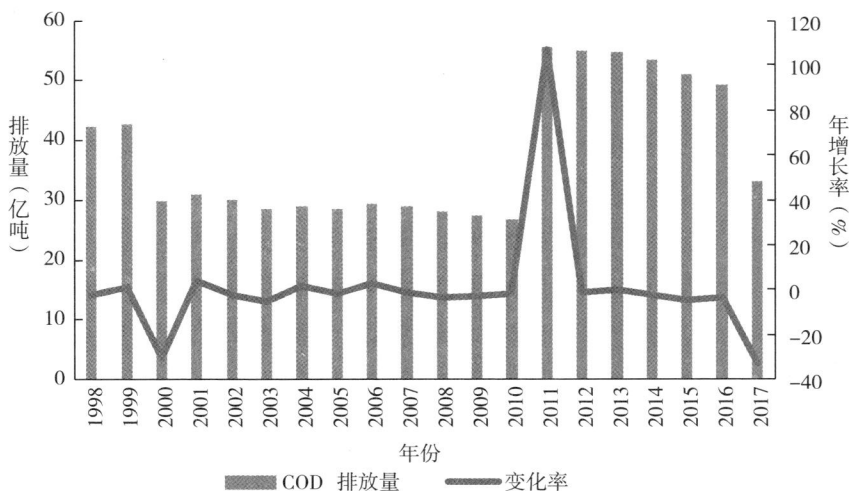

图 4-4　云南省 COD 排放量变化情况

数据来源：历年云南省环境状况公报。

以看出，1995 年以来云南省污水排放规模整体上呈持续增加的态势。值得注意的是，2011 年以后的污水排放量较之前有了大幅的攀升，2011 年的增长率超过了 60%，这是国家环保部门调整了统计口径与方法，导致数据出现了系统性的增长。但是以 2011 年为分界线,分 1995—2010 年和 2011—2017 年两个时间段来观察云南污水排放规模的变化,可以发现两个时间段的数据都保持了一个稳定增长的态势。因此,可以判定云南省污水排放规模的确是存在一个稳定增长的变化态势。从污水的产生源来看,工业污水排放规模较为稳定,年际之间的变动不大,基本稳定在 4 亿—5 亿吨之间,而生活污水排放量则逐渐增高,生活污水成为云南污水排放量变动的主要决定因子。

尽管污水排放总量仍然缓慢增长,但主要水污染物质却已经开始下降。化学需氧量(COD)是主要的水污染物质,也是国家第一批纳入总量控制的污染物质。COD 排放量总体上呈下降态势。在 2011 年之前,统计部门只统计工业和生活排放的 COD,从 2011 年开始环境统计中将农业源和集中式垃圾治理设施产生的 COD 排放计入总排放量中,导致了 2011 年 COD 排放数据增长了 1 倍以上,但是这主要是统计内容范围变动引起的。从 2011—2017 年数据变动的情况来看,COD 总量减少的趋势十分明显。从污水排放总量与 COD 排放的不同变化轨迹,结合云南社会消费规模持续扩大和污染物治理强度不断提高的事实,可以认为污染毒性更强的工业污水得到了较好的治理使得云南水污染强度有所下降,尽管污水总排放量仍然在扩张,但对水环境质量的压力有所减轻。

(二)大气环境质量状况

云南省在城市化和工业化快速发展过程中,由于生产性和生活性空气污染物排放量的持续增长,大气环境质量尤其是城市空气质量面临着不小的压力。但是由于自身气候条件特点以及空气污染密集型产业比重较小,大气环境质量总体较好且变化保持平稳。

根据云南省环境状况公报的数据,在环境空气质量方面,2018 年全省主要城市空气质量总体保持良好。按空气质量指数(AQI)评价,16 个城市空气质量优良天数比例在 93.6%—100%之间,其中楚雄市、丽江市古城区、泸水市和香格里拉市优良率达 100%。空气污染现象发生较多的地区为芒市、普洱、临沧、蒙自等地区,主要污染物质为臭氧和细颗粒物(PM2.5)。除此之外,酸雨也在一定程度上影响云南空气质量。2018 年全省降水 pH 年平均值为6.27,酸雨出现频率为 2.1%。在进行酸雨监测的 23 个城市中,临沧、楚雄、蒙自、个旧 4 个城市有酸雨现象发生,4 个城市的酸雨频率分别为 1.1%、4.7%、1.9% 和 34.2%,其中个旧降水 pH 值为 5.15,低于 5.6 的临界标准,属于受到酸雨污染的酸雨区。2018 年全省出现轻度及以上污染天数累计达到 63 天,其中轻度污染 62 天,中度污染 1 天,无重度及以上污染发生,平均优良天数比例为 98.9%。从空气质量的地区差异来看,滇西北地区大气质量较高,滇中、滇东北、滇东南相对较差。

表 4-1　云南省和全国主要城镇空气质量综合指数及其排名

城市	空气质量综合指数	省内排名	城市	空气质量综合指数	全国排名
昆明市	3.76	16	海口市	2.49	1
曲靖市	3.58	14	拉萨市	3.13	2
玉溪市	3.41	13	舟山市	3.18	3
保山市	2.94	7	厦门市	3.37	4
昭通市	3.58	15	福州市	3.42	5
丽江市	2.3	1	惠州市	3.48	6
普洱市	2.93	6	深圳市	3.49	7
临沧市	3.01	8	丽水市	3.54	8
楚雄市	3.09	9	贵阳市	3.61	9
蒙自市	3.27	11	珠海市	3.64	10
文山市	2.77	4	台州市	3.65	11
景洪市	3.13	10	昆明市	3.76	12
大理市	2.72	3	南宁市	3.95	13
芒市	3.36	12	大连市	4.15	14
六库镇	2.8	5	中山市	4.16	15
香格里拉市	2.31	2	张家口市	4.18	16

数据来源:2017 年《云南省统计年鉴》和《中国环境质量状况公报 2017》。

整体而言,云南省空气质量在全国处于一个较好的水平。2017 年昆明市的空气质量综合指数为 3.76,在全省 16 个州市中是数值最高的,说明昆明市的空气污染程度在全省相对较高,大气环境质量较差。然而,在国家重点监测的 74 个城市中,昆明市的空气质量排名却比较靠前,2017 年为第 12 名,在

2010—2016 年间的排名曾多次进入前十。表 4-1 是云南省各主要城镇和全国重点城市 2017 年空气质量综合指数数据。可以看出,云南省 16 个进行监测城镇中有 10 个空气质量已经超过了在全国重点城市排名第 2 的拉萨市;云南空气综合质量最高的丽江市和香格里拉的大气环境质量更是超过全国排名第 1 的海口市。

图 4-5 是 2003—2017 年云南省主要城市空气质量达到二级及以上标准天数比例的均值。从图中数值可以发现,云南省空气质量达标天数的比重呈明显的增长态势。2003 年全年空气质量达到二级及以上标准的天数比例仅为 83%,2009 年提高到 98%,增长十分明显;2009 年之后该数值有些波动,但都没有低于 95%。这表明,在最近的十余年,云南省主要城市的空气质量得到了明显的改善,并保持在一个较好的水平。

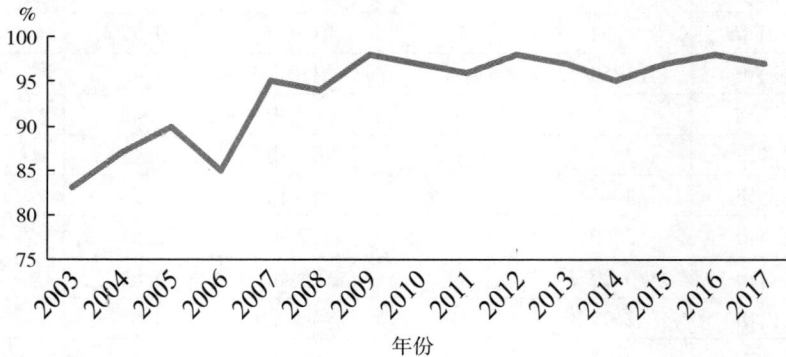

图 4-5 云南省平均空气质量达到二级及以上标准的天数比例

数据来源:历年《云南省统计年鉴》和环境状况公报。

云南省主要城市空气环境质量的改善得益于全社会对污染气体排放的控制取得明显的成效(图 4-6)。在 2001—2011 年,云南工业废气的排放呈现出持续增长的态势,废气排放规模从 2001 年的 3345.73 亿立方米提高到了 2011 年的 17448.98 亿立方米,10 年增长了 4.22 倍。2011 年后工业废气规模持续增长的局面得到了改变,2011—2017 年排放规模稳定在 15000 亿—17000 亿立方米左右,并表现出波动式的下降态势。从对空气质量和人体健康影响最大的污染物质——二氧化硫排放规模的变化也可以看到大致同样的趋势。在

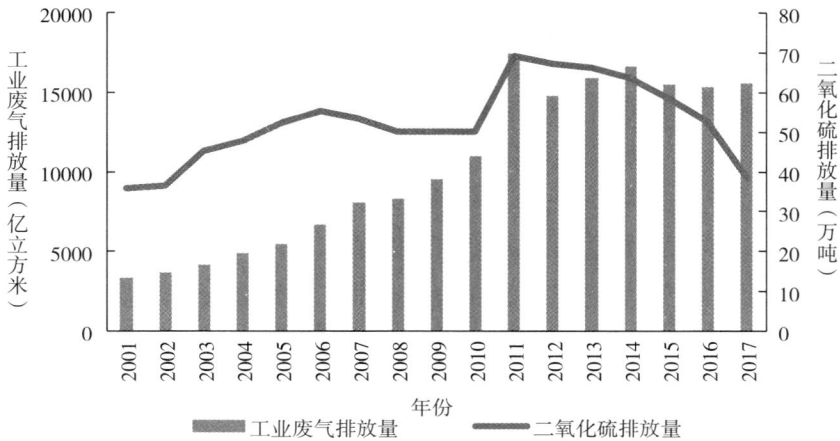

图 4-6 云南省工业废气和二氧化硫排放量

数据来源:历年《云南省统计年鉴》和《环境状况公报》。

2011 年以前,云南省二氧化硫排放总量表现为波动式的上升,从 2001 年的 35.75 万吨增长到 2011 年的 69.12 万吨,增长了 93.34%;2011 年之后则表现为逐年持续下降的态势,而且下降速度在逐渐提高;到 2017 年已经下降到了 38.44 万吨,仅比 2001 年多了 2.69 万吨。从工业废气和二氧化硫排放规模的变动可以发现,在 2010 年前后,云南省污染气体排放的持续增长势头已经得到遏制,空气物质的减排效应逐渐显现,这使得云南空气质量水平得到有效的改善。

(三)自然生态环境状况

云南省地处青藏高原区向中国东部季风区的过渡地带,地形起伏、海拔落差极大,区域内具有高寒山地、干热河谷、亚热带高原季风、北热带季雨林等多种气候类型,是长江、珠江、澜沧江、怒江、红河等多条大河的发源地和上游地区。得天独厚的自然条件孕育了发育良好且种类丰富的生态系统。尽管随着人口及消费规模的增长,城市化和工业化的加速,云南生态系统承受的干扰和压力日益增长,但随着云南发展方式的转变以及生态文明建设的持续推进,云南自然生态环境得到了明显的恢复和改善。

1. 森林生态系统状况

由于独特的地理和气候条件,云南省森林植被资源十分丰富,是中国西南森林带的重要组成部分,2018年森林植被面积为2311.86万公顷,占全省国土总面积的60.3%,其中天然林占森林蓄积量达19.78亿立方米,长期位居全国前列。但是由于长期以来人们对云南高原山区生态环境特点和脆弱性认识不足,加之从20世纪50年代以后人口快速增长产生的巨大压力,在很长时间内迫使人们对森林过度垦殖和开发,导致林地被大量砍伐,地表植被遭到极大破坏。1975年云南全省天然林面积为912万公顷,1985年降至814万公顷,森林覆盖率从20世纪50年代的50%下降至20%。局部地区森林破坏更为严重。西双版纳地区曾经保有我国保存最为完好的热带原始森林,但是由于农业刀耕火种和各种破坏,状态优良的森林生态系统所占比重也由20世纪50年代初的69.4%减少到了80年代的26%左右,80—90年代每年仍有1万—1.4万公顷的森林毁于刀耕火种;滇中地区森林覆盖率也由20世纪50年代初的50%下降至90年代的24%左右,这导致滇中地区地带性植被——亚热带常绿阔叶林退化严重。[1]

从20世纪90年代末期开始,国家开始实施天然林禁伐政策,云南森林植被持续破坏的态势得到遏制。此后,随着退耕还林等森林保护政策,以及"长江防护林工程""珠江防护林工程""牛栏江—滇池补水森林植被保护工程"等人工促进森林恢复重点工程的实施,云南森林植被得到了明显的恢复和改善。根据相关数据,仅退耕还林一项工程,在2000—2015年间就使得云南森林面积增加了1818.6万亩,其中退耕还林533.1万亩、荒山荒地造林1065万亩、封山育林220.5万亩,工程覆盖全省16个州、市的129个县级行政区。[2] 表4-2是云南省历年植树造林情况。从2001年开始,云南省每年造林面积在15.8万—71.35万公顷之间,年际差别较大,但整体上呈增长态势,尤其是2010年以后,每年造林规模保持在50万公顷之上。2001—2017年累计造林

①　吕昭河:《人口资源合计与可持续发展研究——云南案例》,中国社会科学出版社2008年版,第175—180页。

②　中共云南省委宣传部:《生态文明排头兵建设》,人民出版社、云南人民出版社2017年版,第187页。

面积达到 794.96 万公顷。从造林林种类型上看,主要以经济林和防护林为主,两者分别占造林总面积的 50.09% 和 25.84%。随着各种造林工程的持续推进,云南森林面积也得到显著的增长,2018 年森林面积达到 2311.86 公顷,较 2001 年增长了 1024.54 万公顷。森林覆盖率已经由 1989 年的 24.38% 提高到 60.3%,居全国的第 6 位。①

表 4-2　云南省历年造林数量和森林面积　　　　单位:万公顷

	造林总面积					森林面积
	总面积	用材林	经济林	防护林	薪炭林	特种用途林	
2001	33.50	8.92	10.45	13.82	0.22	0.09	1287.32
2002	40.23	6.82	7.43	25.53	0.34	0.11	—
2003	49.51	8.37	9.10	31.85	0.10	0.09	—
2004	22.82	3.10	3.10	14.96	1.62	0.04	1501.50
2005	20.79	3.48	3.93	13.25	0.13	0.00	—
2006	15.80	3.02	9.18	3.57	0.00	0.03	—
2007	31.92	37.97	18.17	9.80	0.01	0.15	—
2008	56.61	4.16	40.81	11.55	0.01	0.09	1817.73
2009	71.35	8.80	48.15	14.21	0.06	0.13	—
2010	66.15	7.16	48.15	10.61	0.11	0.12	—
2011	62.00	6.71	43.37	10.97	0.93	0.01	1817.73
2012	54.45	5.37	40.49	8.44	0.12	0.03	—
2013	52.43	6.13	35.21	11.00	0.09	0.00	—
2014	40.04	7.25	21.66	10.83	0.04	0.26	1914.19
2015	58.26	7.24	22.18	5.60	0.04	0.00	1992.24
2016	66.05	6.71	19.53	4.53	0.01	0.06	—
2017	53.05	5.51	17.33	4.89	0.00	0.04	2273.56
2018	—	—	—	—	—	—	2311.86

---

①　数据来源于 2018 年和 1989 年《云南环境状况公报》。

	造林总面积						森林面积
	总面积	用材林	经济林	防护林	薪炭林	特种用途林	
合计	794.96	136.72	398.24	205.40	3.82	1.25	—

数据来源:造林数据来自《云南统计年鉴 2018》;森林总面积来自历年《云南环境状况公报》;"—"表示无当年数据。

相关的研究也表明近年来云南省的植被覆盖度和森林质量有了明显的提高。植被归一化指数(NDVI)是测度地表植被生长和覆盖状况的常用指数。何云玲等人使用 2000—2016 年间的卫星辐射数据测算了云南省植被的 NDVI 数值,发现云南省 NDVI 数值总体以增加趋势为主,呈增加趋势的区域占全省总面积的 79.80%,其中又主要以小于 0.2 的增加趋势所占面积比例最大(71.65%),这些增长区域主要分布在滇东北昭通以南、曲靖以北区域和文山东部地区。NDVI 数值呈减少区域也主要以小于 0.2 的减少趋势所占面积最大,主要分布在滇西北、滇中城市区域、滇东南的部分区域[1](图 4-7)。刘珊珊等人对云南省 2001—2015 年植被覆盖变化的研究也得到了同样结论。[2]目前,云南省森林植被覆盖整体较好,但在空间分布上的差异较明显,植被覆盖格局呈现"南高北低"的分布特征,其中南部地区地势海拔较低,水热条件有利于植被生长;而西北部地区和中部城市密集分布区则植被覆盖度较低。

2. 湿地和水体生态系统状况

湿地是一种重要的生态系统类型,在生物多样性保护、区域水生态调节和环境质量保护方面发挥十分重要的作用。云南位于多条国际、国内重要河流的上游地区,丰富的河流水系和高原湖泊为湿地的形成创造了良好的条件。在滇池、洱海、程海、纳帕海等高原湖滨和众多河流水陆交错带形成了种类多样的湿地。在 20 世纪 90 年代以前的一段时间,由于围湖造田、围湖造地等行为导致云南省天然湿地规模以极快的速度减少。如云南面积最大的高原湖泊

---

① 何云玲、李同艳、熊巧利等:《2000—2016 年云南地区植被覆盖时空变化及其对水热因子的响应》,《生态学报》2018 年第 24 期。

② 刘珊珊、王建雄、牛超杰等:《基于 NDVI 的云南省植被覆盖变化趋势分析》,《湖北农业科学》2017 年第 11 期。

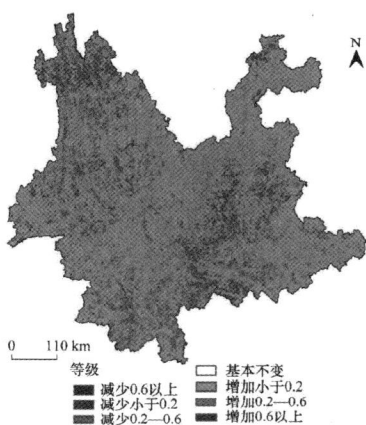

图4-7　云南省2000—2016年植被归一化指数（NDVI）变化情况

引自：何云玲、李同艳、熊巧利等，2018年。

滇池，从20世纪60年代就开始大量侵占湿地围湖造田，使得滇池北岸大量湿地、湖泊水体转变为农田、建设用地和工业用地，湖泊面积严重萎缩，并使得滇池北部水体与湖泊主体分割，把滇池分成了滇池草海和滇池外海两个相对独立的水体，两者之间仅仅通过人工控制的狭小水道相连接。滇池湿地和湖滨带的破坏，极大影响了滇池水体的生态功能。相关研究表明滇池维持良好的水质需要湿地29.2—58.4平方公里，但到21世纪初滇池天然沼泽仅5.87公顷，湖滩地仅38.4公顷，水生植物地仅200.7公顷，湿地的破坏不仅降低了湖泊自身的净化能力，而且还增加了水体污染的负荷，对滇池生态环境产生了严重的影响，是造成滇池水污染状况恶化的一个非常重要的因素。① 云南其他主要湖泊和水体也存在不同程度的侵占和破坏湿地的行为，这使得云南天然湿地面积萎缩较为严重。云南首次湿地资源调查显示，2002年全省湿地总面积约为259153.7公顷，占国土面积比重不足0.7%。

　　近年来，随着各地退田还湖、湖泊水体水环境治理的持续进展，云南湿地系统得到了较好的恢复，生态功能得到了极大的改善。图4-8显示了2002—

----

　　① 洪雪花、李作生、杨春伟：《云南湿地的现状和保护对策》，《云南环境科学》2006年增刊第1期。

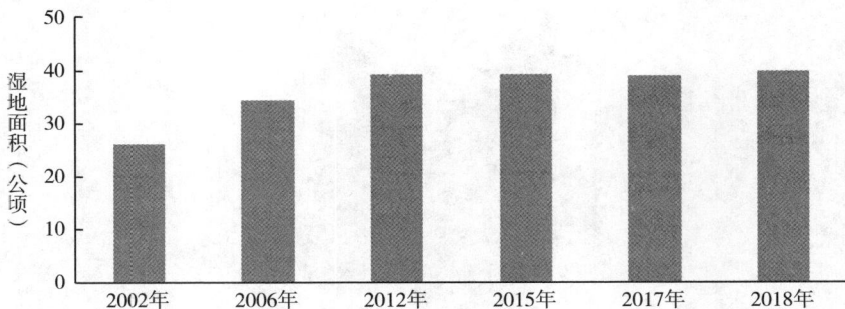

图 4-8　云南省自然湿地面积变化情况

数据来源：历年《云南省统计年鉴》。

2018 年云南省拥有自然湿地面积的变化情况。可以看出，在进入 21 世纪的
第一个十年中，云南自然湿地面积呈现出明显的增长态势，从 2002 年的
25.92 万公顷快速增到 2012 年的 39.25 万公顷，增长了 51.43%，年均增长率
达到 4.24%；2012 年之后自然湿地面积趋于稳定，基本维持在 39 万公顷左
右。除了自然湿地的恢复外，近年来随着绿色城市的蓬勃发展，云南省加快了
城市滨水公园和人工湿地的建设速度，这极大增加了云南湿地生态系统的数
量。2000—2018 年仅昆明市官渡区、西山区、呈贡区、晋宁区在滇池湖滨带建
设了王官、海东、宝丰、五甲塘、西亮塘、大东河、古滇等多个个大型的湖滨生态
湿地，建设面积超过 6 万亩。①　截至 2018 年底，云南省人工湿地的总面积达
到 20.8 万公顷。

　　湿地生态系统的恢复使得云南在国际生物多样性保护、区域水生态调节
方面发挥越来越显著的作用。根据《云南省湿地资源第二次调查公报》数据
显示，云南省境内湿地植被类型有 12 个，湿地植物群系有 189 个，湿地高等植
物有 2274 种，其中，国家重点保护野生植物 12 种，云南特有植物 116 种。湿
地脊椎动物 1006 种，其中，国家重点保护野生动物 67 种，云南特有野生动物

---

　　①　《今年再建 7 块滇池湿地将超 6 万亩》，昆明市政府网站，http://www.km.gov.cn/c/2019-
04-24/2992547.shtml。

237 种。① 目前为止,云南境内有昭通大山包、丽江拉市海、香格里拉碧塔海和纳帕海 4 处湿地被国际《湿地公约》列为具有独特的国际意义的重要湿地;滇池湿地、抚仙湖湿地、异龙湖湿地等 11 处湿地被列为国家级重要湿地;宾川上沧海等 35 处湿地被认定为省级重要湿地;建成国家湿地公园 18 处,自然湿地保护率达到 49.8%。② 湿地的恢复和生态功能的重建被认为在湖泊水质恢复和富营养化防治方面发挥了重要作用。滇池水体从长期劣 V 类水质转变为现在的Ⅳ类水质,与滇池北岸、东岸、南岸大规模人工湿地建设和天然湿地恢复具有密切的关系。

尽管湿地系统的重建对于湖泊、河流、库塘等水体发挥其生态功能具有积极的意义,但是水体水质改善和水生态功能的恢复是一个长期而复杂的过程,受制于云南省长期处于赶超型快速发展,生态环境承载严重透支,生态保护的基本能力的现实,云南省水体生态功能不容乐观。从水质来看,河流水质较好,接近 90% 的河流水质断面达到水环境功能标准;湖泊库塘水质较差,九大高原湖泊中仅抚仙湖、泸沽湖、滇池草海达到水环境功能标准。从水体生态系统来说,云南省水体生态系统受到工农业生产和城市发展干扰的现象比较普遍,多数水体中出现了生态系统结构简单、物种单一、本土物种灭绝、生态功能弱化的现象。

3. 物种保护与生物多样性状况

丰富多样的生物物种及其所形成的稳定复杂关系是生态系统功能赖以正常运转的重要驱动力,生物多样性成为生态系统结构和功能状态的重要指标。云南省由于特殊的地理位置和复杂的自然条件,成为全球生态类型最为丰富的地区之一。云南省土地面积仅占全球的 0.26%,全国的 4.10%,却涵盖了地球上除海洋和沙漠外的所有生态系统类型。森林生态系统类型多样,既有水平上分布,又有垂直变化,主要有 169 类,占全国的 80%。灌丛生态系统主

---

① 杨育华、杨洪福、段燕楠等:《云南省水生态现状及其保护对策》,《环境科学导刊》2019年增刊第 1 期。

② 《云南环境状况公报 2018》,云南省生态环境厅网站,http://sthjt.yn.gov.cn/zwxx/xxyw/zcjd/201906/t20190605_190331.html。

要有寒温性灌丛、暖性石灰岩灌丛、干热河谷灌丛和热性河滩灌丛等 4 种类型。草甸类型多样,分布广泛,主要分为高寒草甸、沼泽化草甸和寒温草甸 3 个类型。在云南境内还有与热带草原即稀树草原外观极为相似的"稀树灌木草丛",它是在原生森林长期不断地受到砍伐火烧后所形成的一种次生生态系统。云南全域共有 12 个植被型、34 个植被亚型、445 个群系和数量众多的植物群丛,涵盖了从热带到寒带,从水生、湿润、半湿润、半干旱到干旱,从自养到异养的各种生物种类和生态类型。这为各种生物的起源、演化和繁衍提供了适宜的环境,使得云南成为中国 17 个生物多样性关键地区和全球 34 个物种最为丰富的热点地区之一。①

　　根据《云南省生物物种名录(2016 版)》和《云南省生物物种红色名录(2017 版)》记载,云南境内共有大型真菌、地衣、苔藓、蕨类、裸子植物、被子植物、鱼类、两栖类、爬行类、鸟类、哺乳类共 11 个生物类群 25434 种,其中,中国特有种 5682 种,占云南生物物种总数的 22.33%;云南特有种 3432 种,占云南生物物种总数的 13.48%。在部分类别的动植物中,云南特有属种比例极高。云南具有 180 个中国特有属,占中国特有属的 74.1%,其中 34 个属为云南及横断山区特有。在脊椎动物中,云南鱼类特有程度最高,境内有中国特有种、云南特有种分别为 364 种和 270 种,占中国鱼类种、属的比重分别为 59% 和 43.8%。② 根据《云南省生物物种红色名录(2017 版)》的评估,云南 25451 个物种中,已经绝灭 8 种、野外绝灭 2 种、地区绝灭 8 种、极危 381 种、濒危 847 种、易危 1397 种、近危 2441 种、无危 16356 种。③

　　云南生物多样性和物种保护整体处于较好的状态,这与云南省对生物资源保护和利用的重视有着密切的关系。云南省 20 世纪 90 年代末期就成立了

---

① 刘冬梅、施济普、李俊生等:《西南生态安全屏障战略视阈下云南生物多样性保护对策》,《环境与可持续发展》2017 年第 6 期。
② 刘冬梅、施济普、李俊生等:《西南生态安全屏障战略视阈下云南生物多样性保护对策》,《环境与可持续发展》2017 年第 6 期。
③ 《云南环境状况公报 2018》(云南省生态环境厅网站,http://sthjt.yn.gov.cn/zwxx/xxyw/zcjd/201906/t20190605_190331.html)。在《云南省生物物种红色名录(2017 版)》的评估中,以《云南省生物物种名录(2016 版)》收录的 25434 种物种和该名录发布后新记录的 17 个物种为评估对象,其中因为缺乏数据等原因没有评估的物种为 4011 种。

生物资源保护与管理的专门管理部门,制定了 40 多部配套法规和规章,建立了生物资源保护和管理的厅际联席会议制度,通过就地保护、异地保护、离体保护等手段加强保护力度。

　　自然保护区建设是物种就地保护的有效措施。截至 2018 年,云南全省建成各类自然保护区 161 个,总面积达 286.41 万公顷,占全省面积的 7.3%,其中,国家级自然保护区 21 个、面积 150.97 万公顷,省级保护区 38 个、面积67.78 公顷。① 目前,已经初步形成了布局较为合理、类型较为齐全的自然保护区网络体系,超过 90% 的国家重点保护植物和约 80% 的国家重点保护动物,被列为主要保护对象在自然保护区得到有效保护。② 多种重点保护物种的种群规模得到明显的增长,据文献报道,2007—2017 年间云南省境内亚洲象种群规模由约 250 头增长到约 300 头,白马雪山自然保护区内滇金丝猴数量由 1400 只增长到 2500 只。③ 除此之外,依托众多中国科学院西双版纳热带植物园、中国西南野生生物种质资源库、中国科学院昆明植物研究所等动植物研究机构,云南省初步形成了生物多样性迁地保护和离体保护体系。其中中国西南野生生物种质资源库是我国种质资源离体保藏的重要基地。目前,已收集保藏了 9484 种 7123 份野生植物种子、1769 种 20000 份植物离体材料、4864 种 43338 份植物 DNA、1988 种 53874 份珍稀濒危特有的野生脊椎动物种质资源和 2200 种 22000 份微生物菌种资源,是仅次于英国皇家植物园邱园千年种子库的全球第二大种质资源库。④

三、云南人口系统与资源环境系统均衡性分析

　　资源和环境系统作为人口系统运行重要的物质和承载基础,长期以来对

---

① 《云南环境状况公报 2018》,云南省生态环境厅网站,http://sthjt. yn. gov. cn/zwxx/xxyw/zcjd/201906/t20190605_190331.html。

② 刘冬梅、施济普、李俊生等:《西南生态安全屏障战略视阈下云南生物多样性保护对策》,《环境与可持续发展》2017 年第 6 期。

③ 中共云南省委宣传部:《生态文明排头兵建设》,人民出版社、云南人民出版社 2017 年版,第 59 页。

④ 刘冬梅、施济普、李俊生等:《西南生态安全屏障战略视阈下云南生物多样性保护对策》,《环境与可持续发展》2017 年第 6 期。

云南人口发展发挥着十分重要的作用,并与人口系统形成了稳定的系统关系。近 40 多年,云南人口无论在人口数量、人口素质、人口结构还是空间特征上都发生了翻天覆地的变化,这使得人口与资源环境的系统关系出现了新的特征。

(一)人口数量增长态势变化对资源环境系统的影响

长期以来人口数量对于资源环境系统的影响是最大的,云南作为工业化相对落后的地区,过快的人口数量增长常常意味着人口对于土地尤其是耕地的需求会快速增加,生态系统承受的人口压力会持续增大。近年来云南人口增速放缓,使得人口增长带来的生态压力有所缓解,但是相较于云南生态功能多维的要求,人口压力仍需化解。

1. 人口增速放慢,人口压力有所缓解

近年来云南省人口增速持续放缓,在一定程度上减轻了人口对资源环境系统的压力。从 20 世纪 80 年代国家推出计划生育以来,云南人口的自然增长率出现大幅度的下降,人口总体增长速度也在持续下降,2018 年云南人口增长率仅为 6.04‰,全年实际新增人口数不足 30 万人。人口增长速度放缓,进一步减轻了人口规模对资源环境系统的压力。从表 4-3 可以看出,自 1990 年来人均耕地面积从 0.075 公顷增加到 2018 年的 0.129 公顷,人均林地面积也从 1990 年的 0.258 公顷增加到 2018 年 0.476 公顷,而水域面积增长相对平缓,到 2018 年达到了人均 0.012 公顷。总体来看,人均耕地、林地和水域面积都呈现出稳定增加的态势,这在一定程度上缓解了人口发展对生态环境系统的压力。

表 4-3　人均耕地、林地、水域面积　　　　单位:公顷

年份	人均耕地面积	人均林地面积	人均水域面积
1990	0.075	0.258	0.007
1995	0.072	0.239	0.007
2000	0.068	0.304	0.006
2005	0.094	0.338	0.006
2018	0.129	0.476	0.012

数据来源:历年云南省统计年鉴。

2. 人口规模对于云南资源环境和国家功能定位的压力仍然存在

尽管从纵向来看云南人口增长已经降速,但人口年平均增长仍然高于全国平均水平。2000—2010 年,11 年增加 308.7 万人,增长 7.2%,平均每年增加 28.1 万人,年平均增长率为 0.7%,高于全国同期水平的 0.57%。高于全国的人口增长水平和低于全国的经济社会发展速度,使得云南人口总量在一定时期仍然会对资源环境产生巨大压力。

由于云南自然条件复杂,山地面积多,很多可利用的后备耕地资源质量低,耕地扩展所受到的制约很大。再加上云南人口基数大,增长速度快,因此粮食问题很突出。为满足新增人口对粮食的需要,必须提高粮食单位面积产量,对耕地施加大量人工高效化肥。其结果是造成原有耕地土质恶化,自身肥力丧失。人口的快速增长产生了尖锐的人地关系的矛盾,为了增加耕地面积,被迫将大面积森林、草地辟为粮田。同时为了扩大生存空间,又占用了不少城市周围耕地,形成恶性循环。由于历史上对森林资源的过度砍伐,致使森林植被遭到破坏,导致严重的水土流失。云南矿产能源资源丰富,但由于矿产和能源都属于不可再生的资源,而能源和矿产的利用技术和效率不高,浪费严重。虽然 2014—2015 年人口年均增长率再次降低到 0.6%,对资源环境系统的压力有所减轻,但人口总量依然很大,并随着人口规模的增长,人口规模对于云南省资源环境的压力依然存在。

2014 年,云南省政府正式印发《云南省主体功能区规划》,对未来全省土地空间开发作出总体部署,并根据全省不同区域的资源环境承载能力、现有开发密度和未来发展潜力,将全省土地空间划分重点开发区域、限制开发区域和禁止开发区域 3 类主体功能区,逐步形成人口、经济、资源环境相协调的空间开发格局。其中限制开发区域是保障农产品供给和生态安全的重点区域;禁止开发区域则是保护自然文化遗产的重要区域,总面积为 7.68 万平方公里,占云南省总面积的 19.5%,呈斑块状或点状镶嵌在重点开发和限制开发区域中。而云南省的国家层面重点开发区域位于滇中地区,分布在昆明、玉溪、曲靖和楚雄 4 个州市的 27 个县市区和 12 个乡镇。据 2015 年全国 1% 人口抽样调查中云南省总人口主要数据显示,昆明、玉溪、曲靖和楚雄 4 个州市人口规模为 1780.2 万人,占全省人口的 37.58%,人口集中度较高,其中在限制区和禁止区的人口规模依然较大,虽近年人均林地、水域等资源面积有所扩大,但相较于水资源、土地资源、生态环境保护等功能的维持与改善依然具有不小的差距。

(二)人口素质变化对资源环境系统的影响

近年来,云南省人口素质有了极大的提高,人口平均受教育年限从1963年的2.2年,增长到2015年的8.05年,40多年增加了4倍。人口素质的提高使得劳动者能够从从事主要依靠体力的生产部门转移到依靠智力和科技的部门。图4-9是1980—2017年云南省三次产业从业人员的数量。从就业人口数来看,第一产业表现出先增长后下降的变化态势,从1980年的1194万人增长到2005年的1709.2万人,此后逐渐下降,到2017年已经下降到1518.72万;第二产业、第三产业就业人口规模则稳步上升,从1980年的113.3万人和96.9万人分别增长402.33万人和1071.6万人。从就业人口在三次产业中的分布来看,一产呈现出明显的萎缩态势,就业比重从1982年的85.03%下降到2017年的50.75%;二产稳步增长,从1982年的8.07%增长到2017年的13.44%;变化最大的是三产,从1982年的6.90%增长到2017年的35.81%,增长了近30个百分点。从以上数据可以看出云南省的就业格局从以农业为主向三产并重转变。

这种转变对于提高资源环境的利用效率是有着决定意义的。云南作为一个经济欠发达的边疆省区,农业生产在很长时间是国民经济和劳动就业的主体。由于云南以高原山地为主的地形特征,适于耕作的平地不多,人口的增殖和农业规模的扩大,使得大量生态环境较为脆弱,不适于农业开发的山坡地被改造为农业用地,从而引发了过度垦殖、植被破坏、水土流失等环境问题。相关学者的研究认为云南过低的工业化水平,使得人口过分依赖土地进行低效的农业生产,导致了云南长期存在生存型环境退化现象。因而,随着云南工业化的逐渐加速,农业人口大量转移到非农部门,尤其是资源环境消耗较少的服务业中,使得农业生产对于土地的压力和植被的破坏大为减轻,也使得更多的国土空间可以用于恢复生态,提供生态服务类产品。

通常而言,一产、二产对于资源、环境的消耗和影响程度较大,而三产最小。随着人口素质提高而导致的人口就业结构的改变,一定程度上提高了云

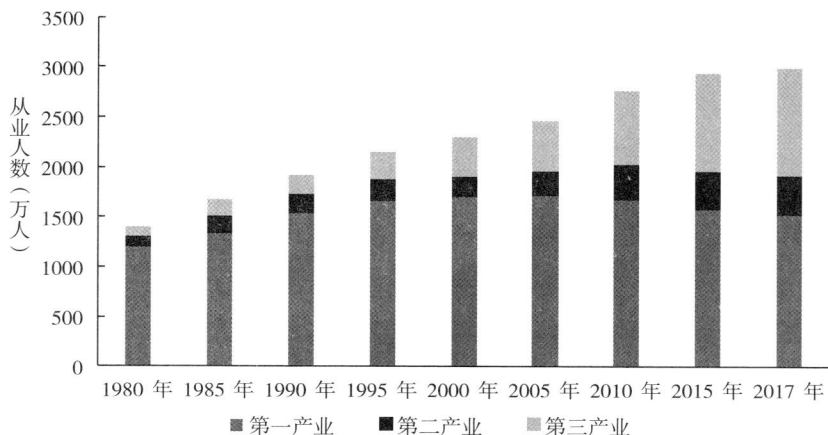

图 4-9　云南省三次产业就业人数

数据来源：历年《云南省统计年鉴》。

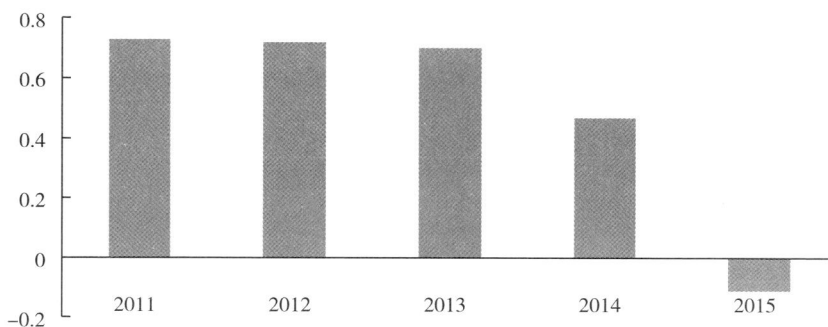

图 4-10　云南省能源弹性系数

数据来源：历年《云南省统计年鉴》。

南省资源环境的利用效率。图 4-10 是 2011—2015 年云南省能源弹性系数的变化情况。可以看出，在此期间每增长一单位 GDP，能源消耗增量越来越小，其弹性系数从 2011 年的 0.73 到 2015 年的-0.11。由此可见，云南省的能源消耗相对于 GDP 的增长越来越少，经济增长的能源效率得到提高，经济发展的集约程度越来越高。从横向来看，云南省能耗在全国的排名比较靠后，其能耗强度居全国排名第 22 位，而水耗强度居全国第 20 位，由此可以看出，云南省的资源环境消耗强度过大,与全国平均水平尚有一定差距。因此,云南省在资源消耗方面依然需要提升质量。从人口素质角度来看,提升人口素质对资源消耗的集约型具有举足轻重的作用,人口素质的提升意味着环保意识的提升,其能源消耗会有集约型倾向,在日常资源消耗过程中会有一定的边际递减效应。因此,应重视人口素质对于能源消耗效率之间的内在逻辑和关联。

(三)人口结构变化对资源环境系统的影响

近40年来,云南人口结构发生了重要的转变,无论是宏观的年龄结构、性别结构、空间分布结构乃至微观的家庭结构、居住结构、人口消费结构都对资源环境的使用规模和利用效率产生了深远而持久的影响。由于宏观的人口结构变迁对于资源环境的影响是一种间接影响,传导链比较长,因果关系较为复杂,本处仅对家庭结构、居住结构等微观结构变化的影响进行分析。

1. 家庭和居住结构

家庭小型化和居住的多点化对资源环境的消耗具有一定影响。2015年云南省总人口为4741.8万人,家庭户人口4619.3万人,家庭总户数为1378.9万户,平均每户人数为3.35人,较2000年每户3.73人和1990年每户4.51人的规模有了明显的下降。从不同人口规模家庭在同家庭户中的比例分布来看(图4-11),家庭人口在4人以下的"小户型"家庭所占比重明显扩张,尤其是2人户所占比重由1990年的8.40%增长到了2015年的18.08%,增长了将近10个百分点;而4人及以上人口规模的家庭户所占比重则明显萎缩。由此可以说明,云南省人口呈现家庭小型化趋势,与传统的"多代同堂"家庭①相比,一对夫妇与其未成年子女组成的"核心家庭"更为普遍,家庭平均人口规模逐渐变小。

人口家庭结构被认为与能源和资源消耗具有密切关系。国内外的实证研究表明,家庭人口规模与家庭能源消耗效率、碳排放规模具有显著的相关关系。通常而言,家庭规模的大小会影响其资源环境的边际消耗,当家庭规模不太大的时候,人口的增加可以使资源环境消耗更加集约,因而家庭小型化会导

---

① "多代同堂"在家庭社会学研究中又被称为扩展家庭,指不同代际生活在一起,但在同一代内出现了两对或以上婚姻关系的家庭。

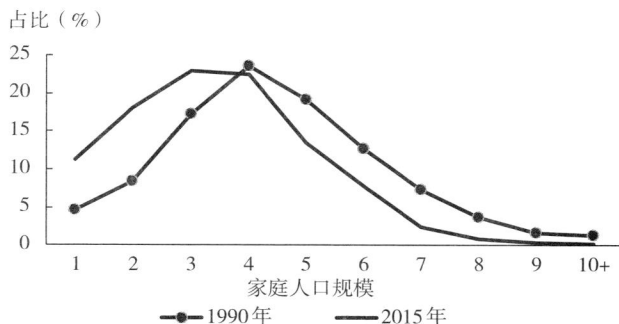

图 4-11 云南省不同人口规模家庭分布状况的变化

数据来源:云南省第四次人口普查资料、2015 年云南省 1% 人口抽样调查资料。

致环境资源消耗在绝对量上的增加;然而,当家庭人口超过一定规模的时候,可能导致边际成本快速增长,出现"规模不经济"的情况,使得人均家庭消费有所增长。这表明了家庭规模与人均碳排可能存在一种"倒 U 形"相关关系,也就是存在一个人均碳排放量最低的最优家庭规模,当家庭规模大于或者小于最优规模时,都会导致能源利用效率的降低和碳排放量的增加。[①] 当前,云南省家庭结构已经从以往的"扩展家庭"向"核心家庭"转变,而以后的"核心家庭"同样会向"主干家庭"[②]转变。云南家庭人口规模在不断缩小的情况下,不可避免地会导致资源环境利用效率的下降,家庭消费对能源需求、碳排放、污染排放的规模和时空分布都可能产生复杂的影响。

在家庭规模小型化的同时,家庭居住的多点化也成为一种较为普遍的社会现象,随着交通设施的完善以及个人需求的变化,和传统居住地点固定的特征有所变化,人们的居住地点产生一定的变化,例如,"城市—郊区"现象较为普遍,即家庭成员在工作时居住于繁华的城市中心,而在假期则选择居住于环境良好的郊区进行休闲度假。再如"学区房"显现,为了子女读书便捷而产生

---

① 沈可、史倩:《人口结构与家庭规模对生活能源消费的影响——基于中国省级面板数据的实证研究》,《人口研究》2018 年第 6 期;彭希哲、朱勤:《我国人口态势与消费模式对碳排放的影响分析》,《人口研究》2010 年第 1 期;刘玉萍、郭郡郡、刘成玉:《人口因素对 CO_2 排放的影响——基于面板分位数回归的实证研究》,《人口与经济》2012 年第 3 期。

② "主干家庭"指父母亲与一对已婚子女所构成的家庭。

了父母一方陪读的现象,而居住的多点化必然会造成资源环境消耗的增加,因此,家庭小型化以及居住多点化都会对资源环境消耗产生一定的影响。

2. 人口消费结构

人口消费结构变化对资源环境消耗具有重要的影响。通常而言,衣食住行等满足基本生活必需品的能源消耗以及环境扰动是最小的,而医疗保健、长途旅游、奢侈性住宅、豪华汽车、电子产品等消费活动需要更大的环境支持。近20年来,由于中国经济的腾飞,云南的消费结构也发生了重大变化。根据国家统计局公布的数据,2018年云南省居民消费人均总额为14249.9元,其中,食品和烟酒项目占总消费的比重最大,为3983.4元;其次为居住所付出的费用,为3018.5元;交通通信、教育文化娱乐分别为2212.8元以及1772.7元,衣着、生活用品及服务类支出金额较少。图4-12是2000年和2018年云南省居民消费结构的雷达图,从中可以看出几个变化特征:第一,所有类别消费品的消费金额都出现了明显的增长,其中增长额度最高的为居住、交通通信和医疗保健类支出,分别增长了5.42倍、4.25倍和3.34倍。第二,非食品消费支出在总消费支出中的比重明显上升。2000年人均食品和烟酒类产品的消费金额为2091.7元,占总消费金额的比重达40.34%,在所有种类消费品中位列第一;到2018年,尽管食品和烟酒类产品的消费金额仍然位列第一,但是消费比重已经下降到了27.95%;而居住、交通通信和医疗保健类支出比重已经分别提高到了21.62%、15.53%和12.44%。

由此可见,云南省居民消费结构有了一定的变化,首先,对环境消耗比较大的居住以及交通通信所占的比重正在逐渐加大;其次,食品消费结构也在发生逐渐的变化,由于生活水平的提高,饮食结构会向资源能源消耗比较大的方向偏移,肉类以及其他生态消耗比较大的食品偏多,而且香烟这一类对环境具有一定污染的支出依然占据一定的比例。因此,消费结构的变化对云南省资源环境会产生新的压力,但这是经济发展以及生活水平提高过程中必然出现的现象,由此带来的环境压力的增长需要通过环境服务供给效率的提高予以消除,否则消费的升级必然会对环境系统造成比较大的负担,并影响云南省可持续发展。

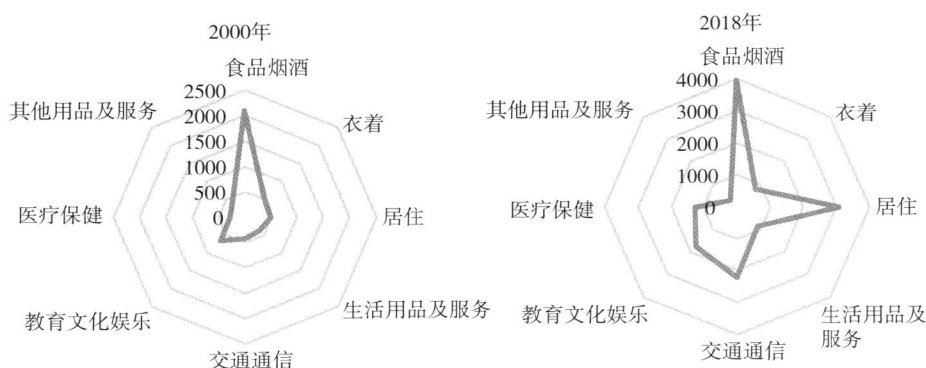

图 4-12　2000 年、2018 年云南省居民消费支出构成

数据来源：2001 年和 2019 年《中国统计年鉴》。

第二节　云南经济系统发展状态及其与人口系统均衡性评价

近年来，中国劳动力供给的增长率总体上已经放缓，人口老龄化趋势明显，传统意义上廉价劳动力供给优势已然告罄。就资本投入而言，随着人口老龄化、传统工业化结束以及消费率缓慢提高等，储蓄率开始下滑。技术进步的动态仍然令我们失望：资本回报率低、技术进步缓慢是我们面临的新挑战。换言之，劳动力和资本投入增长率下降、技术进步缓慢三因素叠加，导致未来中国的经济增长率趋于下降。在此背景之下，中央明确提出中国已经进入"经济发展新常态"。在经济新常态下，人口、经济、资源与环境的关系面临着重要转变。一方面，人口老龄化日趋发展，农业富余人口减少，要素规模驱动力减弱，经济增长将更多依靠人力资本质量和技术进步；另一方面，环境承载能力已达到或接近上限，必须推动形成绿色低碳循环发展新方式。人口、经济、资源、环境之间的关系更加复杂和脆弱，均衡关系的形成面临着路径的重大转变。作为一个欠发达的省区，云南省经济发展的赶超任务十分繁重，在中国经济增长放缓的大背景下，迫切需要在人口与经济、环境与经济、资源与经济方面形成新的均衡关系，由此产生经济发展的新动能。

一、经济新常态下云南经济发展新特征

在中国经济发展整体进入新常态的大背景下,云南的经济发展也进入了带有云南经济特色的新常态,有以下几个主要特征。

(一)宏观产业结构完成转型,但产业格局仍需优化

云南省是全国工业化发展相对滞后的地区,农业产业在较长时期内占据了国民经济产出的主要份额。1978 年云南一产、二产、三产在国民经济中的占比分别为 42.7%、40% 和 17.3%。改革开放以后,随着服务业的快速发展,农业比重逐渐下降,三次产业呈现出不断优化的格局。到 1992 年,三产产值已经超过一产,三次产业结构从传统的"一、二、三"产业顺序结构特征转变为工业化早期阶段的"二、三、一"产业结构特征。此后的较长时期内,第三产业产值比重继续增长,第一产业产值比重持续下降,第二产业产值比重基本稳定的三次产业格局得以维持。到 2013 年第三产业比重首次超过第二产业,云南三次产业进行"三、二、一"产业顺序结构的时期。从产业结构演进来看,云南省与发达地区相比,大约慢了 20 余年,但目前已经进入了三次产业结构相对优化的时期。

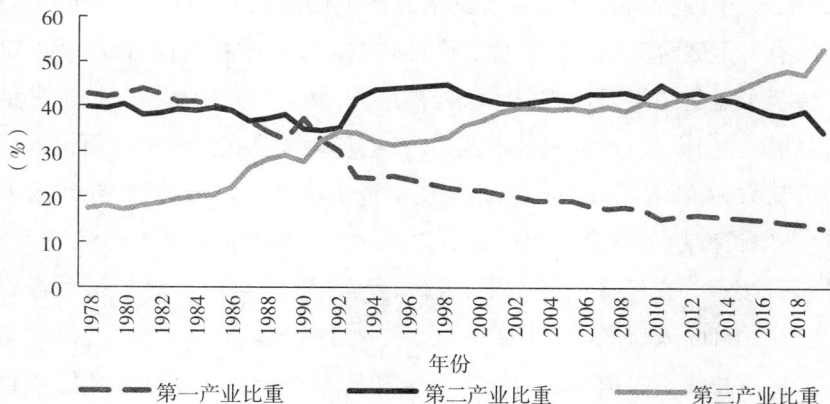

图 4-13 云南省三次产业结构

数据来源:历年《云南统计年鉴》。

尽管宏观产业结构转型已经实现,但产业格局仍然存在一些明显的问题。第一,工业重型化特征十分明显,并已经形成了经济发展过程中的路径依赖,

而且呈现固化状态。从2000年以来,以重化工业为主体的云南重工业占工业结构的比重始终高于70%,2008年为最高,达75%,这个比例远远超过全国的比例。很显然,这不是经济发展的"健康"状态。第二,高端产业在全国不具备竞争优势。目前,云南省在全国具有一定竞争优势的产业仍然是烟草、磷化工、水电、有色金属冶炼、文化旅游等传统资源型产业,在生物医药、装备制造、电子设备制造、金融等资本、技术密集型高端产业中普遍存在规模小、技术力量薄弱、缺乏竞争力的问题。

云南进入经济新常态后产业格局应该得到进一步优化:第一,不仅三次产业结构的调整能够不断深化,特别是第一产业的劳动力能够更大规模地转移到二、三产业中,而且二、三产业特别是工业吸纳社会劳动力的能力能够不断接近甚至超过全国平均水平。第二,工业结构能够持续地信息化、高效化、轻型化,服务业结构不断走向高端化和高质化,农业结构需要多样化、适度规模化和现代化,使得资源利用效率提高和污染零排放。第三,在传统资源型产业提质增效的情况下,大力培育现代新兴产业,以市场为导向引导产业转型升级。

(二)经济增长速度放缓

改革开放40年,云南经济规模整体呈现出快速增长的态势,按不变价格计算,地区生产总值的年均增长率达到了9.98%。尽管整体增长较快,但不同时期云南经济增长具有较大差异性。1989年以前,云南经济增长呈现出剧烈震荡的态势,这一时期经济增长率既具有超过20%的高速增长年份,也有低于5%的低速增长年份。1990年之后的经济增长相对平稳,如果用宏观经济周期的角度来看,可以分为三个时期:第一个时期为1990—1999年,这一阶段经济增长的年际变化较小,年增长率的峰值为12.2%,出现在1994年,1994年后年增长率持续下降,到1999年时达到7.3%的最低值。第二个时期为2000—2013年,这一时期经济增长的波动性较前一个时期有所加强。从2000年后云南经济增长进入第二个稳定加速期,到2011年达到13.7%的峰值。2014年开始进入第三个时期,这个时期经济增速明显放缓,基本稳定在7%—9%之间。

总的来看,云南经济增长受全国经济发展总体形势的影响较大,云南省经

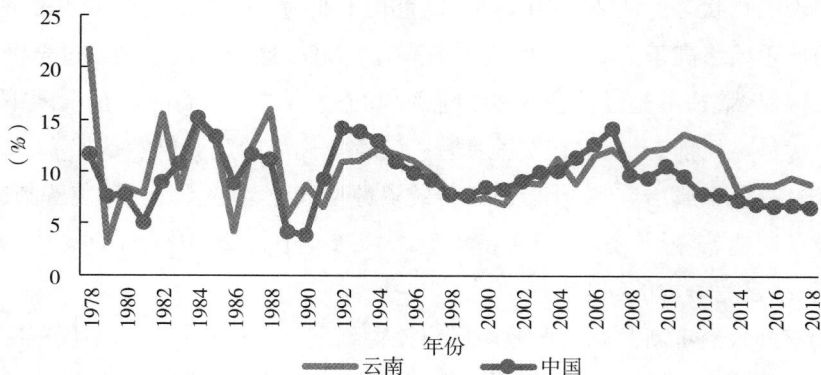

图 4-14 云南省与全国 GDP 增长情况

数据来源:《中国统计年鉴 2019》《云南统计年鉴 2018》。

济增长的加速和回落周期与全国基本吻合,有所区别的是全国经济增长的变动更为平稳,而且在经济增长下滑期间,云南经济增长趋缓的速度更为迟缓。这一经济增长速度的回落客观表明了:云南人力资本深化程度低,资源利用效率低,对于抵御经济发展波动较强的第三产业发育程度偏低。考虑到云南将与全国同步实现小康的发展战略目标,云南省经济增长的理性追求区间应该确定在略高于全国水平的范围内。因此,如何优化产业结构,加强资源利用效率,提高人口素质,使人口、资源和环境协调发展,是缓解全国经济增长速度下滑对云南经济发展影响的重要研究方向。

(三)市场对于经济资源配置的主体地位需要强化

党的十九大已经明确指出在当前中国经济发展中市场是资源配置的决定性力量,而资源配置的市场化就是强化市场主体,即企业和经济主体在市场机制的引导下自主决定经济资源及其产品服务的供需、交易和重组。只有当这一主体地位得到法律和政治经济制度的有效保障,市场在资源配置中的决定作用才能实际有效地发挥出来,无论是资源的供给主体,还是消费主体,或者是整合主体,都能在市场配置中通过自主决策追求满意的收益,这样,各市场主体将自己的活力充分激发出来,经济发展就有了牢固的微观基础了。客观上讲,云南不仅地理位置和交通条件决定了相对地远离全国和全球中心市场,就是现有市场成熟程度与全国特别是经济发达地区还存在较大差距,资本、技术和管理要素的流动壁垒和交易成本长期高于全国水平,资源配置的企业成本相对较高,对企业利润率增长形成了挤压。因此,更加充分地利用市场机制,释放改革红利,强化经济主体的活力,就成了云南经济发展的重要篇章。

(四)资源利用效率不断提高,但与发达地区相比仍有较大差异

云南的支柱产业多为资源密集型、能源密集型产业,能源和资源利用效率不高一直是制约产业效率提高的重要障碍。近年来随着节能减排、技术改造等传统产业提质增效举措的实施,云南经济生产的资源利用效率有了持续的提高。从经济生产的能耗水平和水耗状况来看,云南省进步十分明显(图4-15、表4-4)。1990年云南省社会消耗能源1954.18万吨标准煤,每万元GDP产出需消耗能源4.33吨标煤,到2017年单位生产能耗量已经降低到了0.68吨标煤/万元,下降了84.30%,社会生产的能源效率得到极大的提高。从水耗情况来看,2004年全省水资源利用总量为146.92亿立方米,每万元经济增加值消耗的水资源为476.72立方米,到2017年单位经济增加值的水耗量已经下降到87.08立方米/万元,下降了81.74%。从分工农业的用水效率来看,提高亦十分明显,万元增加值用水量分别下降了76.78%和72.05%。能源和水资源利用效率的大幅提高说明云南的经济发展由粗放型转向集约型已经取得初步成果。

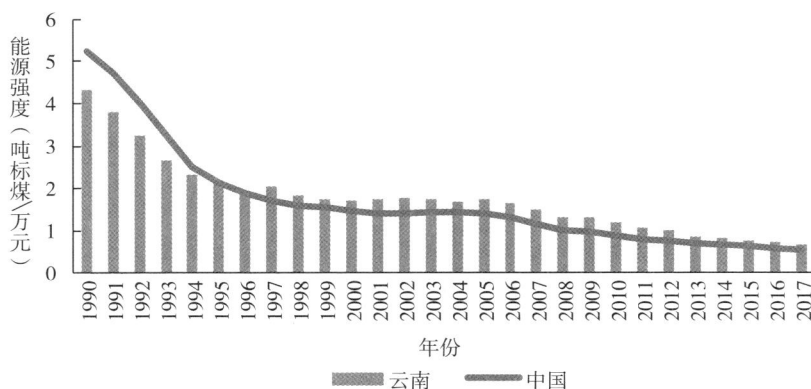

图4-15　云南省与全国单位GDP能耗

数据来源:根据历年《中国统计年鉴》《云南统计年鉴》数据计算得出。

从纵向看,云南的能源、水资源使用效率有了长足的进步,但横向来看,与全国平均水平仍有巨大的差距。就能源而言,1996 年以前由于云南农业产业比重较高,国民经济整体的能源使用效率要略微高于全国。随着 20 世纪 90 年代中后期云南工业化的持续推进,云南能源利用效率开始低于全国平均水平。尤其是进入 21 世纪后的一段时期内,云南工业重型化特征十分显著,高能耗的冶金、化工等行业比重持续提高,云南能源使用效率与全国的差距开始拉大,直到 2012 年之后,差距才开始收缩,但能耗仍然比全国高出了 20%—30%。水耗方面,云南省的总体用水效率一直略低于全国,多数年份地区 GDP 水耗强度与全国的差值在 20%—40%之间。在分工农业的用水效率方面出现两种截然相反的情况,农业用水效率在多数年份中高于全国平均水平。如 2014 年云南万元农业增加值的水耗仅为全国的 74.59%;而在工业用水效率方面,2004—2006 年略微低于全国平均水平,从 2007 年开始落后与全国平均水平,水耗强度比全国高出 4.8%—21.9%。在云南资源分布不均衡、科技技术水平落后、劳动者素质不高的情况下,如何提高资源利用的效率,减小经济生产的环境压力,把握好人口、资源和环境的协调关系,是实现云南经济跨越式发展的重要一环。

表 4-4　云南与全国水耗强度状况　　　　单位:吨/万元

	云南			全国		
	水耗强度	农业水耗强度	工业水耗强度	水耗强度	农业水耗强度	工业水耗强度
2004	476.72	1847.23	167.57	342.79	1715.29	186.83
2005	424.00	1638.38	157.27	300.72	1641.70	164.85
2006	363.00	1457.34	133.85	264.08	1571.58	145.68
2007	314.36	1265.30	131.64	215.43	1300.68	125.61
2008	269.04	1029.43	107.76	185.12	1128.46	106.06
2009	247.40	969.09	107.46	171.16	1108.60	100.72
2010	204.13	859.99	97.85	146.12	959.94	87.65
2011	165.06	680.93	84.33	125.16	835.97	74.91

续表

	云南			全国		
	水耗强度	农业水耗强度	工业水耗强度	水耗强度	农业水耗强度	工业水耗强度
2012	147.27	627.06	80.59	113.84	795.06	66.09
2013	126.53	551.75	67.12	104.28	739.52	63.26
2014	116.59	518.79	63.07	95.04	695.53	57.99
2015	110.21	508.81	59.77	88.97	666.76	56.44
2016	102.04	479.25	54.80	81.62	626.55	52.77
2017	95.63	464.00	57.22	73.63	606.51	45.88
2018	87.08	429.00	46.83	66.82	570.50	41.34

数据来源：根据历年《中国统计年鉴》《云南统计年鉴》数据计算而得。

二、云南人口系统与经济系统均衡性评价

随着中国经济进入新常态，云南省经济发展也进入一个新的阶段，经济转型、提质、增效、赶超成为这个阶段云南经济发展的主旋律。新的经济发展态势下，云南人口系统对经济系统的影响也体现出新的特征。

（一）新常态下云南人口红利的释放亟须从结构红利向素质红利转变

随着经济进入新常态，宏观经济的增长动力已经由规模、数量驱动转向质量、效益驱动。云南省人口年龄结构较为优化，理论上仍然存在较大的人口结构红利释放空间，但新常态下以质量、效率、集约为特征的增长模式更加匹配人口质量红利。

人口红利的产生机理是少儿抚养比以及老年抚养比两者减小以及青壮年劳动力比例增大所带来的整体劳动力比重和数量的增加所引发的红利效应。其内涵为：在人口再生产类型由高出生、低死亡、高增长模式向低出生、低死亡、低增长模式的转变过程中，会形成一个人口抚养比较低的局面，从而有利于经济发展，这一时期被称为"人口机会窗口"，又叫"人口之窗"。在人口机会窗口期间，人口结构呈现"中间大，两头小"的橄榄形特征，这样的人口年龄

结构十分有助于社会经济的发展。① 从历次人口普查时点云南人口年龄结构的变动(表 3-4)可知,云南省人口年龄结构正在发生显著变化,老年人口和青少年人口的总体占比正在不断下降。其中青少年人口从 1964 年的 39.14%变为 2015 年 17.79%,呈现明显的下降趋势;老年人口从 1964 年的 2.98%增长到 2015 年的 8.76%,呈增长态势,但两者的总体占比从 1964 年的 42.12%下降到 26.55%,下降幅度十分显著。由于人口现代化进程较为滞后,加上生育政策较为宽松,云南"人口机会窗口"在 2000 年左右开启,开启的时间较全国晚了大约 10 年。② 毫无疑问,充足的劳动力资源已经为云南社会经济发展带来便利条件,这是近 40 多年云南与全国保持同步发展的重要动力来源。然而,随着经济发展的转型,云南人口红利的释放亟须从结构红利向素质红利转变。

第一,人口结构红利不可能长期持续。进入 21 世纪后,随着云南人口老龄化的加深、生育率的持续下降,以及年轻人口净流出规模的扩大,云南人口结构红利正在慢慢流失。通常认为中国的"人口机会窗口"期将在 2030 年左右结束,云南"人口机会窗口"开启较晚,但也会在 2030 年之后不长的时期内结束。当人口结构红利消失之后,劳动年龄人口比重下降,社会养老负担沉重将成为一个不可逃避的基本人口经济情势。

第二,在新常态背景下,云南省人口的"量"要配合"质"的提升才能推动整个云南省人口、资源与环境协调发展,但这也给云南省人口发展带来新要求。近年来尽管云南省人口素质有了较大的提高,但是人口素质距离社会经济发展的要求还存在比较明显的差距。从图 3-9 可以看出,随着年份的推移,云南省人口整体受教育年限上升,其中每 10 万人抽样调查初中受教育程度由 1964 年的 3115 人增加到 2015 年的 29287 人,呈现非常明显的上升趋势;大专及以上人数比例也有较高的增长率,从 1964 年的 280 人到 2015 年的 7221 人,发生了较为明显的变化。但从 2015 年中不同受教育层次的数据可

① 洪菊花、骆华松、胡艳花等:《云南人口机会窗口与人口红利收获研究》,《西北人口》2007 年第 4 期。
② 洪菊花、骆华松、胡艳花等:《云南人口机会窗口与人口红利收获研究》,《西北人口》2007 年第 4 期。

以看到,高层次学历人才依然非常稀缺,所占总人口比例为8%左右,比例非常低。"新常态"对经济发展提出了新的要求,从以往的投资以及要素驱动转变为创新驱动发展,而创新的主体归根到底是"人"的创新,而创新需要知识以及教育作为基础,只有教育以及知识达到足够的积累程度,人们才有创新的可能,或者从创新的概率来看,其发明创造才有更高的成功率。因此提升人口质量,不仅可以极大推动云南省人口、资源与环境协调发展,也可以为云南省产业结构升级作出巨大的贡献。

(二)中心城市的人口集聚带来的规模效应亟待加强

城镇化所带来的人口集聚和要素集聚是实现资源优化配置的重要手段,也是推动中国经济发展最重要的力量之一。由于自然地理条件的约束,云南省人口分布较为分散,在过去的几十年中,随着人口城镇化的快速发展,云南省局部已经形成了人口集聚区,但集聚效应仍亟待加强。

1. 人口集聚的空间差异明显,多数地区的集聚效应并未显现

2015年云南省城镇化率达到了43.33%,比2010年增加了8.13个百分点,增长速度显著提高,与全国的差距有所缩小。省会城市昆明的人口城镇化率超过了70%,已经达到了较高的水平。昆明市作为全省唯一的大城市,成为云南省承接非农转移人口的主要地区,一定程度上导致了全省城镇化的非均衡发展,2015年昆明市集中了全省"市人口"①的50.71%。除了昆明市外,滇中地区的玉溪市、曲靖市的城镇化率也较高。2015年玉溪市、曲靖市和西双版纳州的城镇化率分别达到了47.07%和44.50%。在滇中之外的其他区域,尤其是边疆地区的城镇化仍然处于低度发育状态,丽江、文山、怒江、迪庆、临沧等边远区域的城镇化发展与滇中地区有着明显的差距。

人口密度是衡量人口集聚程度的重要指标。从人口密度来看,云南省的区域差距非常之大。从州市一级的行政单元来看,2015年云南省人口密度最大的昆明市为每平方公里332.2人,而最少的迪庆藏族自治州每平方公里只有17.6人,前者是后者的将近19倍。从县级行政单元来看,差异更大,人口

---

① 在人口统计中将人口分为了"市人口""镇人口"和"乡村人口",其中"市人口"的统计口径为设区市的区人口和不设区市所辖的街道人口。

最为密集的五华区,人口密度为每平方公里 2900 人,人口最为稀疏的贡山县,每平方公里不足 9 人。当前,昆明市五华区、盘龙区、官渡区、呈贡区、东川区、西山区,玉溪市红塔区、通海县、江川县,曲靖市麒麟区,德宏州芒市,大理市以及昭通市昭阳区、镇雄县等县市区,人口密度已经超过每平方公里 350 人,已经形成区域内的人口集聚点,但多数县市区人口密度仍然较低,人口集聚的效应不显著。

2. 滇中城市群的人口集聚效应仍待加强

以昆明为核心的滇中地区是云南城市化和工业化的中心,也是云南省唯一被国家列为全国 19 个国家级群的区域,在云南人口集聚和经济发展方面具有不可或缺的作用。然而,受制于产业发展形态、区域生态承载能力、城市管理水平等多种因素,滇中城市群的人口集聚能力和由此带来的经济发展的规模效应还较弱。

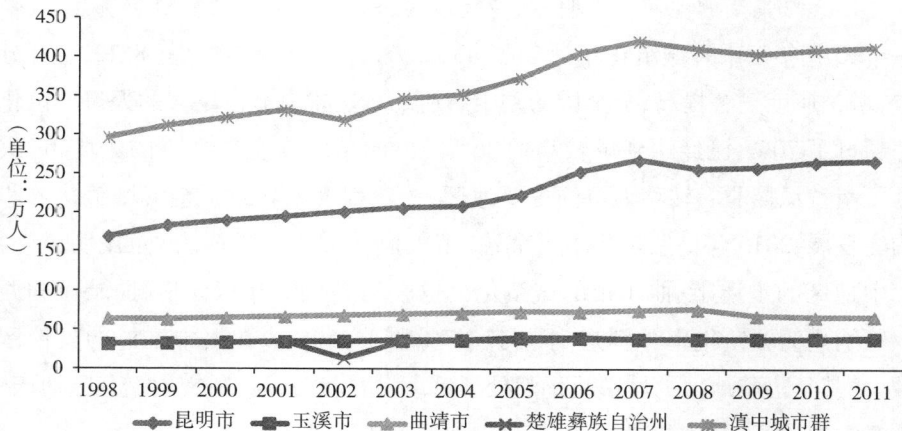

图 4-16　昆明市及各周边城市历年非农人口数

数据来源:历年《城市统计年鉴》《区域统计年鉴》《云南统计年鉴》。

图 4-16 显示的是滇中城市群非农人口的变化情况。非农人口指的是辖区内从事非农生产的人口,与人口的从业状态相关而与户籍无关。由于现代城市经济的集聚效应和规模效应更多的来自非农产业的空间集聚,使用非农人口口径更能表达人口集聚的内涵。从图中数据可以看出,滇中地区城市非农人口数保持稳定增长态势,其中昆明市的非农人口规模及其增长速度对滇

中城市群贡献最大，非农人口数常年占滇中城市群总体的约 60%。尽管 2015 年国务院才批复同意设立滇中新区成为我国第 15 个国家级新区，但依托滇中地区城镇化和工业化的良好基础建设滇中城市群推动云南社会经济的健康持续发展在此之前已经成为云南省社会各界的共识。

表 4-5　昆明各周边城市非农人口数与未来城市人口规划目标

	2011 年（万人）	2030 年规模目标（万人）	现有平均增长率（%）	规划目标需要的增长率（%）
昆明市	265.9	550	3.57	3.90
玉溪市	39.4	80	1.66	3.80
曲靖市	67.23	140	0.34	3.94
楚雄市	39.21	70	1.69	3.10
城市群	411.74	840	2.57	3.82

数据来源：《2011 年中国区域经济统计年鉴》《滇中城市群规划（2009—2030）》。

在云南省住房和城乡建设厅发布的《滇中城市群规划（2009—2030）》中，对滇中地区非农人口规模和城市化发展提出了具体的目标（表 4-5）。2011 年昆明及周边城市非农人口数为 411.74 万人，1998—2011 年城市非农人口平均增长率仅为 2.57%，规划目标为 2030 年达到 840 万人。以 2011 年的非农人口数为起点需要年均增长率为 3.82%，还需要年均增长率再增加 1.25 个百分点才能实现规划目标。具体到各个城市，昆明市实现规划目标的距离最小，按照既有的平均增长率增加不到 0.5 个百分点就可实现规划目标，但是其他三个城市距离规划目标较远；玉溪市与楚雄市实现规划目标都需要在现有平均增长率的基础上再增加 1.5 个百分点，这意味着在两个城市每年至少要增加 1.1 万—1.2 万人的非农人口才能实现规划目标，目前这两个城市年均增加的非农人口仅在 0.5 万人左右；曲靖市完成规划目标的难度最大，1998 年曲靖市非农人口为 64.32 万人，而到 2011 年仅为 67.23 万人，这一时期非农人口年均增长率仅为 0.34%，距离 2030 年 3.94% 的规划目标，每年增长率还需要增加 2.5 个百分点，这意味着年均增加 2.64 万非农人口才能追赶上规划目标要求，这是已有非农人口年均增长量的 10 倍左右。

由滇中城市群非农人口分布数据以及云南省各区域人口密度数据可以发现,在云南省人口集聚度最高的滇中地区,也只有昆明市具备了中心城市的集聚效应。昆明市在全省的城市首位度非常之高,与次级城市等级差距非常之大,人口虹吸效应非常明显。其他次级城市,无论玉溪市还是曲靖市,人口集聚能力都还较弱,不具备成为区域性人口和经济要素集聚中心的条件。

(三)人口就业结构与产业结构出现偏离

人口系统与经济系统发生关系最直接的中间变量就是就业,因此,人口就业结构就成为人口的经济属性与经济意义的集中反映。人口的行业分布依赖于产业发展在行业类别上的细分程度,它实际上体现了人口转变的产业基础,更是判断现代人口均衡性的重要指标。从 20 世纪 90 年代开始,云南省产业的非农化发展非常迅速,农业产业从在三次产业中占绝对的优势,变成了国民经济中规模最小的部门。在云南经济进入新常态后,互联网信息产业、生物医药、旅游康养、现代物流等新兴产业以及烟草、能源生产、化学工业、金属冶炼制造、装备制造等传统工业在经济生产中的份额不断提高,但人口就业结构并没有与产业形态和结构的变化形成匹配,大量人口仍然停留在农业部门,人口就业结构与产业结构偏离明显。人力资本没有充分进入具有较高生产效率的生产部门,导致人口及劳动力优势没有充分的发挥。

表 4-6　2010 年云南与全国人口行业结构比较　　单位:人,%

门类	云南		全国	
	总人数	比例	总人数	比例
总计	3487111	100.00	71547989	100.00
采矿业	39117	1.12	809350	1.13
电力、燃气及水的生产和供应业	14166	0.41	495991	0.69
房地产	8079	0.23	481021	0.67
公共管理、社会组织、国际组织	58303	1.67	1836875	2.57
建筑业	109219	3.13	3919862	5.48
交通运输、仓储及邮电通信业	57698	1.65	2544704	3.56
教育	53540	1.54	1650999	2.31
金融	11928	0.34	581162	0.81

续表

门类	云南		全国	
	总人数	比例	总人数	比例
居民服务与其他服务业	33435	0.96	1387990	1.94
科学研究、技术服务和地质勘查业	5561	0.16	229615	0.32
农林牧渔业	2668421	76.52	34584219	48.34
批发、零售	152124	4.36	6656937	9.30
水利、环境和公共设施管理业	7035	0.20	267564	0.37
卫生、社会保障和社会福利业	23738	0.68	834040	1.17
文化、体育和娱乐业	9044	0.26	324501	0.45
信息传输、计算机服务和软件业	8579	0.25	439412	0.61
制造业	150245	4.31	12059240	16.85
住宿、餐饮	65335	1.87	1953185	2.73
租赁和商务服务业	11544	0.33	491322	0.69

数据来源：根据 2010 年云南、全国第六次人口普查数据计算得出。

从表 4-6 中的数据可以看出，农业仍然是云南省容纳从业者最大的行业，第六次人口普查时有 76.52% 的从业人口依靠农业为生，这比全国高了近 30 个百分点，这一方面极大体现了云南仍然是一个以农业为主要生存依赖的农业大省，另一方面又与当年仅占地区生产总值 15.34% 的农业产值规模形成了巨大的反差。在第二产业中，制造业、建筑行业、采矿业的从业人口比重都较低，最高的制造业也仅为 4.31%，二产容纳的从业人口比重合计不超过 10%，比同年 44.62% 的二产比重低了近 35 个百分点。

第五章 均衡人口与云南可持续发展Ⅲ:基于协调度的实证分析和对策研究

在最近的几十年中,云南经历了人口系统急速而深刻的变化,人口系统的状态、人口要素的关系都发生了重大改变。从系统要素的均衡关系来说,无论是人口系统的内部均衡关系还是与经济、环境等外部系统的外部均衡关系,都呈现出新的演化特征,既存在人口数量与环境压力、供养负担之间关系的日益协调与优化,也存在性别比失调、人口老龄化速度过快、人口素质无法满足经济高质量发展需求的非均衡化演变。本章使用耦合协调度模型对云南省近20年来人口与经济、资源、环境协调关系的变化进行定量研究,并基于研究结果提出促进云南均衡人口体系构建的政策思考。

第一节 基于协调度对云南均衡人口的测度分析

对均衡人口状态的测度实际上就是对一定人口发展水平条件下人口系统协调关系的定量化测算。首先,构建能够表明云南省人口—经济—资源环境系统发展程度和内部关系的指标体系;其次,使用主成分分析方法定量评价表征系统发展水平的数值;最后,使用协调度模型定量评价云南省人口系统、经济系统、资源环境系统之间的协调关系。

一、指标体系的构建

人口系统、经济和资源环境系统是人口—经济—资源环境系统协调发展的三个子系统,也是形成均衡人口关系的主要影响因素。遵循整体对应、比例适当、重点突出、总量指标与均值指标相结合、数据可获性与可比性等原则，研究各子系统之间的关系，并构建三系统协调发展评价模型。人口系统包括人口数量和人口质量因素；经济系统包括总量体系以及成长体系；资源环境系统包括资源因素和环境影响因素，三者互相联系，互相促进，互相制约。

（一）人口系统和经济系统

人口是经济增长的一个重要因素，经济增长离不开人口数量的保证以及人口质量的增长。人口系统对经济增长的促进主要体现在两个方面。一方面，经济增长离不开人口数量的保证，也就是足够劳动力的供给；另一方面，人口质量的提高可以优化经济系统。在索洛的经济增长模型当中，人口一直成为其内生的增长因素。同理，人口数量与质量的下降也会极大限制经济的增长。

（二）人口系统和资源环境系统

人口系统的发展离不开其赖以生存的资源环境。人口系统对资源环境系统具有正反两方面的作用。一方面，人口系统的大量生产活动会攫取大量资源，同时不可避免地破坏环境系统。另一方面，随着经济的发展，人类经济能力和科技能力的提升，可以对环境的污染进行治理以及对环境系统进行改善。另外，资源环境系统也会对人口系统进行制约。

（三）经济系统与资源环境系统

经济系统与资源环境二者有非常紧密的联系。首先，在经济发展初期，经济的增长离不开自然资源的供给，经济总量的积累也会对自然环境产生负效应。其次，随着经济总量的增长以及经济系统质量的提升，经济系统会对资源环境进行保护从而促进其发展。

根据三个子系统在人口均衡发展体系中的内在关系和逻辑联系，遵循整体对应、比例适当、重点突出、层次分明、完备性、一致性以及可行性原则，选出具有代表性的统计指标，构建了云南省人口、资源环境以及经济系统协调发展的指标体系，各系统的指标体系见表5-1。

表 5-1　人口、资源环境、经济与社会协调发展评价指标体系

系统	指标	指标特征	代号
人口系统	总人口	适度指标	X_1
	出生率	适度指标	X_2
	死亡率	逆向指标	X_3
	总和生育率	适度指标	X_4
	平均预期寿命	正向指标	X_5
	婴儿死亡率	逆向指标	X_6
	平均受教育年限	正向指标	X_7
	总人口性别比	适度指标	X_8
	老龄化率	逆向指标	X_9
	人口城镇化率	正向指标	X_{10}
	可利用水资源总量	正向指标	X_{11}
	工业废水排放总量	逆向指标	X_{12}
	工业废气排放总量	逆向指标	X_{13}
	工业固废排放总量	逆向指标	X_{14}
	工业废水达标排放率	正向指标	X_{15}
	二氧化硫达标排放率	正向指标	X_{16}
	工业固废综合利用率	正向指标	X_{17}
	森林覆盖率	正向指标	X_{18}
	水土流失率	逆向指标	X_{19}
经济系统	人均GDP	正向指标	X_{20}
	GDP增长率	正向指标	X_{21}
	非农产业比重	正向指标	X_{22}
	农民人均纯收入	正向指标	X_{23}
	非农产业就业比重	正向指标	X_{24}
	城镇居民可支配收入	正向指标	X_{25}
	固定投资总额	正向指标	X_{26}
	单位GDP能耗	逆向指标	X_{27}
	实际利用外资规模	正向指标	X_{28}

数据来源:《云南省统计年鉴》、云南省2000年人口普查资料、云南省2010年人口普查资料、2015年云南省1%人口抽样调查资料、云南省2014年经济普查资料等,时间跨度为2000—2018年。

二、分析方法

在表 5-1 所列的指标体系的基础上,使用主成分分析法,求出云南省 2000—2018 年人口、经济、资源环境三个子系统的综合发展数,在此基础上再利用隶属函数计算三者之间的协调度。

（一）评价指标数据标准化处理

在表 5-1 中,每个系统同时存在正向指标(指标随数量的增加而逐渐优化)和适度指标(指标的取值适中为最好)以及逆向指标(指标数值越小越好)。与此同时,每个子系统的分项指标单位不同,数量级差异较大,使用原始数据会导致不同量级的指标在评价中的作用被夸大或缩小,为了保持数据的一致性,需要对各指标进行标准化处理。处理公式为:

$$Z_{ij} = \frac{x_{ij} - \bar{x}_j}{s_j} \; ; \; i = 1, 2, \cdots, n \; ; \; j = 1, 2, \cdots, p \qquad (\text{公式 5-1})$$

其中,$\bar{x}_j = \dfrac{\sum_{i=1}^{n} x_{ij}}{n}$,$s_j^2 = \dfrac{\sum_{i=1}^{n}(x_{ij} - \bar{x}_j)^2}{n-1}$ i 为所选取的指标,j 为不同年份,x_{ij} 为各指标在不同年份的原始数值,$\bar{x}_j$ 为各指标的平均值,s_j 为各指标的标准差,Z_{ij} 为各指标标准化后的数据。在具体的计算中利用 SPSS 软件的 z-score 模块进行运算。

（二）系统综合发展水平和协调系数的计算

对于人口、经济、资源环境子系统的综合发展水平测算和系统协调度分析,本文参照文献中所列的步骤和方法进行[1],具体如下:

1. 标准化数据矩阵的相关矩阵及主成分分析

标准化矩阵的相关矩阵表示为:

$$R = (r_{ij})_{m \times n} \qquad (\text{公式 5-2})$$

其中 r_{ij} 为指标 i 与指标 j 的相关系数,r_{ij} 的计算公式为:

$$r_{ij} = \frac{1}{m-1} \sum_{i=1}^{m} y_{ti} y_{tj} \; , \; i,j = 1, 2, \cdots, n \qquad (\text{公式 5-3})$$

---

[1]　王赟信、武剑:《西部边疆少数民族地区人口经济、资源与环境的协调发展研究》,《西北人口》2011 年第 4 期。

令 $[\lambda I - R] = 0$,可求出 R 的全部特征值: λ_1 , λ_2 , $\cdots$, λ_n ,其中 $\lambda_1 > \lambda_2 >$ $\cdots > \lambda_n$,以及各特征值所对应的单位特征正交特征向量 $a_j = (a_{ij}, a_{2j}, \cdots, a_{nj})$ 。

相关系数矩阵 R 的特征值 λ_1 , λ_2 , $\cdots$, λ_n 对应主成分 F_1 , F_2 , $\cdots$, F_n 的方差。方差越大,所包含的信息越多,对综合评价的贡献就越大。故定义主成分 F_i 的贡献率 b_i 为:

$$b_i = \lambda_i / \sum_{i=1}^{n} \lambda_i \qquad (公式 5-4)$$

前 K 个主成分的累积贡献率 R_k 为:

$$R_k = \left(\sum_{i=1}^{k} \lambda_i \right) / \sum_{i=1}^{n} \lambda_i \qquad (公式 5-5)$$

本文以累积贡献率达到 85% 为准则提取主成分。当前 K 个主成分的累积贡献率达到 85% 时,就可确定该系统分指标的主成分为 $F = (F_1, F_2, \cdots, F_n)$ 。

2. 人口、资源环境、经济子系统的综合发展水平和协调系数的计算

第 i 系统的实际发展水平可用该系统的主成分综合得分来表示,计算公式如下:

$$u_i = \sum_{i=1}^{n} b_i F_i \qquad (公式 5-6)$$

通过加权平均可计算出整个系统的综合发展水平。

协调系数指某一系统与其他系统相适应的数值,反映了隶属于"协调"这个模糊集合程度的指标。该指标取值为 $[0,1]$ 闭区间上的实数。协调系数越大,表示系统间越协调;当协调系数等于 1 时,说明系统完全协调;当协调系数等于 0 时,说明系统完全不协调。协调系数表示为:

$$C(i/j) = e^{-k(u_i - u_{i/j})^2} \qquad (公式 5-7)$$

式中: $C(i/j)$ 表示第 i 系统对第 j 系统的协调发展系数; u_i 表示第 i 系统的实际发展水平; u_i/j 表示第 i 系统与第 j 系统协调发展时,第 i 系统的协调发展水平; $k = 2/s^2$, s^2 为方差。

公式 5-7 表明:当 u_i 越接近 $u_{i/j}$ 时,协调系数 $C(i/j)$ 越大,协调程度越高;当 u_i 越远离 $u_{i/j}$ 时,协调系数 $C(i/j)$ 越小,协调程度越低。因此,协调系数能反映系统间的协调发展程度,可用于评价人口、经济、资源环境系统的协调发展状况。协调系数的大小由两个因素决定:一是 u_i 的大小;二是 i,j 两个系统

之间综合得分的比例关系。要研究两个系统之间综合得分的比例关系，就要考察其数量依存关系。这种数量依存关系可通过建立一个系统对另一个系统的回归方程表示，即：

$$u_i = \alpha + \beta u_j \qquad\qquad （公式5-8）$$

式中：α，β 为要估计的参数。三个系统之间的协调不仅取决于两两系统之间的协调关系，还取决于协调系数的一致性，可用以下系数来表示：

$$C(i/j/k) = \sqrt[3]{c(i/j) \times c(i/k)/c(j/k)} \qquad\qquad （公式5-9）$$

公式5-9所计算出的协调系数只能反映系统之间的协调关系，并不能表达系统的协调发展关系处于什么样的发展水平之上。例如，当 $u_{it} = u_{jt}$ 时，不管在区间[0,1]中取任何值，第 i 与 j 系统间的协调系数均为1，但显然当 u 值接近于上限1时所代表的发展水平要比靠近下限0时所代表的发展水平要高。为了能反映实际的发展水平，可以建立协调发展指标，其中第 i 系统与第 j 系统的协调发展水平为：

$$cd(i,j) = Min[c(i/j), c(j/i)] \times Min(u_i, u_j) \qquad\qquad （公式5-10）$$

三系统间的综合协调发展水平为：

$$icd(i/j/k) = \sqrt[3]{cd(i,j) \times cd(i,k) \times cd(j,k)} \qquad\qquad （公式5-11）$$

显然，$icd(i,j,k)$ 的值不仅取决于三系统间协调发展系数的大小，还取决于各协调发展系数是否具有一致性或系数的相对大小。综合协调发展的人口、经济系统与资源环境系统不但要求有较高的两系统间协调发展系数，而且要求三个协调发展系数的值相接近。[①]

三、结果与分析

云南省人口、经济和资源环境系统间协调关系根据经济、资源和环境系统的发展水平数据，估计得到以下协调发展模型：

人口系统与资环系统之间的协调发展模型：

$$u_r = 1.318E-6 + 1.044u_z \qquad r^2 = 0.936$$

---

① 王赟信、武剑：《西部边疆少数民族地区人口经济、资源与环境的协调发展研究》，《西北人口》2011年第4期。

（0）（15.766）

人口与经济系统之间的协调发展模型：

$$ur = 1.318\text{E-}6 + 0.881u_e \qquad r^2 = 0.838$$

（0）（9.384）

资环与经济系统之间的协调发展模型：

$$u_z = 5.263\text{E-}11 + 0.766u_e \qquad r^2 = 0.856$$

（0）（10.044）

上述模型中，括号中数字为回归系数的 t 检验值，r^2 为拟合优度。上述模型表明，各系统之间存在着较强的相关关系，模型中各回归系数反映了系统之间的比例协调关系。

（一）云南省人口、经济和资源环境系统的发展水平

2000—2018 年，云南省的人口、经济、资源环境系统的发展水平如表 5-2 所示。三系统的综合发展水平按照加权平均计算得到，其中每个系统发展水平的权重为 1/3。结果表明，人口、经济与资源环境总系统的综合发展水平逐步增高，从 2000 年的 -3.923 提高到 2018 年的 3.370。

表 5-2　云南省人口系统、资源环境系统和经济系统的发展水平

年份	人口系统综合得分	资源环境系统综合得分	经济系统综合得分	综合发展水平
2000	-4.634	-4.082	-3.051	-3.923
2001	-3.699	-3.058	-2.987	-3.248
2002	-2.769	-3.034	-2.696	-2.833
2003	-2.502	-2.077	-2.509	-2.363
2004	-0.316	-1.799	-2.195	-1.437
2005	-0.613	-0.792	-2.150	-1.185
2006	-0.563	-0.309	-1.557	-0.810
2007	-0.215	-0.158	-1.156	-0.510
2008	-0.221	0.159	-0.808	-0.290
2009	0.203	0.724	-0.395	0.177
2010	0.349	0.898	0.312	0.520

续表

年份	人口系统 综合得分	资源环境 系统综合得分	经济系统 综合得分	综合发展 水平
2011	0.949	0.810	0.814	0.858
2012	1.031	1.061	1.249	1.114
2013	1.179	1.334	1.799	1.438
2014	1.975	1.809	1.937	1.907
2015	1.952	1.629	2.301	1.961
2016	2.615	1.739	2.764	2.373
2017	2.249	2.668	3.727	2.881
2018	3.030	2.479	4.600	3.370

　　从三个子系统的得分来看,表现出与总系统相同的变化趋势,系统得分值逐渐提高,系统状态得到不断的优化和提升,但不同的子系统优化的驱动力和要素关系存在较大差异。人口系统中各要素对于系统得分值的影响可以分为两种类别。一类是对驱动人口系统发展产生正向影响的因素,这类指标主要为人口素质类和综合发展类指标,包括平均预期寿命、受教育程度、人口死亡率、城镇化率。在2000—2018年这些指标都呈现出持续向好的态势,其中城市化率的变化最大,由2000年的22.36%增长到了2018年的47.85%;平均预期寿命、受教育程度等指标尽管变化幅度不同,但都表现出持续优化的演变格局;人口死亡率在2000—2011年持续降低,从2012年开始小幅增长,但整体而言在研究时段的后期人口死亡率水平依然要显著地低于研究时段的前期。另外一类是阻碍人口系统得分值增长的因素,这类指标主要是人口生育指标和人口结构指标。2000年云南省的总和生育率为1.81,尽管已经低于能够保持人口数量长期稳定发展的2.1总和生育率水平,但差距尚不算大,到2010年云南省总生育率下降到了1.41,已经超过了1.5的临界值,进入超低生育率状态。2015年之后随着"二孩"生育数量的增长,云南省生育水平略有提高,但依然保持在1.3的极低水平。与此同时,人口的年龄结构进一步恶化。2000年云南省65岁以上人口的比重为6.09%,到2018年达到了9.57%,人口年龄结构已经实现了由成年型到老年型的转变,老龄化趋势已经成为不可

逆转的态势。尽管低生育和人口年龄结构老龄化极大地阻碍着云南人口系统状态的优化和发展,但是来自人口素质提高、城镇化率增长带来的驱动力明显要强于阻碍的力量,因此人口系统发展状态的得分仍然呈现出持续增长的态势。

经济系统则是向着不断优化的方向发展。从经济系统方面看,随着投资的不断增加,不论是固定投资还是实际利用外资规模,都呈现出较高的增长态势。首先,在经济增长方面保持了较快的速度,尤其是2004—2013年GDP的年均增长率高达10%以上。与此同时,经济增长的质量也在提高。一方面,经济结构日益优化,劳动力资源越来越多地进入经济效率较高的非农产业中,非农就业人口比重由2000年的26.12%增长到2018年的51.62%。其次,清洁生产、循环经济和节能减排成为产业发展重要驱动因素,经济生产的能源和主要资源的使用效率得到了显著提高,经济增长的粗放型模式向集约型模式转变成效已经初步显现。最后,农村居民与城市居民收入水平的持续提高,使得社会消费能力极大增强,消费对于经济发展的引导和推动作用极大增强。这些经济系统主要指标的持续进步使得经济系统的发展水平稳步提高。

资源环境系统的发展状态也受到正反两方面力量的影响。正向的影响主要来自生态环境治理能力和水平的持续提高。随着环境保护法律法规要求的日益严格,以及生态文明建设成为云南社会发展的主要目标,云南省在水污染、大气污染治理、自然生态恢复等方面投入了大量的资源,使得社会整体的污染治理率和生态保护水平得到了显著的提高,在废水达标排放率、二氧化硫达标排放率、固体废弃物综合利用率、森林覆盖率等核心指标上取得了持续的进步。而随着经济规模和人民消费水平的提高,"三废"排放量的增长则使得资源环境系统的压力持续加大,这些指标无疑不利于资源环境系统得分增长。

(二)云南省人口、经济和资源环境系统的协调性分析

根据协调系数的定义,系数越接近于1,系统的协调性越好。从表5-3可以看出,人口、经济系统、资源环境的综合协调系数呈现出先增长后降低的变化态势。在研究时段的中前期,除了2003年出现了一个极端高位极值外,协调系数整体上表现为波动式的增长，这种增长势头一直延续到 2015 年，2015—2018 年表现为持续性的下降。从两两系统间的协调关系看，协调系数明显高于总系统。人口和资源环境系统之间在多数年份均处于较高的协调状态。这说明云南省人口发展对于环境系统产生的压力较小。云南省人口密度较低、人口规模不大等人口特征，在消费水平较低、人口集聚不足的条件下，对资源环境系统产生的压力有限，随着国家退耕还林、污染物治理力度的加大，比较薄弱的工业和城市经济使得人口系统与资源环境系统协调性较高。但人口和经济的协调系数波动性较大。这主要原因是云南省的城镇化率一直较低，农业人口占总人口的比例一直较大，且农民人均纯收入增长缓慢，只要云南省的 GDP 增长率受到外界的影响出现波动，人口与经济的矛盾就会变得突出。

表 5-3　云南省人口系统、资源环境系统和经济系统的协调系数

年份	人口系统与资源环境系统 $C(r/z)$	人口系统与经济系统 $C(r/j)$	资源环境系统与经济系统 $C(z/j)$	人口、资源环境与经济系统 $C(r/z/j)$
2000	0.968	0.233	0.313	0.413
2001	0.926	0.635	0.83	0.788
2002	0.89	0.928	0.721	0.841
2003	0.968	0.955	0.987	0.97
2004	0.307	0.32	0.99	0.46
2005	0.974	0.486	0.615	0.662
2006	0.977	0.747	0.62	0.768
2007	0.999	0.753	0.727	0.818
2008	0.934	0.899	0.711	0.842
2009	0.861	0.877	0.576	0.758
2010	0.842	0.998	0.815	0.881
2011	0.997	0.977	0.989	0.988

年份	人口系统与资源环境系统 $C(r/z)$	人口系统与经济系统 $C(r/j)$	资源环境系统与经济系统 $C(z/j)$	人口、资源环境与经济系统 $C(r/z/j)$
2012	0.994	0.993	0.996	0.994
2013	0.97	0.92	0.982	0.957
2014	0.998	0.965	0.971	0.978
2015	0.982	0.983	0.954	0.973
2016	0.783	0.971	0.853	0.865
2017	0.836	0.609	0.898	0.77
2018	0.942	0.61	0.423	0.624

(三)云南省人口、经济和资源环境系统的协调发展分析

协调系数仅仅反映了云南省人口、经济和资源环境系统要素的静态协调关系,无法反映这种协调关系建立在什么样的系统发展水平之上。也就是系统的协调系数高既可能表达了系统中人口、经济、资源环境都处于较低水平,并形成了要素间的同步关系,也可能表达了系统各要素都达到了一个较高的发展水平,并形成要素关系的协同有序。因此,需要通过协调发展系数的测算来分析构建在系统发展视野上的系统要素关系。根据公式 5-10 和公式 5-11 计算得到的协调发展系数见图 5-1 和图 5-2。

从人口、经济、资源环境系统的协调发展水平来看,总体上呈现出波动性增长的态势。根据协调系数的波动强度和增长速率可以将 2000—2018 年分为三个时段。第一个时段为 2000—2005 年,这一时段系统协调发展系数呈现出较为剧烈的波动,并出现了两次较为明显的下降过程,其中 2000—2001 年协调系数从 -1.25 下降到了 2.618,下降幅度较大。这一时段的系统协调性的剧烈波动主要源于快速工业化,尤其是重工业化的倾向导致了经济子系统高速发展,而人口子系统与资源环境子系统变化的滞后性导致各子系统间发展水平出现差距。尽管经济子系统变化带来的力量驱动了整个系统发展水平

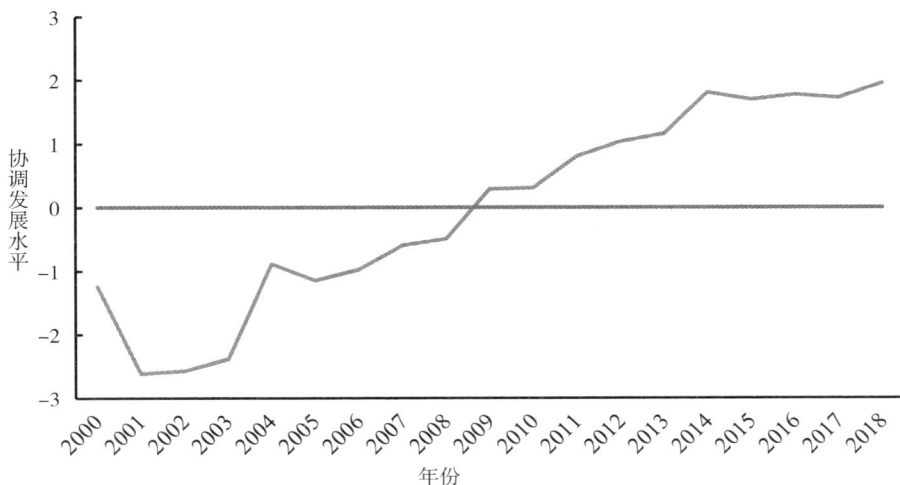

图 5-1　云南人口、资源环境、经济系统综合协调发展水平

的提高,但系统要素间发展的不平衡和矛盾加剧还是反映到了系统协调发展水平的波动性上。

第二个时段为 2005—2014 年,这一阶段系统协调发展水平表现为较为平稳而快速的增长态势,协调发展系数从 2005 年的－1. 147 增长到 2014 年的1. 806。在此期间云南经济社会发展进入了一个高速时期,各子系统的发展水平都得到了快速提高,子系统间协同推进的格局得以显现。一方面,工业化与人口城镇化相互叠加、互为牵引,人口受教育年限持续提高,人口素质得到了快速的提高,人口结构红利和素质红利的产生为经济的腾飞提供了劳动力和人力资本的基本条件;另一方面,以污染物控制、节能减排为核心的变革极大提升了云南的环境保障能力,工业污水、主要工业废气的达标排放率以及工业固废的综合利用率大幅提高。这使得前一阶段人口、经济、资源、环境的矛盾趋于缓和并支持了云南经济社会的持续向好发展。

第三个时段为 2014—2018 年,这一阶段系统协调发展水平处于高位小幅波动增长的态势,协调发展系数从 2014 年 1. 806 下降到 2015 年的 1. 695,此后开始缓慢回升,到 2018 年超过了 2014 年,达到 1. 955。这一时段系统协调系数的波动和增长主要源于云南经济社会在宏观发展重大变革背景下的调整和系统要素关系的再平衡。实际上,21世纪的第一个10年结束之后,中国经济社会就已经开始进入了一个新的阶段,经济发展模式面临转型,资源环境的保护、利用模式和任务面临着重大转变,人口系统发展也进到了一个新的阶段。无论是缘起于这一时期的经济新常态、深度的少子老龄化的持续、劳动力无限供给和低工资成本时代的结束还是生态文明和生态价值目标的确立,都使得人口、经济、资源、环境在发展系统中的关系面临着重大调整和再次平衡。在此宏观发展背景的重大变革之际,云南人口、经济、资源、环境的协调关系也不可避免地出现波动,但由于生态文明建设排头兵、跨越式发展等战略目标的较早确立以及相关措施的及时出台,各子系统间的矛盾得以及时缓解,系统协调发展系数得以较快回升。

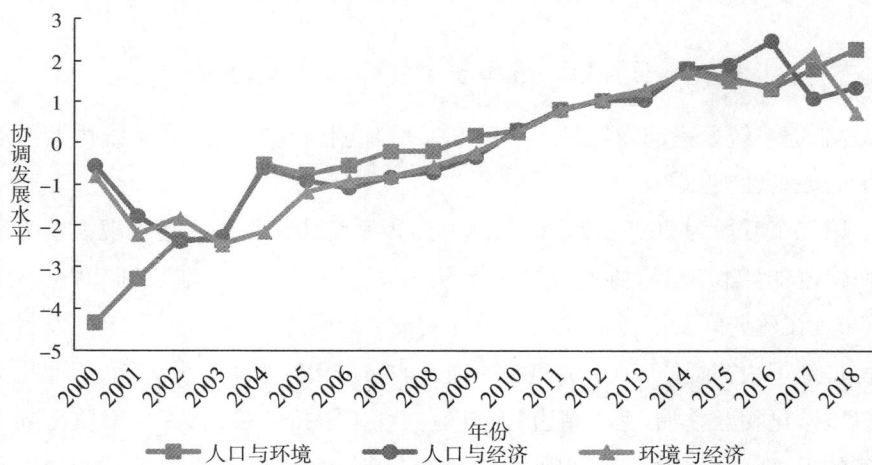

图5-2 云南人口、资源环境、经济各子系统间协调发展水平

从人口子系统、经济子系统、资源环境子系统之间的两两关系上看,整体上都表现出系统协调发展水平不断提高的特征。人口子系统与经济子系统以及环境子系统与经济子系统之间协调系数的变化轨迹与总系统一致,都经历了早期波动性变化、中期持续增长、后期波动性变化三个明显的阶段,而且这三个阶段的时间分割点也基本一致。人口子系统与资源环境子系统的协调系数则整体上表现为持续增长的变化格局。三个子系统协调发展水平变化的原因与总系统变动的原因一致,都是源于云南经济社会在发

展起步、高速腾飞、调整稳定增长三种不同发展状态转换过程中系统要素特征变化的同步性差异。

第二节　研究启示与对策思考

(一)研究启示

1. 以五大发展理念为指导,厘清人口、资源、环境要素的内在关系,将统筹解决人口与经济、资源、环境的均衡问题融入社会发展的全过程

党的十八大五中全会提出"创新、协调、绿色、开放、共享"五大发展理念,要以五大发展理念为指导,明确人口、资源、环境及其相互关系在当前的发展模式和目标中的作用,将人口、资源、环境问题的统筹解决融入社会建设全过程中。

第一,坚持以创新发展引导云南人口与资源环境系统的协调运行与可持续发展。云南人口与资源环境之间的系统关系,需要在其内部关系上进行系统组织的创新,以提高其系统的运行效率和协调度,也必须以创新启动整个社会系统对实现云南人口与资源环境协调发展的外部支持。

第二,坚持全社会领域、各阶层群体、各区域等方面的协调共进,为实现云南人口与资源环境系统的协调发展提供可行路径。要将社会全系统、各领域和全体民众纳入协调共进的发展进程中,并以此为基础和前提系统思考、评价云南人口与资源环境系统的协调关系,将这一系统的关系与全社会的目标模式能够有机地对接,形成具有互动效应的协调共进体,为云南人口与资源环境系统的协调关系提供具有丰富内涵的动力资源和外部支持。

第三,将绿色发展作为云南人口与资源环境系统协调发展的基本途径。良好的生态环境、和谐的人与自然关系是全人类、全社会各领域以及任何人群实现现实利益和长远发展的共同底线,特别是基于国家绿色发展战略的新要求和在国际社会的承诺,云南需要重新审视"绿色发展"新情势下云南人口与资源环境的创新性协调模式,这既需要现实利益的综合考量,更要有长远发展的战略谋划,特别是将"绿色发展"深刻地融入生产体系和居民生活之中。

第四,需要将人口与资源环境系统的协调关系融入"开放发展"的战略选

择之中。相对于发达地区,现实中的云南经济社会系统处于较为封闭的状态,在"引进来"和"走出去"这两项开放经济战略的实施上都处于落后水平,这既是云南实现人口与资源环境系统协调发展在外部支持上的重要缺失,也表明了云南在推动人口与资源环境系统协调发展时,需要获得外部资源、外部要素的重要补充与支持,更需要在广阔的国际市场和国内市场中获得外部资源的支持。因此,"坚持开放发展"为云南实现人口与资源环境系统的协调发展提供了创新思路和路径。

第五,与全国一样,云南已经进入全面建成小康社会的攻坚阶段,改革开放以来的快速经济发展所积累起来的财富,要为全体民众所共享。人口与资源环境系统的协调发展要为全省各族人民、各阶层群体、各社会领域的"共享发展"提供充分的支持,各系统之间协调的目标模式是为实现"共享发展",而且并非是暂时的、短期的利益分配上的均衡,而是立足长远的代与代之间的"共享发展",即在可持续的代际关联中实现长期的协调与均衡,即和谐是以共享为终极目标。

第六,通过五大发展理念统领"五位一体"的总体布局,统筹解决人口、资源、环境问题。云南省人口、资源、环境问题之间具有千丝万缕的联系,但在具体表现形式上和问题的解决上存在较大的部门分割现象,这是云南省人口、资源、环境问题无法较好解决并形成良好关系的重要原因。要通过"五大发展理念"统领云南省"五位一体"的总体布局,形成经济建设、政治建设、文化建设、社会建设、生态建设相互融合的局面,并在此过程中统筹人口、资源、环境问题。

2. 以人口均衡增长为目标,通过将云南生育率调整在"适度生育"范围,实现人口规模与资源环境的长期协调

云南省人口、资源、环境的主要矛盾已经不是简单的人口总量过大与资源、环境供给不足的问题,而是人口系统、资源系统、环境系统发展的长期持续性和相互之间的匹配性问题。尽管人口数量控制能够在短期内缓解云南人口系统对资源环境系统的压力,但从长期来看,以人口均衡增长为目标的人口政策才能确保人口系统发展的持续性,进而形成人口系统与资源环境系统长期平稳关系。因此,以生育控制为核心内容的人口政策需要适时调整,人口政策

的价值导向应该将政策目标由单纯的宏观考量转向微观需求，将"以人为本"落实在家庭生育价值与生育需求的民生基础上，人口工作的标靶应该定位于有利于防范风险家庭问题，扭转影响极大的家庭"失独"问题，解决中远期的"深度老龄化"和"人口负债问题"，保障"劳动力资源的可持续供给问题"，以纠正微观人口系统的失衡为要点引导云南人口均衡发展。

人口系统的均衡结构与长期效率需要"适度生育"下的人口规模效率的支持。要兼顾社会宏观结构的均衡和最大利益与家庭微观结构的稳定性和福利，需要在全社会的支持下构建起"适度人口"，为此需要"适度生育"的支持。由此要重点解决云南人口发展中总人口规模、人口增长率、生育率均衡的问题。更重要的是人口系统运行是以代与代之间的人口更替来传递人口资源的数量关系的，因此"适度生育"水平应该是任何社会都应积极追求的长期目标。目前，云南人口数量增长已经持续下降到一个较低的水平上，不能继续期待以不顾及陷入"超低生育水平"为风险和代价来解决云南长期以来存在的"人口压力"问题，应在人口政策全力支持下形成"适度生育"模式，将总和生育率调升至 2.1 左右的更替水平范围，以此减缓人口急剧收缩所引发的人口年龄结构失衡等诸多问题。

鉴于"全面二孩"政策已经由国家主导全面推行，预期中的"适度生育"已经具有国家政策的保障，为此目标而设立的工作机制和管理服务责任已经在各级政府部门搭建，云南省应积极推动全面二孩政策的实施，通过综合性的扶持政策鼓励按政策进行生育，将落实这一政策和提高政策有效性放在首位。

3. 通过人口素质的提升，提高人口经济活动的资源环境效率，缓解人口数量增长的环境压力

尽管云南省人口增长速度已经趋缓，但人口总量对于资源环境的压力仍然存在，在保证人口结构优化的目标下，适度的人口增长不可避免。要在实现人口结构优化的同时避免数量规模带来额外环境压力，最重要的途径就是通过人口素质的提升，提高人口经济活动资源环境效率，以质量的提升对冲数量带来的负面影响。"数量质量替代"是现代人口发展的基本路径，也是人口效率实现的规律性表达，体现了人口均衡发展的内在趋势与价值取向。长期以来，云南人口素质不高，体现为人口的文化教育水平、身体健康素质以及体现

积极的精神风貌、正确的思想道德观念特别是现代职业精神与生活态度等方面的特性与基本状态,一直是制约云南人口均衡发展的"瓶颈"因素,更是引致众多内在人口问题,引发经济、社会、资源环境系统的关联性负面效应的重要因素。云南省人口素质的提高需从以下三个方面入手。

首先,提高人口文化教育素质是提升人口综合素质的根本路径。现代人口素质形成依赖于国民智力的现代构造与全面提升,并在一个科学的知识体系中形成对现代人口素质的价值内涵、功能作用与社会需求的理解与认识,由此构架一个自觉努力的文化教育体系。在实践上,云南均等教育之路显得更为艰难,普及义务教育还存在漏洞,学龄人口上学的权利还不能全面予以体制的保障;成年人口中新增文盲率仍然较多地高于全国水平,国民教育的质量更是远远低于预期目标;高等教育人口较少,教学质量与社会需求都不能满足学龄人口的求学需要;产业发展与经济基础对各类职业技术教育的支持力度不足,没有提供足够的就业机会与职业发展空间予以激励与支持;在教育体制与公共教育投入上难以支持全民终身教育等问题都约束了云南人口文化素质的提升,并将不利影响迁延至人口身体素质与思想道德素质上。因为,无论是健康知识、健康实践的理性,都与通过教育获得文化与科学技术知识所提升的智力相关。

其次,通过发展卫生事业和体育事业来提高人口身心健康素质。因为身心健康是人口健康素质的两个重要体现。在技术层面,现代医疗卫生事业是人口健康素质的技术保证,只有加强医疗卫生设施,提升医疗卫生专业队伍与人才的规模与服务水平,才能建构起提升全省人口健康素质的条件。另一方面,虽然不能将提高身体素质途径简单地归纳为经济增长与医疗技术水平提高的结果,但是对云南的人口实践而言,经济发展与医疗卫生技术的提高仍然是提高云南人口身体的重要物质与技术基础,两者之间存在着影响与互动的紧密关联性。为此,云南省必须将健康资本增长作为宏观人口政策的目标要求,基于有效率的行政工作体制保障公共健康资本的可持续投入,以快速增长的人口健康水平支持人口综合素质的提升,并将健康素质提升所产生的积极人口效应转化为"人口红利",进而转化为积极经济效应,形成人口素质—经济发展的互动与支撑关联,并将这一支撑体系转化为持久的人口均衡发展的动力机制。

再次，高度重视人口思想道德素质，在基于优秀传统文化与思想精髓发扬光大的基础上，努力架构符合现代精神与先进思想的人口思想道德素质，特别重视对人口职业道德与竞争素质的构造，推进云南人口基于"个人现代化"目标模式的转变进程。将实现人口现代转变的精神与道德基础作为人口综合素质提高的重要途径，并与云南产业发展战略、现代企业建设目标、竞争市场秩序等经济发展目标相统一，形成人口思想道德素质对云南经济发展的"软性"支撑，以人口综合素质提升这一路径为解决云南经济发展中的"软环境"无力、"硬环境"低效等经济发展问题提供支持。

4. 以主体功能区规划为引导，有序推进人口在区域间的集聚和疏散

云南省地处青藏高原东南部的延伸过渡地带，生态环境和自然地理条件的区域差异性极大，不同区域间的人口、资源、环境关系与协调模式也不尽相同，必须严格实施主体功能区规划，科学合理地确定区域人口生态承载红线以及区域发展目标，通过引导人口的合理疏散、集聚，构建与之相匹配的生态环境服务，形成合理的区域人口、资源、环境相匹配的空间格局。

第一，通过加强滇中城市群以及其他核心城市等重点开发区域的产业和经济要素集聚，提高人口的集聚度。在昆明、玉溪、曲靖等重点开发区的城市要增强吸纳资金、技术、产业转移和人口集聚的能力，加快工业化和城镇化步伐，逐步成为支撑云南省未来经济发展和聚集人口的空间载体。在现有开发密度的前提下，充分利用这些区域的优势资源，通过放宽户籍政策，提高福利待遇大力吸引高素质人才来优化产业结构，形成高产出低能耗的集约化发展模式，使得这些区域的人口承载能力得到极大的提高。

第二，对于县城和开发程度较高建制镇应该通过良好的教育、交通、医疗等公共服务，引导周边人口合理集聚，通过加强人力资源来激活资源优势，提高工业化发展水平，形成区域经济发展、环境保护和人口集聚的良性互动，以城镇化带动区域协调发展。

第三，对于环境承载力较差，开发密度较低，不宜进行大规模工农业生产的区域，要积极引导当地居民迁移到环境承载力较好、较适宜发展的地域，改变传统生产方式，用发展特色产业来减轻环境承载压力，发展区域经济。

第四，对于仍然处于自然保护区、世界自然文化遗产地、国家级风景名胜区、国家森林公园、国家地质公园、水源林保护区等周边重要生态功能区内的人口，应该通过财政转移支付以及各类生态建设工程和扶贫攻坚工程资金，鼓励居民迁出。

第五，对于人口集聚区，要根据人口集聚的速度、规模以及全省生态文明建设和环境保护的整体要求提前规划和建设相应的污水处理、垃圾处理、环境监测等生态环境保护基础设施，确保人口集聚不会对权益生态环境产生过大的压力。

5.通过绿色发展方式转变，提高生态文明建设水平，增强云南资源环境的人口承载能力

云南省由于地处高原山地，生态脆弱、地质破碎，资源环境人口承载能力较弱的问题长期存在。如何提高资源环境的产出效率，在确保生产效率的同时降低资源消耗、减少环境污染和生态破坏是亟待解决的问题。云南省需要大力推进生态文明建设，通过发展方式的绿色转型，增强云南资源环境的人口承载能力。

第一，通过新型工业化推动经济绿色化。与传统工业化不同，新型工业化是以信息化带动工业化，以工业化促进信息化，走出一条科技含量高、经济效益好、资源消耗低、环境污染少、人力资源优势得到充分发挥的新型工业化路子。它的核心是以先进的信息技术改造、提升传统产业，促使产业结构升级，以信息化带动工业化。在实现工业化进程中强调生态建设和环境保护，在经济发展的同时保护好环境，使资源消耗低、环境污染少，从而实现工业化目标。在新型工业化中要把发展循环经济放在突出的位置，通过财政、税收优惠以及绿色评价和准入制度体系的构建引导企业发展循环经济和清洁生产。

第二，培育壮大战略性新兴产业。把发展战略性新兴产业作为引领云南调整产业结构、转变经济发展方式和实现可持续发展的战略重点，把握国家加快培育和发展战略性新兴产业的历史机遇，立足省情和科技产业基础，结合云南经济和社会发展的重大需求，大力发展生物产业，积极发展光电子、新材料产业和高端装备制造业，加快培育节能环保和新能源产业。按照市场主

导、创新驱动、引领发展、重点突破的原则,统筹规划战略性新兴产业发展全局;以科技、人才为支撑,充分利用全球高端人力资源和创新资源,形成产业核心竞争力;以需求为导向,充分发挥市场的基础性作用和政府的引导推动作用,壮大产业规模。力争战略性新兴产业成为云南省国民经济的先导、支柱产业。

第三,通过绿色信贷门槛加大对高技术、高效益、绿色化产业的支持。金融机构要严格按照国家环保总局、人民银行、银监会联合下发的《关于落实环保政策法规防范信贷风险的意见》精神,对不符合产业发展规划和节能环保政策的企业停止信贷支持,逐步实现行业退出。同时,加强信贷政策与产业政策的协调配合,加大对云南省能源效率和经济效益具有比较优势的高耗能行业的技术改造和环保投资的信贷支持力度,通过优化信贷投向,通过信贷资源的优化配置,促进云南省经济结构战略调整和经济增长方式的转变。

第四,严格云南省高耗能、高排放行业审批程序。强化"两高"和产能过剩行业的项目管理,严把审批程序关。尤其是综合能耗万吨标准煤以上的100户重点企业,要强制其设定减排目标。同时,严格依照国家规定,对所有新建固定资产投资项目,投资管理部门必须对其进行环评、土地预审和污染减排评估审查;对新上的"两高"和产能过剩行业扩大产能项目不再审批、核准和备案,限制其扩张和发展;对违规在建项目,要责令停止建设。

6. 以全面建成小康社会为抓手推进贫穷落后地区人口均衡型、资源节约型、环境友好型"三型社会"的协同建设

当前云南省正面临着全面建成小康社会的艰巨任务,全社会都把全面实现小康作为奋斗目标,为这一目标的实现投入巨大的人力、物力。云南省作为全国集中连片贫困区分布广、贫困程度深的省区,国家和社会各界对于云南省的脱贫和小康建设给予极大的关注和支持。要利用好小康建设和扶贫攻坚中的项目、资金和政策,协同解决人口、资源、环境问题。通过教育扶贫政策和项目,提升教育质量,增加区域人力资本存量;通过产业扶贫政策和项目形成与区域人口、资源、环境相协调的产业,打造人口、资源、环境、产业良性互动的局面;通过生态补偿资金和政策,激励生态建设和环境友好行为,把人口对生态

环境的压力和破坏逐步转化为生态建设的动力和支持;通过移民异地搬迁工程,把生态脆弱区、地质灾害隐患区的人口有效地集中在村镇的核心区,既形成人口的有效集聚,保障居民的居住安全,又缓解生态脆弱区的压力;通过社会兜底政策的建立和完善,改善社会救济网络,形成以人为本的社会救助模式。

第六章　"产业新区"人口与经济协调发展研究

——基于"滇中产业新区"案例的分析

　　产业和经济要素在空间上的集聚是实现资源优化配置,形成区域经济增长动力的重要方式。通过产业园区、经济技术开发区等产业新区的模式促进生产集群和产业融合,形成地区经济增长动力源,促进区域经济发展已经成为近30年来中国经济发展的成功经验。产业新区并不是新的行政区划单元,而是在原有行政区划的基础上,通过统一产业规划与政策,行使一定的经济管理职能,以集聚产业和培育区域经济增长点为任务的地理单元。在产业新区的运行过程中,资本、技术、劳动力、人力资本等生产要素会在空间上高度集聚,并对区域优势产业的培育、演化、升级起到重要的作用。作为经济和产业发展最基础性的要素,区域的人口条件,以及由人口派生出来的劳动力数量和人力资本结构特征与产业经济发展的匹配性将会对产业集聚的效果产生重要的影响。如何根据区域人口条件和人力资本特征筛选主导产业的类别,或者根据主导产业改造区域人力资本结构实现在产业集聚中人口与产业的协调和相互促进,是产业新区建设不可忽视的重要问题。2013年,云南省决定在昆明市主城区周边的安宁、易门、禄丰、楚雄、嵩明、寻甸、马龙7个县市区建设"滇中产业新区"。本章以"滇中产业新区"为案例,研究产业新区人口结构与产业结构之间的耦合关系,分析产业新区人口自然结构、社会结构、经济结构、空间结构的现状与特点,产业结构的调整对人口结构的影响和要求,人口结构的不确定性对产业结构的影响以及产业结构与人口结构的相互影响,为产业新区的未来发展提出有针对性的建议与对策。

第一节　滇中产业新区形成的背景与任务目标

经过 21 世纪初第一个十年间经济的持续高速增长,云南经济进入一个新的时期。在新时期,云南社会经济发展有了新的定位和目标,经济发展环境发生了重要变化,经济增长乏力、区域发展差异扩大等问题日益凸显,急需形成新的经济增长极,拉动更为广阔的区域通过工业化、信息化、城镇化的融合发展,推动全面小康社会的建设以及诸多经济发展、生态建设和民生保障目标的实现。基于此,云南省提出了滇中产业新区建设的构想,并最终促成了"滇中产业新区"以及国家级新区——滇中新区的成立。

一、滇中产业新区形成的背景

作为一个地处边疆的多民族聚居的欠发达省区,长期以来云南省在国家发展战略中处于边缘地位。随着国家对外开放战略在空间上的拓展、经济发展方式的转型升级以及生态文明建设总体布局的构建,云南省在国家发展战略中的作用得到了显著提高。习近平总书记在 2015 年考察云南时提出"希望云南主动服务和融入国家发展战略,闯出一条跨越式发展的路子来,努力成为民族团结进步示范区、生态文明建设排头兵、面向南亚东南亚辐射中心,谱写好中国梦的云南篇章"①。这是国家根据云南省地缘特征、生态特征、社会文化特征以及国家宏观战略需求通盘考虑后确定的云南在国家整体发展中的功能和定位,也是未来较长时间内云南社会发展的动力来源和目标所在。"三个定位"的提出对云南省社会经济发展提出了更高的要求,以牺牲生态环境为代价的经济发展,以整体低效换取局部区域经济较快速度增长的发展,以及对外经济合作水平较低的发展等传统的发展模式已经不能满足新时期云南社会经济跨越式发展的需求。

在民族团结进步示范区建设中,大量的少数民族仍然居住在乡村和欠发

---

① 《习近平在云南考察工作时强调:坚决打好扶贫开发攻坚战　加快民族地区经济社会发展》,《人民日报》2015 年 1 月 22 日。

达城镇,尤其是在滇西北、滇东南、滇东北少数民族集中分布的山区,由于社会发展的区域差异和城乡差异,没有能够充分分享到城市化、信息化发展的红利,中心城市和发达地区在经济、产业、科技、教育、文化方面的溢出效应和带动效应没有得到充分发挥,不同民族在获得平等发展机会和共享发展成果方面还存在众多障碍。

在生态文明排头兵建设中,急需寻找一条社会发展与生态保护协调发展的路径。云南省生态资源十分丰富,在区域和国家生态安全中处于重要的地位,但是经济发展的任务也很重。滇中地区是云南省工业化和城镇化发展最为领先的区域,已经具备了产业升级转型的必要条件,是云南省探索绿色发展、低碳发展的先行示范区。尤其是昆明主城区随着人口和经济规模的扩大,区域生态承载容量使用已经饱和,急需对传统产业升级改造,扩展发展空间,把不符合滇池水生态保护以及国际化城市要求的产能和产业转移出去,既能减轻城市规模扩大带来的生态压力,也能够与滇中其他区域乃至全省形成更加合理有序的产业联系,在区域乃至全省空间尺度上更好地统筹生态承载与产业资源,推进生态文明建设。

在面向南亚东南亚辐射中心建设中,云南省急需产业支撑。在云南省与东南亚、南亚国家的经济合作中,云南省长期扮演着"二传手"的角色,常常是国内发达地区产业和产品进入东南亚、南亚的地理通道。云南省的产业多为资源型产业和低端制造业,科技含量不高,与东南亚、南亚国家的产业缺乏足够的梯度差异,除了边境贸易、转口贸易外,经济合作缺乏深度。云南省急需形成产业集聚和产业升级的平台,借助国家"一带一路"倡议面向东南亚、南亚经济合作带来的国内和国际资本、技术、人才集聚机遇,提高辐射能力,在中国国际交流合作中发挥积极作用。

因此,从发展的"三个定位"而言,云南省急需找到社会发展新的抓手和平台,统筹区域和城乡发展,协调好经济发展与生态保护、产业发展"走出去"与"引进来"、边疆稳定和多民族共同富裕与发展的关系。"滇中产业新区"无疑就是实现以上目标的良好载体。尽管在云南省构想"滇中产业新区"之初,云南省发展的"三个定位"还没有明确提出,但是保证民族团结和边疆稳定、维护国家生态安全和推进面向东南亚、南亚的对外开放一直是云南省社会发展的重要目标,也是在区域和国家长期发展中形成的共识,这也使得"滇中产业新区"的构想与国家战略不谋而合。

二、滇中产业新区建立和后续发展

基于云南新时期在国家战略和发展格局中的准确研判,2012年5月,云南省委、省政府提出建设"滇中产业新区"的设想,并于同年12月成立了专门的新区建设推进部门,协调新区规划建设工作,使得新区规划很快得到了国家主管部门的认可,并快速推进。2013年1月,《国家发展和改革委员会关于印发云南省加快建设面向西南开放重要桥头堡总体规划(2012—2020年)的通知》正式印发,明确提出"规划建设桥头堡滇中产业聚集区"。2014年4月,云南省委、省政府出台《中共云南省委办公厅、云南省人民政府办公厅关于建立滇中产业新区管理体制的意见》。《意见》从总体要求、管理体系、管理权限等方面明确了滇中产业新区管理体制的建立。2014年6月,国家五部委联合批复《云南省滇中产业聚集区发展规划(2013—2020年)》,规划定位新区的发展方向为桥头堡建设的新引擎、外向型特色产业基地、对外开放的试验区、产城融合的示范区、科技创新的引领区、绿色发展的样板区。①

滇中产业新区建设契合国家区域协同发展,深化对外开放、扩大国际影响力,新型城镇化等对内、对外的重要战略,成为这些战略在西南地区重要的支点,直接促使国家决定在云南建立全国第15个国家级新区——滇中新区。2015年9月,国务院正式批准设立国家级云南滇中新区,批复明确将新区作为国家实施"一带一路"倡议、长江经济带等重大战略和区域发展总体战略的重要举措,打造我国面向南亚东南亚辐射中心的重要支点、云南桥头堡建设重要经济增长极、西部地区新型城镇化综合试验区和改革创新先行区。2015年9月,国家发展改革委印发《云南滇中新区总体方案》,明确建设好新区对于推进实施"一带一路"倡议、长江经济带等国家重大战略,为西部地区新型城镇化建设提供试验示范,培育壮大区域经济增长极具有重要意义。2016年3

---

① 《云南滇中新区概况》,云南滇中新区官网,http://www.dzxq.gov.cn/html/2018/xinqu-gaikuang_0626/15.html。

月,云南省委、省政府办公厅印发《关于云南滇中新区管理运行机制有关事项的批复》,明确滇中新区对嵩明杨林经济技术开发区、昆明空港经济区、安宁工业园区、安宁职业教育基地、安宁太平新城、嵩明职业教育基地和滇中产业发展集团、空港投资公司实行直接管理。新区范围内的农业农村、城市管理工作和教育、文化、卫生、民政、就业、社保、综治维稳、安全生产、市场监管、运政管理等社会管理职责由昆明市承担,按属地管理的原则,具体由安宁市、嵩明县和官渡区负责。2016 年 3 月,滇中新区党工委、管委会举行揭牌仪式,标志着滇中新区开启了大开发、大建设、大发展的新征程。①

三、滇中产业新区的地域范围及其发展状况

《关于建设滇中产业聚集区(新区)的决定》(以下简称《决定》)中明确规定,"滇中产业新区"位于云南省昆明市东西两侧,是滇中城市经济圈重要的产业承载区域,包括滇池径流区域以外的安宁、易门、禄丰、楚雄四县市(西区)和滇中城市经济圈中位于昆明东部的嵩明、寻甸、马龙三县区(东区)(图6-1)。滇中产业新区(以下简称"新区")既是《西部大开发"十二五"规划》所列的 11 个重点经济区之一,也是《全国主体功能规划》所列的 18 个国家重点开发区之一,在推动国际区域经济发展中具有举足轻重的地位。

《决定》把滇中产业新区战略定位为桥头堡建设的核心区、产业发展的聚集区、改革开放的试验区、产城融合的示范区、科技创新的引领区、绿色发展的样板区。其发展目标是:到 2015 年,与聚集区建设需要相适应的高效便捷的综合交通网络基本建成,能源、供水、通信等要素保障体系初步完善,主导产业初见雏形,组团发展的产业聚集区建设初见成效,生态环保和城乡建设有效推进,良好的投资环境基本形成,带动云南经济社会加快发展的核心作用开始显现。新区生产总值达到 1500 亿元以上(其中西区 1000 亿元以上,东区500 亿元以上)。到 2020 年,以现代生物产业、新能源为主的汽车与高端装备制造、新材料、光电子和新一代信息技术、节能环保、家电轻纺、高原特色

---

① 《云南滇中新区概况》,云南滇中新区官网,http://www.dzxq.gov.cn/html/2018/xinqu-gaikuang_0626/15.html。

农业与绿色食品、现代服务业等为主的中高端外向型产业体系基本形成,科技创新引领能力、产业竞争力和发展实力明显增强,产城高度融合、生态环境优美的宜居区和推动桥头堡建设的新引擎基本形成。新区生产总值达到6000亿元左右,力争新区生产总值占全省20%以上(其中西区和东区各3000亿元以上)。①

图6-1 滇中产业新区区位图

数据来源:根据《云南省人民政府关于印发滇中城市经济圈一体化发展总体规划(2014—2020年)的通知》形成。②

第二节 滇中产业新区人口结构现状及特点

作为一个非行政和地理单元,"产业新区"的人口并不具有单一自然地理单元和行政单元所拥有的人口系统自发演进的特征,其在自然结构、社会结构、经济结构和空间结构上有自身的特点。"滇中产业新区"7县市区2017年底人口总规模为258.59万人,其中嵩明、寻甸、马龙、安宁、易门、禄丰、楚雄7县市区人口规模分别为32.89万、47.22万、19.49万、37.76万、18.11万、

---

① 《中共云南省委 云南省人民政府关于建设滇中产业聚集区(新区)的决定》,《楚雄彝族自治州人民政府公报》2013年4月刊。

② 《云南省人民政府关于印发滇中城市经济圈一体化发展总体规划(2014—2020年)的通知》,《楚雄彝族自治州人民政府公报》2014年6月27日。

43.17 万和 59.95 万人。本节就从"滇中产业新区"的人口现状和特征方面进行分析。

一、滇中产业新区人口自然结构

(一)人口性别结构

人口性别结构也称人口性别构成,是人口结构中最基本的结构之一,对人口数量的长期变动具有重要的影响。通常用"性别比"来衡量,它是用来反映该地区或国家人口的性别结构是否合理或协调。包括总人口性别结构、出生婴儿性别结构和婚龄人口性别结构等。

1.总人口性别结构

性别比指的是人口中每一百名女性人口所对应的男性人口数,理想的总人口性别比应该是 100,通常认为 96—106 为总人口性别比的正常范围。[①] 2017 年昆明市性别比为 105.9,接近临界值上限,仍然处于正常范围。相较而言,"滇中产业新区"性别比较高,达到 107.6,已经较大幅度超过性别比正常的临界值,出现了明显的性别失衡情况。新区人口性别比的失衡主要是由西区县市引起的。西区的安宁市性别比高达 117.6,超过性别比上限值 11.6 个单位,处于性别比严重失调的区域;易门县为 109.8,也超出上限值 3.8 个单位;西区的禄丰和楚雄两县市的性别比分别为 105.4 和 104.6,尽管处于正常范围,但基本已经接近上限值。位于新区东区的嵩明、寻甸、马龙三个县区的人口性别比都处在正常值范围内。东西二区人口性别比出现明显的差异,与两者在产业结构上的差异有着密切关系。西区产业结构中第二产业比重较高,尤其安宁市是云南省重要的钢铁、冶金、化工等重化工产业的中心,第二产业相对集聚,存在大量适合男性的工作机会,从而吸引了大量男性劳动人口,导致男性人口比例明显偏高。

2.出生婴儿性别比

离开母体有生命现象的活产婴儿的性别构成状况,是人口性别结构中最

---

① 佟新:《人口社会学》,北京大学出版社 2010 年版,第 178—179 页。

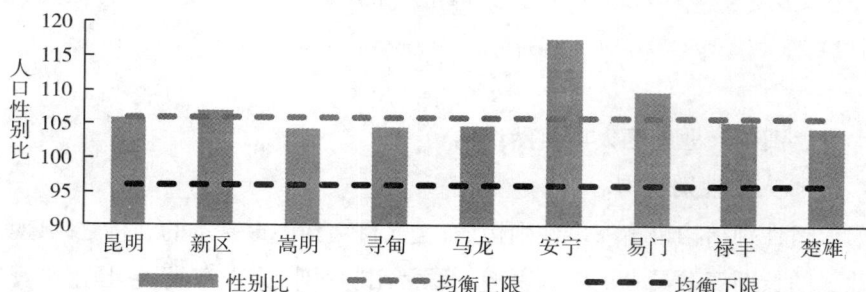

图 6-2　2017 年滇中产业新区性别比①

数据来源:根据 2018 年《云南统计年鉴》计算所得。

基本的性别结构,同时制约着其他性别结构的变化。作为各种人口性别结构的基础——出生人口性别比主要是由生物因素决定的,比较稳定。出生婴儿性别比区间一般总是恒定在 105±2 的范围之内,即在出生 100 个女婴的同时,会有 103—107 个男婴出生;或者每出生 100 名婴儿中,男性婴儿所占比重为 51.2%—51.7%,女性婴儿所占比重为 48.8%—48.3%。② 新区出生婴儿性别比整体处于正常范围(104.52)(见表 6-1),东区偏高为 107.54,主要原因在于马龙区的出生婴儿性别比达到 116.27;西区出生婴儿性别比偏低,仅为 102.37,其中禄丰县仅为 94.84,安宁市与易门县超出正常范围(安宁市 109.48、易门县 107.40)。

表 6-1　2010 年滇中产业新区出生婴儿性别比　　　　单位:人,%

地区	男	女	性别比
云南省	294144	262803	111.93
昆明市	30866	29040	106.29
滇中产业新区	13236	12664	104.52
西区	7573	7398	102.37
安宁市	1697	1550	109.48

---

① 图中"新区"表示"滇中产业新区"7 县市的总体数据和状况,后文中的含义与此相同。
② 佟新:《人口社会学》,北京大学出版社 2010 年版,第 178—179 页。

续表

地区	男	女	性别比
易门县	682	635	107.40
楚雄市	2877	2770	103.86
禄丰县	2317	2443	94.84
东区	5663	5266	107.54
嵩明县	1666	1597	104.32
寻甸县	2911	2735	106.44
马龙区	1086	934	116.27

数据来源:云南省 2010 年人口普查资料,中国统计出版社 2012 年版。

3. 婚龄人口性别结构

婚龄人口中如果男性(女性)多于女性(男性),可能会出现以下两个现象:一是一部分适婚男性(女性)找不到配偶;二是由于婚育人口组男女性别失衡,会出现男性(女性)在婚育人口组之外寻找配偶,造成婚姻挤压。婚龄人口性别比结构的正常是人口再生产的前提条件,关系到社会秩序等一系列问题。由于中国大陆法定结婚年龄为:男性 22 周岁,女性 20 岁,这里的婚育人口性别比采用了 20—39 岁人口年龄组,但实际上存在着早婚现象,因此专门计算了以 15—39 岁年龄组人口为主体的婚育人口性别比,以考察新区婚龄人口性别比结构状况对经济社会发展的影响。

在表 6-2 可知,除了马龙区的婚育人口性别比基本处于平衡状态,"新区"其他县、市都严重超标,以 20—39 岁为计算对象的婚育人口性别比显示,安宁市、易门县的婚育人口性别比高达到 123.04、112.37,从封闭人口中的绝对数据估测,安宁市有 12328 人存在找对象困难,易门县有 3303 人难以找到适龄配偶。楚雄市、禄丰县、嵩明县、寻甸县分别有 3669 人、4099 人、3705 人、2032 人难以找到合适的对象。新区总体超出适龄男性人口达 29163 人,其中东区达 5764 人,西区有 23399 人。假如将适龄婚育年龄扩大到 15—39 岁,则显示安宁市、易门县的婚育人口性别比反而变得更高,届时新区内将存在找不到婚配对象的男性达 37178 人,其中东区 7318 人,西区 29860 人(同样以相对封闭的人口环境为假设条件),分别占两地区总人口的 0.73% 和 2.16%,即每百名东区、西区适婚男性人口中有 3.97 人和 8.92 人找对象存在现实困难,新区婚育性别比的严重失衡需引起社会各界的高度重视。

表 6-2　2010 年滇中产业新区各地区婚育人口性别结构　单位:人,%

地区	20—39 岁				15—39 岁			
	男	女	男—女	性别比	男	女	男—女	性别比
云南省	8367490	7600311	767179	110.09	10291593	9369349	922244	109.84
昆明市	1257979	1181084	76895	106.51	1497414	1408870	88544	106.28
西区	269942	246543	23399	109.49	334911	305051	29860	109.79
安宁市	65829	53501	12328	123.04	80008	62682	17326	127.64
易门县	30010	26707	3303	112.37	38677	33961	4716	113.89
楚雄市	103622	99953	3669	103.67	132036	128581	3455	102.69
禄丰县	70481	66382	4099	106.17	84190	79827	4363	105.47
东区	143802	138038	5764	104.18	184147	176829	7318	104.14
嵩明县	47287	43582	3705	108.5	59114	55109	4005	107.27
寻甸县	68614	66582	2032	103.05	90057	87071	2986	103.43
马龙区	27901	27874	27	100.1	34976	34649	327	100.94
新区	413744	384581	29163	107.58	519058	481880	37178	107.72

数据来源:根据 2010 云南省人口普查资料 20—39 岁与 15—39 岁人口进行计算所得。

(二)人口年龄结构

在计划生育政策和经济发展的共同作用下,中国自 20 世纪 90 年代以来,生育水平开始下降,并长期保持低姿态增长。云南省从 1970 年开始实行计划生育,20 世纪 70 年代末得到全面推广,结合 1956 年联合国制定的人口年龄结构类型划分标准(表 6-3)和 2010 年新区人口年龄结构与抚养比(表 6-4),发现 2010 年云南省 0—14 岁人数占总人数的百分比为 20.73%,低于 30%,老少比为 53.38%,高于 30%,可以判定云南省至少 2010 年就已经是老年型社会。

表 6-3　1956 年联合国制定的人口年龄结构类型划分标准

衡量指标	年轻型	成年型	老年型
≥65 岁老人人口系数	<4%	4%—7%	>7%
≤14 岁少儿人口系数	>40%	30%—40%	<30%
老少比	<15%	15%—30%	>30%
年龄中位数	<20 岁	20—30 岁	>30 岁

数据来源:引自罗淳:《中国东西部人口发展比较研究》,中国社会科学出版社 2007 年版,第 85 页。

　　作为云南省的省会城市昆明,0—14 岁人数占总人数比重最小,仅为 15.50%,而其老少比最高,达到 78.05%,人口老龄化现象较为严重,但是昆明市外来人口相对较多,15—59 岁年龄组人口比例较高,达 73.41%,某种程度上可以适度缓解昆明市养老压力,另外,昆明市总抚养比相对较低,仅 38.11%。图 6-3 可以看出,云南省与昆明市人口年龄金字塔都已属于缩减型的纺锤形结构。

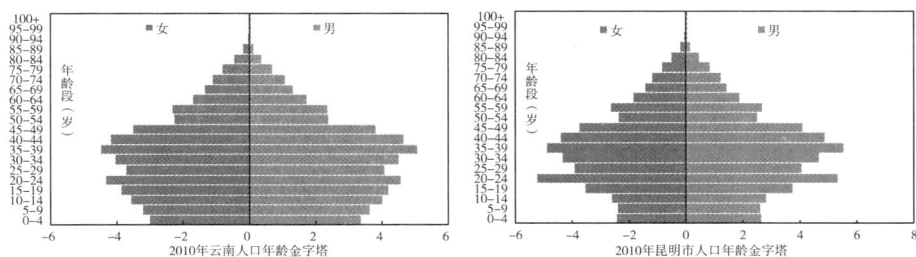

图 6-3　2010 年云南省与昆明市人口年龄金字塔

数据来源:根据 2010 年云南省人口普查资料计算所得。

　　观察表 6-4 可发现,0—14 岁少儿人口系数(18.76%)、老少比系数(64.31%)等都显示 2010 年的"新区"已经步入老年型社会。"新区"中的东区与西区相比都小于 30%的比重,东区的少儿人口比重高出西区 4.55 个百分点。15—59 岁人口,西区比东区高出 4.68 个百分点。由于劳动人口数量相对较多,西区总抚养比比东区低 9.97 个百分点,其中最低的是楚雄市,总抚养比为 36.90%。东、西区 60 岁以上人口比重都差不多,占 12%左右。值得注意的是,马龙区 0—14 岁人口在新区中的比重是最高的,为 23.65%,但是其

15—59 岁年龄组人口比例却是最低的,为 65.21%。同样,可以看到东区各县少儿人口比重高于西区绝大部分县、市(除了禄丰县以外,为 19.31%),但是15—59 岁年龄组人口比重却都比西区低,从而说明东区很可能存在大量劳动力外出。可见,新区不仅需要关注日益严重的人口老龄化问题,东区人口大量流出、劳动力不足、总抚养比较大也需要引起高度重视,否则会影响整个新区的经济社会发展。

表 6-4　2010 年滇中产业新区人口年龄结构与抚养比　　单位:%

地区	0—14 岁	15—59 岁	60 岁及以上	老少比	总抚养比
云南省	20.73	68.21	11.06	53.38	46.60
昆明市	15.50	72.41	12.10	78.05	38.11
西区	17.04	70.94	12.02	70.50	40.96
安宁市	16.48	71.39	12.13	73.6	40.07
易门县	16.89	70.37	12.75	75.47	42.11
楚雄市	15.79	73.04	11.17	70.73	36.90
禄丰县	19.31	67.89	12.80	66.3	47.30
东区	21.59	66.26	12.15	56.26	50.93
嵩明县	19.24	68.59	12.17	63.23	45.80
寻甸县	22.24	65.22	12.54	56.39	53.34
马龙区	23.65	65.21	11.15	47.14	53.36
新区※	18.76	69.17	12.07	64.31	44.57

数据来源:2010 年云南省人口普查资料,中国统计出版社。

　　不同人口年龄构成往往预示着不同的人口增长潜力,在人口统计学上惯用"人口金字塔"图形来表示,因其可以最直观地反映出一个国家或地区不同人口年龄结构状况下所具有的不同人口变化趋向,同时也具有反映人口年龄结构类型的作用。人口金字塔有三种类型:年轻型、老年型、成年型。一般来说,具有"年轻型"年龄结构特征的人口,由于拥有较大比例的少儿人口,其年龄金字塔图形呈下宽上窄结构,随着年龄的上升,成年人口依次呈递减趋势,这种类型的人口蕴藏着较大的人口增长潜力,故称"增长型";相比较而言,具有"老年型"年龄结构特征的人口,其图形类似纺锤状,两头窄中部宽,这一般是因为以往生育高峰期出生的同一批人进入了成年期,使成年人口所占比例骤增,同时伴随着生育率的持续下降,其未来人口变化将趋向缩减,故称为"缩减型";而"成年型"又称"稳定型",人口金字塔图形基本上呈圆柱状,即各年龄组人口所占比例相差不大,其人口增长基本上维持原状。

通过观察东、西两区的人口金字塔图形(图6-4),发现东区与西区人口金字塔都呈缩减型的纺锤状,但是也各有特点。东区的底部0—14岁年龄组人口都要比西区宽,尤其是10—14岁年龄组,东区为8.86%,西区为6.41%,说明东区少儿人口比重高于西区;西区中部比东区宽,主要体现在30—44岁年龄组,而且这个年龄组中东区与西区的女性人口比重差不多,男性人口比重西区却远高于东区,说明西区不仅劳动人口比重比东区高,而且多的是男性劳动年龄人口;东区与西区的人口金字塔上端大小差不多,意味着两区的老龄人口比重相差不大。

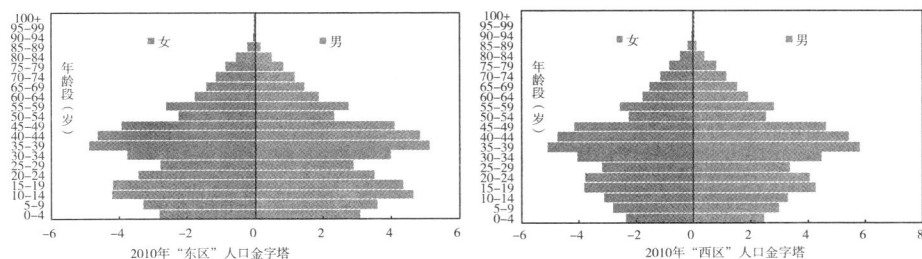

图6-4 2010年新区中东、西区人口金字塔

数据来源:根据2010年云南省人口普查资料计算所得。

另外,东区中寻甸县、马龙区的人口金字塔底部比嵩明县宽(图6-5),尤其是0—14岁人口年龄组;寻甸县、马龙区、嵩明县三县都存在中间人口年龄组人口比例骤然下降的现象,寻甸县、马龙区是20—29岁人口年龄组、嵩明县是25—29岁人口年龄组,可能是由于人口的大量流出;马龙区35—39岁人口年龄组人口比例较寻甸县(10%)、嵩明县(9%)高出许多,为11.58%。寻甸县、马龙区、嵩明县三县的人口金字塔上端形状很相似,女性老龄人口比重明显高于男性老龄人口,但是寻甸县的老龄人口比重要比马龙区、嵩明县高,集中体现在 70 岁以上的人口年龄组,占总人口比重 5.97%,共 27287 人;嵩明县 70 岁以上人口占总人口比例 3.54%,共 10163 人;马龙区 70 岁以上人口占总人口比重 4.67%,共 8639 人。随着生活水平的提高,滇中产业新区乃至整个云南省出现了庞大的老龄人口数量,使得老龄人口养老问题、老龄人口医疗服务等问题须得到妥善解决。

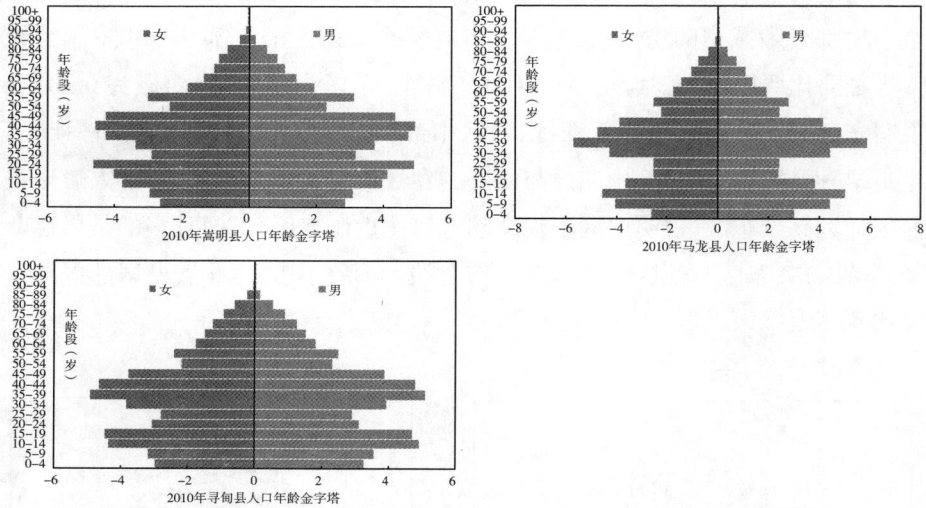

图 6-5   2010 年新区东区各县人口年龄金字塔

数据来源:根据 2010 年云南省人口普查资料计算所得。

西区中的安宁市、禄丰县 0—4 岁人口年龄组比例高于易门县、楚雄市;四县、市人口金字塔最大的特点就是不同年龄组人口性别比失衡,其中易门县 25—49 岁,禄丰县 30—49 岁,安宁市 15—49 岁,楚雄市 35—54 岁体现为失衡较为严重的状况,可以发现其性别比失衡主要为劳动人口,尤其安宁市 35—39 岁男性人口占总人口比例达 6.5%,女性为 5.43%,男性为 22187 人,女性 18535 人。

二、滇中产业新区人口社会结构

人口社会结构内容十分广泛,此处主要对受教育程度、民族结构、社会差异等三个指标进行分析和研究。

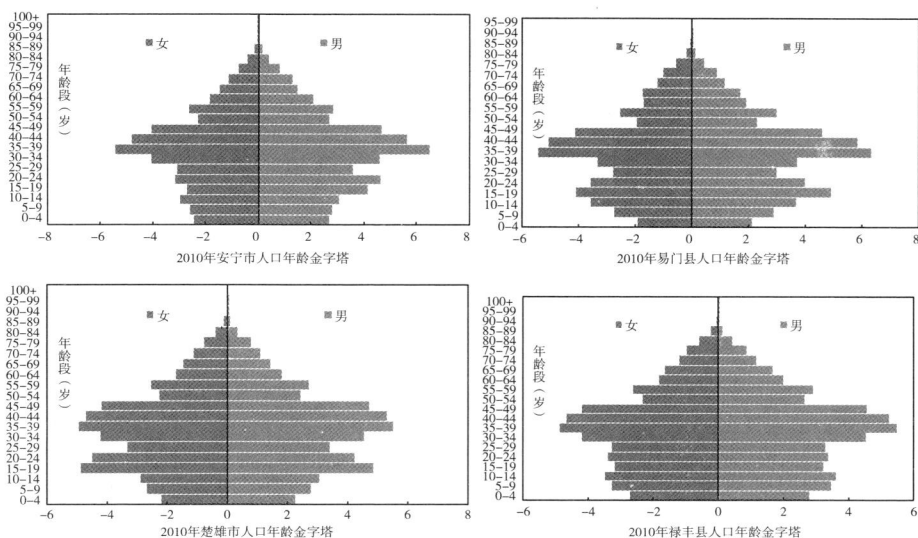

图 6-6 2010 年云南省与昆明市人口年龄金字塔

数据来源：根据 2010 年云南省人口普查资料计算所得。

（一）人口文化素质结构

人口质量结构主要从身体素质、人口文化素质、思想素质进行测量,且着重分析就业人口文化素质。表 6-5 可以明显看出新区乃至整个云南省主要就业人员受教育文化水平以小学、初中为主,"新区"就业人员中小学与初中比重达 77.99%,高中学历为 8.41%,大学专科为 4.52%,大学本科更少,仅为3.04%,研究生仅为 0.12%。未上过学的就业人员在马龙区与寻甸县高达10% 以上,马龙区占 12.04%,寻甸县占 11.01%。东区未上过学的就业人员占总就业人员比重为 8.92%,西区相对较低,为 3.99%。

表 6-5 滇中产业新区就业人员受教育程度比例 单位:%

地区	未上过学	小学	初中	高中	大学专科	大学本科	研究生
云南省	6.95	46.49	32.86	7.21	3.86	2.47	0.16
昆明市	3.93	28.62	36.56	13.79	8.78	7.36	0.95
西区	3.99	36.26	40.20	10.07	5.67	3.64	0.17

地区	未上过学	小学	初中	高中	大学专科	大学本科	研究生
安宁市	3.58	25.37	39.09	16.64	9.36	5.70	0.26
易门县	3.39	40.50	39.92	9.34	4.17	2.61	0.06
楚雄市	2.55	34.59	41.88	9.77	6.25	4.68	0.28
禄丰县	6.18	42.88	38.98	6.90	3.41	1.62	0.02
东区	8.92	41.97	38.41	5.83	2.73	2.11	0.04
马龙区	12.04	43.43	31.84	6.95	3.18	2.54	0.03
嵩明县	3.03	30.90	52.68	7.36	3.18	2.77	0.07
寻甸县	11.01	47.72	32.94	4.47	2.29	1.54	0.03
新区	5.92	38.49	39.50	8.41	4.52	3.04	0.12

数据来源:根据2010年云南省人口普查资料计算所得。

　　观察表6-5发现小学、初中、高中受教育程度就业人员分布与区域关系并不明显,各地区比重较高,而受大学本科和研究生教育就业人员集中分布在昆明市,其中安宁市与楚雄市中分布的受大学本科教育水平以上的就业人员比重相对其他地区较高,这可能与高文化水平人员的职业期待和城市经济发展程度相关,受教育程度越高,对职业期待越高,而作为省会城市的昆明经济发展程度相对较高,对高素质人才具有极大的吸引力。

表6-6　滇中产业新区就业人员平均受教育年限与人均生产总值

地区	云南省	昆明市	嵩明县	寻甸县	马龙区	安宁市	易门县	禄丰县	楚雄市
平均受教育年限(年)	7.62	9.3	8.41	6.96	7.19	9.4	8.2	7.68	8.76
人均生产总值(元/人)	15760	33549	14729	7922	12325	40474	18449	19395	29456

数据来源:平均受教育年限根据2010年云南省人口普查资料各地区分性别、受教育程度的就业人口计算所得,人均生产总值来源于2011年《云南省统计年鉴》。

　　另外,西区就业人员大学本科学历人员占总人口的3.81%,东区该比重为2.15%,结合表6-6可以断定:新区中西区的就业人员总体文化素质高于东区,其中安宁市的就业人员平均受教育年限最长,为9.4年;寻甸县最低,为6.96年;同时拥有最高平均受教育年限的安宁市,其人均生产总值也最高,为40474元,最低的寻甸县仅为7922元。根据表6-6可以看出就业人员受教育年限与人均生产总值大致呈正相关关系,经济对人才具有吸引力,而人才资源又促进经济社会发展,越是发达的地区对人才吸引力越大;相反,经济越不发达地区对人才更多的是推力,容易进入一个恶性循环,致使经济越发达人才越多,经济越落后引进人才越艰难。

(二)人口民族结构

新区2017年总人口为258.59万人,拥有46个民族,以汉族为主,拥有众多少数民族,还有未识别民族人口388人,外国人加入中国国籍人口2人。其中汉族、彝族、回族、苗族、白族、哈尼族、傈僳族、傣族、壮族、纳西族等10个民族总人口是新区总人口的99.72%,汉族人口占滇中产业新区总人口的80.94%,其次是彝族,占总人口比重12.12%,回族比重为3.56%,苗族1.61%,白族0.72%,说明新区中民族成分较为复杂。

表6-7 2010年滇中产业新区民族人口比重　　　单位:人,%

序号	民族	人口	比例	累加比例	序号	民族	人口	比例	累加比例
1	汉族	1990325	80.94	80.94	25	黎族	136	0.01	99.97
2	彝族	298020	12.12	93.06	26	维吾尔族	115	0	99.97
3	回族	87488	3.56	96.62	27	阿昌族	112	0	99.98
4	苗族	39487	1.61	98.22	28	仡佬族	99	0	99.98
5	白族	17725	0.72	98.94	29	朝鲜族	70	0	99.98
6	哈尼族	6794	0.28	99.22	30	京族	63	0	99.99
7	傈僳族	4482	0.18	99.4	31	水族	59	0	99.99
8	傣族	3409	0.14	99.54	32	怒族	44	0	99.99
9	壮族	2867	0.12	99.66	33	畲族	28	0	99.99
10	纳西族	1390	0.06	99.72	34	基诺族	25	0	99.99
11	布依族	1290	0.05	99.77	35	仫佬族	17	0	99.99
12	瑶族	626	0.03	99.79	36	锡伯族	17	0	100

序号	民族	人口	比例	累加比例	序号	民族	人口	比例	累加比例
13	满族	598	0.02	99.82	37	东乡族	16	0	100
14	拉祜族	499	0.02	99.84	38	羌族	16	0	100
15	土家族	478	0.02	99.86	39	撒拉族	12	0	100
16	佤族	423	0.02	99.87	40	独龙族	12	0	100
17	未识别民族	388	0.02	99.89	41	哈萨克族	9	0	100
18	蒙古族	387	0.02	99.91	42	达斡尔族	6	0	100
19	藏族	335	0.01	99.92	43	高山族	4	0	100
20	景颇族	316	0.01	99.93	44	柯尔克孜族	4	0	100
21	侗族	256	0.01	99.94	45	毛南族	4	0	100
22	土族	212	0.01	99.95	46	赫哲族	2	0	100
23	布朗族	155	0.01	99.96	47	加入中国籍者	2	0	100
24	普米族	137	0.01	99.96	48	珞巴族	1	0	100

数据来源:根据 2010 年云南省人口普查资料计算所得。

三、滇中产业新区人口经济结构

人口经济结构是指按一定的经济指标将总人口划分为各个组成部分的人口结构形式,这里的人口经济结构主要包括人口就业结构与职业结构。

(一)就业结构

为了更好地反映新区就业状况,本研究运用产业结构偏离度测量人口就业结构与产业结构之间的耦合程度。产业结构偏离度有两种计算方法:第一种是指各产业占 GDP 比重与各产业就业人数占总就业人员之比和 1 的差;第二种是指某产业的增加值比重与就业比重之差。本文采取第二种计算方法,其计算公式为:

$$K = \sum |Y_i| \qquad\qquad (公式 6-1)$$

$$Y_i = L_i - G_i \qquad\qquad (公式 6-2)$$

其中:K 为产业结构的总体偏离度,Y_i 为三次产业中 i 产业结构偏离度,L_i 为三次产业中 i 产业就业人口占总就业人口的比重,G_i 为三次产业中 i 产业增加值占地区GDP 的比重。

表6-8 滇中产业新区2017年产业结构与就业结构① 单位:%

	就业结构			产业结构		
	一产	二产	三产	一产	二产	三产
云南省	50.75	13.44	35.81	14.28	37.89	47.83
昆明市	26.88	19.26	53.87	4.33	38.41	57.26
嵩明县	60.71	17.96	21.32	13.51	45.61	40.87
寻甸县	62.19	16.79	21.02	26.28	29.31	44.41
马龙区	89.02	3.94	7.05	17.9	42.95	39.15
安宁市	49.66	21.07	29.27	4.4	43.15	52.45
易门县	68.39	16.8	14.81	11.38	54.01	34.6
禄丰县	57.96	20.73	21.31	21.34	33.53	45.13
楚雄市	38.32	17.48	44.2	7.38	51.47	41.16

数据来源:来源于2018年《云南省统计年鉴》和2017年各县市区《国民经济与社会发展统计公报》。

表6-8 为2017 年新区各县市产业结构与就业结构的情况。从产业结构来看,云南省和昆明市已经呈现出明显的"三、二、一"结构特征,第三产业、第二产业所占比重明显高于第一产业,第一产业比重较低,显现出明显的工业化社会后期产业结构特征,尤其是昆明市,第三产业产值已经超过了第一产业与第二产业的总和,处于支配地位,已经处于工业化后期阶段。从滇中产业新区来看,各县市产业结构差别较大。寻甸县、安宁市、禄丰县为"三、二、一"结构类型,但寻甸县、禄丰县第一产业比重过高,超过了20%,尤其是寻甸县第一产业的比重仅比第二产业低了3.03 个百分点,这表明这两个地区工业化的程

① 三次产业就业人员是根据2010 云南省人口普查资料中4-4 各地区分性别、行业大类的就业人口计算所得,其中三次产业的划分是根据《国民经济行业分类》(GB/T 4754—2011)。第一产业是指农、林、牧、渔业(不含农、林、牧、渔服务业);第二产业是指采矿业(不含开采辅助活动),制造业(不含金属制品、机械和设备修理业),电力、热力、燃气及水生产和供应业,建筑业;第三产业即服务业,是指除第一产业、第二产业以外的其他行业。

度较低,国民经济生产的重心并未经历过向工业转移的阶段。嵩明县、马龙区、易门县和楚雄市产业结构为"二、三、一"类型,除了马龙区外第一产业比重都较低,是典型的工业化中后期的产业结构形态。与产业结构特征不同,人口的就业结构仍然是以第一产业为主。2017年云南省有超过半数的劳动者在第一产业中就业,第三产业容纳的就业人口比重位居第二,第二产业容纳的就业人口最少。滇中产业新区的就业结构特征与云南省的基本一致,各县市区略有差异。其中马龙区、易门县、寻甸县、嵩明县第一产业人口就业比重较高,都超过了60%;楚雄市的第三产业人口就业比重最高达到了44.2%,比排第二位的安宁市高了近15个百分点,明显高于其他县市区。

表6-9 2017年滇中产业新区产业结构偏离系数

	第一产业	第二产业	第三产业	总体
云南省	36.47	−24.45	−12.02	72.94
昆明市	22.55	−19.16	−3.39	45.10
嵩明县	47.20	−27.65	−19.55	94.40
寻甸县	35.91	−12.53	−23.39	71.82
马龙区	71.11	−39.02	−32.10	142.23
安宁市	45.26	−22.08	−23.19	90.52
易门县	57.01	−37.21	−19.80	114.02
禄丰县	36.62	−12.81	−23.82	73.25
楚雄市	30.94	−33.98	3.04	67.97

数据来源:根据2018年《云南省统计年鉴》和2017年各县市区《国民经济与社会发展统计公报》数据计算所得。

从产业结构与就业结构的匹配性来看,滇中产业新区各县市区都存在着明显的偏离性。滇中产业新区的产业结构都为"二、三、一"或者"三、二、一"类型,体现出十分显著的经济生产非农化特征;而就业结构则为"一、二、三"及"一、三、二"类型,体现出明显的以农业为主的特征。产业结构的非农化与就业结构的以农业为主导致了两者的显著偏离。结合表6-9可以发现,滇中产业新区各县市区的第一产业偏离系数都为正,且数值都较大,数值最高的马龙区达到了71.11,数值最小的楚雄市也超过了30。偏离系数绝对值越大说明就业结构与经济产出结构的偏差越大。这表明新区第一产业集中了过多的就业人口,产业的劳动生产效率过低,就业的非农化滞后于产业的非农化。新区中的第二产业、第三产业的偏离系数较第一产业小一些,而且除了楚雄市的第三产业外,偏离系数都为负值,这说明新区二、三产业带动就业作用没有显现,这些产业的人均生产效率较高,对于人口的非农转移与整体劳动生产率的提升具有积极的作用,但是其产业利用率没有达到最优值,没有实现充分就业。因此,应该合理规划产业结构,引导就业人员的流向。从整体产业的偏离度来看,东区的马龙区和西区的易门县数值特别高,都超过了100,这表明这两个县在农业劳动者非农转移上严重滞后,加大农村人口的非农转移与市民化程度是这些地区保证人口与经济协调发展的重要途径。

(二)职业结构

根据表6-10可以发现新区人口的职业分布主要是以农、林、牧、渔、水利业生产人员为主,占65.97%,商业、服务业人员与生产、运输设备操作人员及有关人员为辅,分别占11.55%、12.82%,还有5.78%的专业技术人员,国家机关、党群组织、企业、事业单位负责人仅为0.78%。东区除了农、林、牧、渔、水利业生产人员比重高于西区,达79.60%,其他的职业人口比重都低于西区。东区内部的寻甸县农、林、牧、渔、水利业生产人员占据85.93%,国家机关、党群组织、企业、事业单位负责人仅为0.37%。西区安宁市的农、林、牧、渔、水利业生产人员为27.40%,是新区中该职业所占比最低的地区,除此之外的其他职业人口比例明显较高,如生产、运输设备操作人员及有关人员占本地职业人口的34.68%,商业、服务业人员占19.52%,国家机关、党群组织、企业、事业单位负责人占1.54%。

表6-10 2010年滇中产业新区就业人口不同职业比例 单位:万人,%

地区	总就业人口数	一	二	三	四	五	六	七
云南省	266.84	0.83	4.79	2.69	10.54	69.17	11.94	0.03
昆明市	31.56	2.37	10.56	6.80	20.36	43.90	15.95	0.07

续表

地区	总就业人口数	一	二	三	四	五	六	七
东区	5.48	0.53	4.17	1.72	7.33	79.60	6.64	0.00
嵩明县	1.58	0.70	4.61	2.44	9.61	69.71	12.93	0.00
寻甸县	2.75	0.37	3.69	1.11	5.60	85.93	3.29	0.00
马龙区	1.15	0.68	4.73	2.21	8.32	78.06	5.99	0.01
西区	8.51	0.93	6.82	3.90	14.27	57.18	16.80	0.10
安宁市	1.56	1.54	10.06	6.53	19.52	27.40	34.68	0.28
易门县	1.07	0.77	5.68	2.58	10.54	65.14	15.27	0.02
楚雄市	3.19	1.28	8.00	4.60	16.57	56.51	12.94	0.10
禄丰县	2.68	0.23	4.00	2.06	9.96	72.15	11.59	0.01
新区	13.99	0.78	5.78	3.05	11.55	65.97	12.82	0.06

数据来源:根据 2010 年云南省人口普查资料计算所得。

注:总就业人口数为普查中抽样数据,未做总体还原。表中数字分别代表:一是国家机关、党群组织、企业、事业单位负责人;二是专业技术人员;三是办事人员和有关人员;四是商业、服务业人员;五是农、林、牧、渔、水利业生产人员;六是生产、运输设备操作人员及有关人员;七是不便分类的其他从业人员。

四、滇中产业新区人口空间结构

人口空间结构是指在一个既定区域中人口的分散与集中程度①。人口的空间结构也称人口地域结构,可分为人口自然地域结构、人口行政区域结构、人口城乡结构。这里主要分析人口城乡结构,从人口城市化水平、人口的地区分布、农业人口与非农业人口来分析新区人口空间结构。

(一)城市化水平

城市化水平的测量方式多样,通常采用城镇人口占区域总人口比重进行测量,计算公式为:

$$U_1 = [P_c/(P_c + P_r)] \times 100\% = (P_c/N) \times 100\% \qquad \text{(公式 6-3)}$$

U_1 为城镇人口比重指标法计算所得的城市化水平,P_c 为城镇人口,P_r 为农村人口,N 表示区域总人口即城镇人口与农村人口之和。

---

① 佟新:《人口社会学》,北京大学出版社 2010 年版。

表 6-11 滇中产业新区城镇化水平 单位:万人,%

	2010 年				2017 年			
	人口规模	农村人口规模	城镇人口规模	城镇化率	人口规模	农村人口规模	城镇人口规模	城镇化率
云南省	4362.67	2939.39	1423.28	32.62	4800.50	2559.10	2241.40	46.69
昆明市	572.62	199.25	373.37	65.20	678.30	189.60	488.70	72.05
新区	226.75	137.09	89.67	39.54	258.59	131.79	126.80	49.03
东区	88.01	65.44	22.57	25.64	99.60	63.07	36.53	36.68
嵩明县	26.05	17.78	8.27	31.76	32.89	17.93	14.96	45.48
寻甸县	44.04	35.10	8.94	20.30	47.22	32.91	14.31	30.30
马龙区	17.92	12.57	5.35	29.87	19.49	12.23	7.26	37.25
西区	138.74	71.64	67.10	48.36	158.99	68.72	90.27	56.78
安宁市	30.04	9.16	20.88	69.50	37.76	9.14	28.62	75.79
易门县	16.04	10.37	5.66	35.32	18.11	9.65	8.46	46.71
楚雄市	52.13	25.19	26.94	51.68	59.95	27.65	32.30	53.88
禄丰县	40.53	26.92	13.61	33.58	43.17	22.28	20.89	48.39

数据来源:根据 2011 年、2018 年《云南省统计年鉴》计算所得。

通过 2010 年和 2017 年城镇化率的比较可以发现,新区人口城镇化体现出两个变化特征。第一,城镇化水平有所提高,但增长速度较慢,与省内发达地区差距较大。2017 年新区城镇化率为 49.03%,略高于云南省的城镇化平均水平(云南省 46.69%),但远低于昆明市的城镇化水平(昆明市 72.05%);从城镇化率的变化情况来看,2017 年比 2010 年增长了近 10 个百分点,较同期云南省的增长慢了 4.58 个百分点。第二,新区区域内差异较为明显。从东区、西区来看,东区的城镇化水平低于西区,东区城市化水平仅为 36.68%,西区为 56.78%,差距超过了 20 个百分点。从分县市区来看,差异更加显著,城镇化率最高的安宁市达 75.79%,比云南省城镇化最高的昆明市还高了 3.74 个百分点;而城镇化率最低的寻甸县仅为 30.30%。

(二)人口密度与经济密度

人口密度可以直观地表达人口在空间分布上的疏密程度。2017 年滇中产业新区的人口密度为每平方公里 147 人,比云南省 120 人的平均水平略高,但大幅度低于昆明市 310 人的水平,这表明新区人口集中度仍然较低。从"新区"内部来看,各县市区人口密度差别较大。新区人口密度比较大的是安宁市与嵩明县。安宁市是云南省重要的冶金、石化、能源产业中心,产业和人口的地理集聚度较高。嵩明县人口密度次之,部分原因是嵩明县有国家级嵩明杨林经济技术开发区①,吸纳了大量劳动力。但该地区人均 GDP 却较低,可见国家级嵩明杨林经济技术开发区还未充分发挥其作用。新区东区三县的人口集聚程度较高的区域主要集中在嵩明县,西区主要集中分布在安宁市,其次是楚雄市。从图 6-7 中可以很清楚地看出,新区的人口密度与经济密度和人均 GDP 呈现出一定的正相关关系,人口集中度高的地方,经济集中度和人均 GDP 也高。安宁市的人口密度是最高的,达到了每平方公里 282 人,远远超过了新区中其他县市区,经济密度与人均 GDP 在新区中也处于一枝独秀的格局,人均 GDP 与经济密度分别是排名第二位的嵩明县和楚雄市的 2.6 倍和 1.4 倍。而人口密度较低的马龙区和寻甸县,经济密度和人均 GDP 也较低。

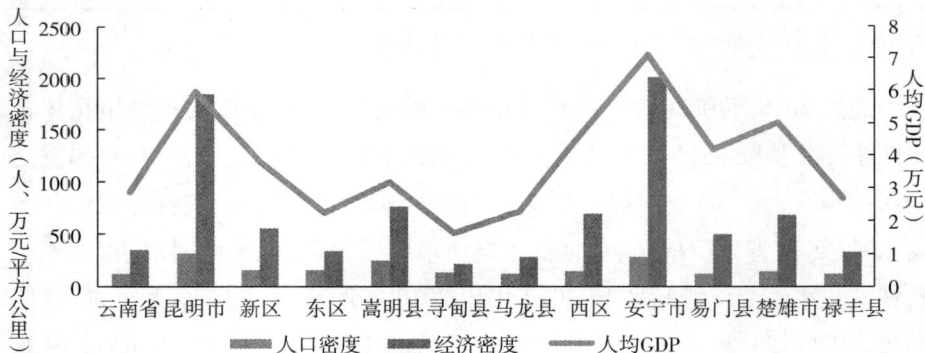

图 6-7　2015 年滇中产业新区人口密度与人均生产总值

数据来源:根据 2015 年全国 1% 人口抽样调查数据、2016 年《云南省统计年鉴》计算所得。

---

①　嵩明杨林经开区:原名"云南嵩明杨林工业园区",2013 年 1 月 17 日经国务院批准为"国家级经济技术开发区"。杨林经开区按照"1+4"的产业布局,即:以汽车制造及零部件配套产业为核心支柱,以机械装备制造、食品饮料、新材料、信息产业等 4 大产业引导,大力培育产业集群,已建成 5 个国家级或省级产业基地,具有先进的现代临空经济产业特色的"1+4"产业布局成为杨林经开区的核心竞争力,不断实现着跨越发展,被省委、省政府确定为"滇中产业新区(东区)"的核心发展区域。

第三节 滇中产业新区产业结构与
人口结构的相互影响

产业新区本质上是通过制度安排,实现人口、资源、产业、资本、技术等生产要素在空间上集聚和匹配关系的形成,并对区域产业和经济发展产生驱动力量。在《云南省滇中产业聚集区发展规划(2013—2020 年)》中明确了滇中产业新区的发展目标:到 2015 年,综合交通网络、能源、供水、通信等要素基本建成,新区生产总值达到 1500 亿元以上(其中西区 1000 亿元以上,东区 500 亿元以上);到 2020 年,中高端产业体系基本形成,新区生产总值达到 6000 亿元左右,力争新区生产总值占全省 20%以上(其中西区和东区各 3000 亿元以上)。① 从 2015 年的实际地区经济规模来看,新区东区三县 GDP 总规模为 218.87 亿元,距离 500 亿元的目标值差距比较明显;新区西区二市二县 GDP 总规模为 749.48 亿元,与规划目标也存在一定的差距。2015 年滇中产业新区经济规模没有实现预期目标,表明新区的产业集聚和要素集聚的效能没有发挥,这固然存在新区产业基础薄弱、产业层次较低的原因,人口结构与产业结构的匹配性不够也是一个重要的因素。

一、产业结构对人口结构的影响
(一)新区产业结构调整对人口自然结构的影响

由于不同产业类别、结构和模式对于就业者的性别和年龄具有偏好性,随着滇中产业新区产业结构的演变,必然会对区域内年龄、性别等人口自然结构产生影响。目前新区各县市区产业结构中非农产业都处于压倒性的优势地位,其中嵩明县、马龙区、寻甸县和楚雄市的三次产业结构属于"二、三、一"产业结构模式,寻甸县、安宁市和禄丰县属于"三、二、一"产业结构模式。

---

① 中共云南省委:《云南省人民政府关于建设滇中产业聚集区(新区)的决定》,《楚雄政报》2013 年 5 月刊。

表 6-12　滇中产业新区 2017 年产业结构与性别比　　　单位:%

	一产比重	二产比重	三产比重	性别比
嵩明县	13.51	45.61	40.87	104.41
寻甸县	26.28	29.31	44.41	104.42
马龙区	17.90	42.95	39.15	104.73
安宁市	4.40	43.15	52.45	117.64
易门县	11.38	54.01	34.60	109.85
禄丰县	21.34	33.53	45.13	105.45
楚雄市	7.38	51.47	41.16	104.61

数据来源:2018 年《云南统计年鉴》。

由于不同产业对于就业人口性别偏好具有较大差异,产业结构的变动会影响就业人口在不同产业间的分布,并最终影响人口的性别结构。从表 6-13 中滇中产业新区分产业就业人口的性别结构可以看出第二产业中男性劳动人口明显高于女性劳动人口,高达 77%;而在第一产业中男性、女性劳动人口比重差别不大;在第三产业中,男性劳动人口高于女性劳动人口 11.12 个百分点。当前滇中产业新区的产业形态中第二产业,尤其是制造业占了相当大的比重,新区中许多区域仍然处于快速工业化的进程中。根据新区发展目标与规划,新区中的第一产业比重势必会下降,第三产业比重会增加,第二产业比重会经历一个先增加后减少的过程。随着新区产业结构的调整,新区人口的性别比可能会经历一个先增加、后下降的变化。

表 6-13　滇中产业新区分性别就业人员比重　　　单位:%

	第一产业	第二产业	第三产业
男	49.09	77	55.56
女	50.91	23	44.44

数据来源:根据 2010 年云南省人口普查数据计算所得。

(二)产业结构调整对人口空间结构的影响

新区目前区域内经济差异比较大,尤其东区与西区之间的区域差异,是造成新区内经济差异的主要原因。从整体走向看,西区的内部差异在逐年减少,而东区的内部差异在逐年增加。2005 年之前,西区的内部经济差异大于东区,但在 2005 年之后东区的内部经济差异开始大于西区的内部经济差异。根据新区的发展规划,新区按照"两片两轴八组团"的总体空间布局,发展外向型特色优势产业,其中八组团是指安宁组团、易门组团、楚雄组团、禄丰组团、碧城组团、嵩明—空港组团、寻甸组团、马龙组团。

新区是按照"两片两轴八组团"的总体空间布局发展,可能不利于缩小东区与西区之间、东西区内部的经济差异。东、西发展轴重点打造生物制药、高原特色农产品、旅游文化、石油炼化、汽车及高端装备制造、节能环保、现代物流、现代服务业等产业聚集带。南北发展轴重点打造电子信息、新材料、轻纺家电、工程机械、特色农业等产业聚集带。首先,从东西轴与南北轴发展的产业看,新区分设了八个组团。西区设有五个组团,分别是安宁组团、易门组团、楚雄组团、禄丰组团、碧城组团;东区有寻甸组团、马龙组团、嵩明—空港组团三个组团。在整体规划上而言,产业集聚点在空间上并不均衡,西片区的产业聚集点明显多余东片区。其次,组团之间产业设置的差异可能会加大区域内经济的差异,比如东区,在嵩明—空港组团重点布局先进装备制造、现代服务、临空等产业,寻甸组团重点布局新型建材、文化旅游等产业,马龙组团重点布局高原特色农业、现代物流、家电轻纺等,地区产业设置的偏重可能会导致区域内经济差异的不断扩大,嵩明—空港组团的经济可能发展得要比寻甸组团好,而寻甸组团可能会比马龙组团好,这是根据现有产业产值推测,所以在未来的发展中得特别注意提高第一产业产值,改变第二产业的发展方式,继续加大第三产业发展。

八组团所发展的重点不同,需要的人力资源与人才资源不同,就业机会就会不同,这会在较大程度上影响人口的就业和空间结构。八组团根据自身的条件和与昆明市的距离发展不同的产业,安宁组团发展技术资金密集型产业,重点布局汽车制造及其配套产业、装备制造、石油化工、新材料、节能环保、高端康体休闲和资源型转型升级等产业,这将会吸引大量高素质人才的迁入。嵩明—空港组团重点布局先进装备制造、现代服务、临空等产业。碧城组团重点布局电子信息、现代生物、现代服务等产业,主要都是吸引第二、三产业就业人员。这三个组团因为具有一定的经济基础,且离昆明市近,能够吸引大量人才的转移,发展技术资金密集型产业以及服务业。易门、马龙组团发展高原特色农业,这两个地区是滇中产业新区第一产业的主要聚集地,将会吸引第一产业就业人员。楚雄组团重点布局以生物制药为主的生物产业、现代物流、民族文化等产业。禄丰组团重点布局钛等新材料综合加工利用、旅游文化、家电轻纺等产业。寻甸组团重点布局新型建材、文化旅游等产业。这三个地区离昆明市比较远,但是都发挥自身的优势,发展旅游文化产业、生物制药、新材料加工、新型建材等技术劳动密集型产业,吸引第二、三产业人才的迁移。滇中产业新区以特色新城为载体,组团发展,打造创新城、智慧城、生态城、田园城,创新城乡一体化发展的体制,将会造成人口同质性流动、聚集。

(三)产业结构调整对人口经济结构的影响

2010 年,滇中产业新区内的生产总值为 761.23 亿元,东区生产总值为 103.96 亿元,西区为 657.27 亿元。滇中产业新区第一产业生产总值为 146.95 亿元,GDP 增长贡献率为 19.30%;第二产业 338.3 亿元,GDP 贡献率为 44.45%;第三产业 275.91 亿元,GDP 贡献率为 36.25%,其中,第二产业对 GDP 的贡献最大。2010 年的新区总人数为 2458993 人,就业人员为 231228 人,劳动人口比重 9.4%,第一产业就业人员 184950 人,占总就业人员 79.99%;第二产业就业人员 16366 人,占总就业人员的 7.08%;第三产业就业人员为 29912 人,占总就业人员的 12.94%。从事第一产业的人员高达 79.99%,但是第一产业对 GDP 的贡献率仅为 19.30%。

表 6-14　滇中产业新区 2010 年实际生产总值与 2020 年目标生产总值和增长率

		产值(亿元)		增长率（%）
		2010 年	2020 年	
新区	总产值	761.23	6000	22.94
	第一产业	146.95	960	20.64
	第二产业	338.3	1980	19.34
	第三产业	275.91	3000	26.95

续表

		产值(亿元)		增长率 （%）
		2010 年	**2020 年**	
东区	总产值	104	3000	39.96
	第一产业	25	480	34.38
	第二产业	43	990	36.84
	第三产业	36	1500	45.20
西区	总产值	657	3000	16.40
	第一产业	122	480	14.68
	第二产业	295	990	12.87
	第三产业	240	1500	20.11

数据来源：根据 2011 年《云南省统计年鉴》计算所得。

　　从产业结构与就业结构的特征可以得知，新区第一产业产值低，且还滞留了大部分劳动力，而第二、三产业贡献率较大且还可以容纳大量劳动力。2020年，滇中产业新区生产总值目标为 6000 亿元，其中东区、西区各 3000 亿元，根据配第一克拉克定律，第一、二、三产业的合适比例应达到 1:2:3；此时第一产业对 GDP 增长贡献率降为 16.66%，第二产业对 GDP 的增长贡献率降至33.33%，第三产业对 GDP 的贡献率增长至 50%。因此，2020 年"滇中产业新区"第一产业生产总值需要达到 960 亿元，第二产业生产总值达到 1980 亿元，第三产业生产总值达到 3000 亿元。东区、西区第一、二、三生产总值在 2020年分别需要达到 480 亿元、990 亿元、1500 亿元。要想达到目标生产总值，"滇中产业新区"需保持每年 22.94% 的增长率，第三产业需保持 26.95% 的增长率，其中，由于东区本身经济发展比较落后，需要保持高达 39.96% 的增长率，第三产业需保持 45.20% 的增长率，挑战颇大。要达到发展目标，假如以每年5‰的自然增长率作为人口增长率计算，到 2020 年，预测滇中产业新区人口总量达 2584746 人，当年就业人口为 242966 人（以当前就业人口占总人口的9.4% 进行估算），通过调整产业结构，就业人员肯定是从第一产业向第二、三产业流动,第三产业就业人员最多,根据配第—克拉克定律,将三产业就业人员比例调整为 1∶2∶3。那么,2020 年,第一产业就业人员为 40494 人,第二产业为 80989 人,第三产业就业人员为 121483 人(预测没有包括由于政策引导而引起的人口流动)。

(四)产业结构调整对人口质量的影响

新区根据"创新驱动、高端发展、突出特色、合理布局"思路,以产业功能区为载体,大力发展先进制造业、加快发展现代服务业、积极发展特色产业,着力培育战略性新兴产业和高新技术产业。制造业主要包括充分发挥云南生物资源优势的生物制造业,以新能源汽车为带动的汽车及配套产业,高端装备制造业,新材料产业,光电子和新一代信息技术产业,节能环保产业,石油化工业、轻纺工业。现代服务业以现代物流产业、高端服务业、文化旅游业为主。而农业主要是发展特色农产品生产基地,农产品加工聚集区、休闲农业区、农业服务区。从发展的思路与具体的规划,可以看出新区对高素质人才的需求,而新区目前整体情况是以小学、初中人才为主,占 70%—80%,大学专科以上人才所占比重少之又少,东区的嵩明、寻甸、马龙区大学专科以上人才比重分别是 6.02%、3.86%、5.75%,西区的安宁、易门、禄丰、楚雄大学专科人才比重分别为 15.32%、6.84%、6.08%、11.21%。新区发展存在着需求的人口文化素质与实际不符合。产业的升级需要高素质人才,劳动者为了生存、不被社会所淘汰,就会不断学习,从而提高自己的素质与技能。

二、滇中产业新区人口结构对产业结构调整的影响

(一)产业结构调整面临劳动力供给不足和产品服务需求波动的风险

产业结构的调整需要根据特定人口的状况,尽量使就业人口比例与产业结构比重相适应,降低产业结构偏离度,实现充分就业。但是,新区人口发展形势变幻莫测,人口自然结构的变动,将会改变产业结构的调整方向。需要根据各阶段不同的人口状况制定不同产业结构调整方向,人口具有惯性,有些特征不会及时体现,需要经过一个人口的发展周期,因此在调整产业结构时不仅要熟知现在的人口状况,还需要预测未来的人口状况,这就加大了制定政策的难度。一般情况下,拥有大量的劳动力就需要大力发展劳动密集型产业去容纳就业人员实现充分就业,而当人口老龄化时就需要发展资金与技术密集型产业。目前滇中产业新区正处于一种拥有大量劳动力,但是已经步入老龄型社会的复杂状况,其中15—59岁的劳动人口中占总人口比重的70%左右,这就需要大力发展劳动密集型产业以容纳就业人口。与此同时的滇中产业新区各个县、市都已经步入了老年型社会,这就需要调整产业结构方向,发展资金与技术密集型产业,用来弥补即将劳动人口不足的状况。同时,不同年龄阶段的人口将会影响消费品的类型,目前新区各县、市0—14岁的少儿人口比重范围为15.79%—23.65%。少儿人口是日常消费与人力资本投资的重点人群,他们除了需要使用大量消耗性产品以外,还需要大量的发展性消费品,但是这一年龄段人口的减少,加上偏重消耗性消费品的老龄人口的增多,将使得消耗性消费品在社会总消费品中所占比重偏大,而发展性消费品所占比重偏低。相对于消耗性消费品,发展性消费品有利于产业结构的升级,目前对消耗性消费品需求过大,而发展性消费品需求降低将会给劳动密集型产业留下发展的空间,不利于产业结构的升级。

(二)人口形势的复杂变化,使产业结构调整面临艰难抉择

人口形势的复杂变化,将会使产业结构调整面临艰难的抉择。新区不是一个封闭的空间,政府制定相关政策,可能会吸引人口流动,从而改变该区域内人口自然结构。新区作为国家大力扶持的一个重点发展区域,且有一系列的政策支持,比如对新进入的企业和机构给予土地保障、基建用地不缴有偿使用费、入驻新区"零收费"、外来娃与本地娃同等待遇等等,将会吸引大量的外来务工者;劳动年龄人口的增加,将会导致就业需求增加,这将会给部分传统的劳动密集型产业继续留有生存的空间,影响产业结构升级的进程。流入新区的劳动人口素质很难得到控制,一般拥有高知识、高技术的人才都愿意留在大城市,政策的扶持对他们的影响力是有一定的范围的,对长时间候鸟式迁移劳动密集型人口具有很大的吸引力,他们会更愿意迁入可以享受与当地人同等待遇的新区,而新区发展高端产品,可能会出现劳动人口供给与产业结构需求的不协调。

第四节　滇中产业新区产业结构与人口
结构互动耦合的对策思路

一、优化人口结构,促进产业结构升级

经济社会发展的影响因素繁多,其中,人口因素由于可预测性和可控性强成为发展政策的重要目标,通过优化人口结构,促进产业结构升级也成为新区发展的重要抓手。

(一)控制人口性别结构失衡问题

根据新区现有人口数以及劳动人口比重,假如以每年5‰的自然增长率作为人口增长率计算,在第一、二、三产业比重调整为1：2：3的前提下,到2020年,新区劳动人口性别比将达到160.61(测算是属于封闭环境,不包括流动人口)。人口性别比失衡并不是源于第二产业比重较大,而是由于第三产业男女比例不平等(根据目前滇中产业新区第三产业中男性劳动人口占据55.56%,女性劳动人口占据44.44%进行测算)。提高新区人口性别比,主要是提高女性劳动者在第三产业中的比重,可以采取以下措施:第一,最根本的是要从女性自身着手。一方面对适龄就业女性进行教育,解放她们的思想,打破传统文化给她们带来的无形枷锁,唤起群体无意识,充分认识女性自身的能力与潜力,提高自身要求,加大对自身人力资源的投资。另一方面,女性的解放需要从娃娃抓起,改变家庭、学校从小对男、女性别能力差异的强调,从具体操作性行为上强调男女平等。第二,要建立一个公平、公正、和谐的社会就业环境。首先,进行男女能力平等的深度宣传,而不是仅仅停留在口号上,宣传要做到细化、具体化。比如说,生男生女都一样,男生可以当护士,女生也可干工程,男女潜力都一样。加强对女性劳动者培训,尤其是与女性劳动者相关的法律法规,提高女性劳动者的文化素质与技能。其次,要建立具体的、可操作性的保障女性劳动者权利与利益的法律和组织,强制企业执行,对违反法律法规的企业予以加税、罚款等惩罚。比如说,建立专门的女性法律援助、专业的反对就业性别歧视的组织。最后,降低女性因生育给家庭所带来的经济成本,国家与企业共同承担女性生育期间的工资,强制要求男性必须陪同妻子休产

假,不仅更加有利于孩子的成长,还可以消除企业因女性生育带来的成本和职业中断降低对女性的录用,改变职业"天花板"的格局。还可以参考发达国家,将家务劳动职业化。在平等的就业环境、共同的就业能力前提下,确保新区性别比均衡。

(二)引导人口流动,提高人口素质

新区已进入老年型社会,实际劳动人口占总人口的比重为 69.17%,少儿人口比重远低于 30%。其发展需要大量劳动年龄人口。在新区自身人口老龄化,劳动年龄人口偏少这样一个前提下,可以从以下方面入手:第一,需要通过政策调整吸引流动人口,提高迁入人口质量,引导劳动力流向。吸引流动人口,可以通过制定同工高薪、住房补贴或者提供廉价的夫妻房,为流动人口解决儿女上学等相关优惠政策吸引人才。第二,需要提高迁入人口质量。一方面需要流动人口具有一定的技能,另一方面要建设职业技能培训、文化教育、学历教育机构,提高迁入人口的素质与技能,建立市场需求与就业技能的对接。第三,需要引导劳动力的流向。建立专门机构,根据新区产业结构偏离度与实际产业内行业劳动力的需求量来提供就业咨询、就业信息、就业技能培训,可以最大效度地实现流动人口对当地经济发展和产业结构优化升级的促进作用。同时,要进行户籍制度改革,打破二元格局,提高流动人口待遇,使得城乡之间暂时的人口流动转变为稳定的人口迁移,加快城市化进程。第四,实行"弹性退休年龄"。充分利用老龄人力资本,积极开发银发市场,尤其知识型老龄人,对一些知识型、技能型老龄人进行返聘,充分实现人力资源再利用。

(三)加大教育投资,提高人力资本存量

《决定》将新区发展定位为桥头堡建设的新引擎,外向型特色产业基地,对外开放的试验区,产城融合的示范区,科技创新的引领区,绿色发展的样板区。这样一种"先行者"和"试验田"身份,要求新区必须拥有高素质人才。新区人力资本问题主要体现在:第一,人力资源存量不足,对产业结构调整的拉动不明显;第二,人力资源在各产业的分配不均衡;第三,人力资本在新区分布差异颇大。为实现 2020 年 6000 亿元生产总值的目标,实现产业结构的升级,前提就是加大人力资本的投入,增加人力资本存量,要充分意识到在经济落后的地区仅仅只靠物质资本的投资是不可能拉动区域经济的可持续发展的,开发当地人力资源才是帮助落后地区走上经济自立、特色发展的关键。首先,必须加大教育投资力度,普及基础教育与再教育。新区可以开展对员工的义务性培训,提高劳动人员的基本技能与文化素质,使之与产业升级相适应,充分利用现有的人力资源,使第一产业中的就业人员能够成功地向第二、第三产业转化,改变低水平劳动力过剩、高水平劳动者不足等现状。其次,大力发展职业技术教育,注重将职业技术教育与经济可持续发展、产业转型的需要相结合,尤其是要注重培养第一产业职业技术人员,改变农业高投入、低产出的现状,提高第一产业产值,夯实农业的基础性地位。最后,需加强本地高等教育发展,提高高等教育质量与办学水平,为产业升级提供强大后援。

(四)消除城乡二元结构,提高城镇化水平

新区城市化水平为 49.54%,高于云南省(46.69%),但远低于昆明市(72.05%)。分析发现,新区农业人口与非农业人口比重悬殊,这里主要还是农业人口占主体,绝大部分县市区农业人口超过 60%,比如寻甸县非农业人口比重仅为 30.3%。经济社会发展过程中,地区之间技术、资金、劳动生产率之间的差异导致新区存在着严重的"二元经济"现象。首先,新区必须提高农业地位,加大对农业的扶持,引进新的技术,大力发展高原特色农业产业,在每个乡镇上建立专门发展农业的机构,为农民提供及时的市场需求信息以避免盲目生产,为农民提供新的生产技术提高农业产值,促使农民发家致富。大力发展农村的基础设施建设和公共设施,修建水泥马路、路灯,建立方便的交通运输系统,通过政府政策扶持吸引人才,提高教学质量与医疗水平,修建健身场所与休闲娱乐设施等,缩小城乡之间的差距。其次,大力发展小城镇,支持乡镇企业,镇是连接乡与城之间的纽带,一方面可以引进城市新进的生产技术,另一方面可以容纳农村就业人员。支持与发展乡镇企业,使企业规模化,改善乡镇工业园区的基础设施、商业、金融、科技、信息和生活环境的水平,大力发展第二、三产业,将分散化、低水平、低效益的乡镇企业向城镇集中,通过联合、改组、改造以提高规模经济效益,提高城镇吸引企业、资金、人才的能力。最后,最重要的是要废除户籍制度,实行城乡统一登记,户籍管理的目的是为了方便人口的普查、方便维护治安,而不应该是为了控制人口流动,采用以人为管理对象,而不是以户为对象,统一基本的养老保险与医疗保险。

（五）初次分配兼顾公平与效率，调整人口社会结构

通过分析发现新区内部的经济差异十分明显，且主要体现为东、西区之间的差异。西区内部差异在逐年降低，而东区内部差异逐年增加。为2020年同步实现小康，必须初次分配就更加注重公平，强调发展的机会公平、过程公平、结果相对公平，将差异度通过政策调整控制在合理的范围内。第一，协调"新区"东区与西区经济的协同发展。东、西区间差异系数表明，东区与西区经济差异对总体差异的贡献率达到80%以上，虽然有递减趋势，但是它依旧是造成该地区差异大的主要原因。为此，应该采取多种措施促进东、西区经济的协调发展。新区能够聚集大量的资源，在区域总差异不断扩大的前提下，政府在制定政策、分配资源的时候更应当注重公平的原则。政府应加强宏观调控，在滇中产业新区合理分配资源、引进人才、技术等等；扶持东区经济的发展，对东区有更多的政策倾向，类似我国的西部大开发政策，东部、中部扶持西部。在滇中产业新区可以建立东区与西区的"一对一"的经济合作。同时，对进入东区的知识、技术人员实行奖励。最后，还应该加大对东区的基础设施、交通、社会保障、社会福利等的建设，这样才能从根本上留住人才，促进经济的发展。第二，西区内部的经济差异在不断减少，而东区却在不断增加。因此，需要加大政府调控力度，以防差异持续扩大。

二、调整产业结构，实现人口结构效率最大化

（一）优化产业结构，引导人口就业合理流动

新区各县市区普遍存在第一产业就业人口偏多，第二、三产业就业人口比重较低的特征，除了楚雄、安宁之外，其他县区的一产就业比重都超过了50%。这样的就业结构实际上是把人力资源投入到生产效率较差的农产业中，不仅导致了社会劳动生产效率提高的乏力，也不利于促进高效率的现代产业结构的演进和形成。优化产业结构的发展，合理引导就业流动，重中之重就是要促进新区第一产业发展，提高基础性地位。第一产业比重低，产值低，劳动力多。要解决这种高投入，低产出状况，需要因地制宜发展新区特色农业，因地制宜地发展当地农业，比如建立农业专门发展机构，实时把控市场需求，避免盲目生产。可以调整农产品结构，将优质农产品做大做强，建立优势农产

品基地。

其次,以生态产业主义思想为指导,改变第二产业发展方式。云南是一个旅游大省,拥有很好的自然环境。因此,在发展过程中必须更加注重工业的生态化发展,在承接从东部、中部转移过来的工业时,需要严格把关,拒绝重点污染企业迁入,改善迁入企业的发展方式,以保护当地生态环境。同时新区在发展第二产业时需要强调产业之间协调、连接、循环的关系,有效利用产业生产所产生的排放物,创造产业之间的有机连接。

最后,大力发展第三产业,提高第三产业就业人口比重。根据配第—克拉克定律,随着经济发展和人均收入的提高,三次产业生产比重逐步向第三产业集中,相应地,劳动力也从第一产业向第二产业再向第三产业转移,人口就业结构类型从第一产业为主的正三角形,经第二产业就业人口的膨胀型,再向第三产业就业人口比重最大的现代化类型转变,这是人口产业结构变化的一个普遍规律。所以,新区亟须加快第三产业发展步伐,增强吸纳劳动人口的能力。目前新区第三产业中吸纳就业主要以传统服务业为主,但是由于传统服务业对经济增长的拉动力和就业贡献率有限。因此,在大力发掘传统服务业潜力的同时,发展新兴服务业,比如说物流、社区服务等,才能吸纳更多的劳动人口,提高第三产业就业人口比重,降低产业结构偏离度,提高服务业带动就业的能力。

(二)开发银发市场,实现人力资源最优化

针对人口老龄化现象,调整产业结构,前提条件就是需要优化社会保障体系,因为随着时代的进步,老龄人口思想转变,老龄人口并不是不会去享受生活,他们在退休之后也会主动寻找自己感兴趣的活动,不再只满足于吃、穿、住等基本的生活需求,而是在不断地提高自己的生活质量。首先,需要建立完善的养老制度,提供周到的社会医疗保险,为他们追求精神生活提供保障。然后,可以在社区以老养老(就是较年轻的老人来照顾高龄老人,老龄人能够更加理解高龄老人的生活方式、饮食习惯),这样不仅可以为退休老人提供经济来源,还能再次实现其价值。其次,通过政府的引导来扶持银发产业发展,充分发展目前已经存在的银发产业,如与衣、食、住、行相关的产业。老龄人服饰市场其实还存在着很大的发展空间,目前市场上老龄人的衣服款式过于单一,品牌鱼龙混杂,不能真正满足老龄人需求。其实老龄人对衣服的款式、颜色、布料、价格等都是有要求的,只是以营利为目的的企业很少去关注这个老龄人微利行业。可以通过面对面访问的形式,对老龄人进行访问,反馈老龄人对服饰的要求,以最低的成本生产老龄人服饰,满足老龄人口的需求。老龄人饮食行业需要特别注意老龄人的身体状况,避免高热量、高脂肪的食品,针对高血压、高血脂、冠心病、糖尿病等来生产保健食品。可以对老龄人居住房进行现代化改造,最大限度地方便老龄人,在厕所、厨房、楼道等地方设置把手、呼救器等。老龄人出行不仅可以坐公交车,还可以开发像滴滴打车一样的软件,生产一键式按钮实现老人打车,国家可以对搭送老人的出租车实行奖励,或者建立出租车行业信用体系,对搭送老人的出租车司机加信用分。最后,还要进一步开放老龄人思想,引导老龄人消费,发展新兴的银发产业,比如开设老龄人学校、老龄人旅行社、老龄人图书馆专栏、老龄人软件、老龄人电子信息产品,促进第三产业发展,尽最大可能实现人力资源最优化。

参 考 文 献

1.《马克思恩格斯选集》第 1—4 卷，人民出版社 2012 年版。

2.《马克思恩格斯全集》，人民出版社 2006 年版。

3. 白鸽、王胜难、戴瑞明 等：《全面二孩政策下云南省大理州某县居民生育意愿调查》，《医学与社会》2019 年第 3 期。

4. 贝克尔：《对生育率的经济分析》，《经济评论》1985 年第 3 期。

5. 编委会：《新编云南省情》，云南人民出版社 1996 年版。

6. 蔡昉：《未来的人口红利——中国经济增长源泉的开拓》，《中国人口科学》2009 年第 1 期。

7. 蔡昉：《中国的人口红利还能持续多久》，《经济学动态》2011 年第 6 期。

8. 蔡昉：《中国人口与劳动问题报告 NO.7——人口转变的社会经济后果》，社会科学文献出版社 2006 年版。

9. 蔡乐、潘明仁：《陆良县农村已婚育龄妇女生育意愿及影响因素分析》，《中国初级卫生保健》1999 年第 12 期。

10. 曹洪华、闫晓燕、黄剑：《主体功能区人口集聚与布局的研究——以云南省为例》，《西北人口》2008 年第 1 期。

11. 曹绪奇、王蒲生：《深圳产业结构与人口结构相关性分析——同上海的对比》，《经济与社会发展》2009 年第 4 期。

12. 曾毅、张震、顾大男等：《人口分析方法与应用》，北京大学出版社 2011 年版。

13. 陈家华、沈续雷：《关于全国人口发展功能分区的若干思考》，《人口与发展》,2008 年第 5 期。

14. 陈秋红:《环境因素对人口迁移的作用机制分析》,《中国农村观察》2015 年第 3 期。

15. 陈卫、杨胜慧:《中国 2010 年总和生育率的再估计》,《人口研究》2014 年第 6 期。

16. 陈友华:《人口现代化评价指标体系研究》,《中国人口科学》2003 年第 3 期。

17. 戴淑燕、黄新建:《可持续发展协调度的评价方法分析》,《科技与管理》2004 年第 6 期。

18. 邓沛勇、刘毅华:《中国县域单元城镇人口收缩的空间格局及其影响因素分析》,《现代城市研究》2018 年第 3 期。

19. 丁昌慧、蔡辉、祁新辉:《综合效益评价中数据的直线化无量纲化方法》,《中国医院统计》2001 年第 8 期。

20. 丁星妤、杨孟、普志坤等:《SWOT 分析在云南省矿产资源开发利用中的应用》,《中国矿业》2015 年第 4 期。

21. 付丽茹、赵青、罗红兵等:《腾冲县缅甸籍跨境婚姻妇女 HIV 感染及其影响因素研究》,《中国艾滋病性病》2011 年第 3 期。

22. 高吉喜:《可持续发展理论探索——生态承载力理论、方法与应用》,中国环境科学出版社 2001 年版。

23. 高萍:《区域基本公共教育均等化现状、成因及对策——基于全国各省(市、自治区)面板数据的分析》,《宏观经济研究》2013 年第 6 期。

24. 高志刚:《基于组合评价的中国区域竞争力分类研究》,《经济问题探索》2006 年第 1 期。

25. 顾本文、王明、施晓晖:《云南风能资源的特点》,《太阳能学报》2000 年第 1 期。

26. 郭冉、王俊:《世界人口发展趋势和人口转变——理论与现实》,《人口与社会》2019 年第 35 期。

27. 郭秀云:《人口安全研究述评及思考》,《西北人口》2009 年第 30 期。

28. 郭志仪:《主体功能区必须以科学合理的人口分布为基础》,《人口与发展》2008 年第 5 期。

29. 国家人口和计划生育委员会发展规划司:《人口发展功能区研究》,世界知识出版社 2009 年版。

30. 韩海彬、赵丽芬:《教育扩展与教育不平等:中国的实证分析》,《华南师范大学学报(社会科学版)》2012 年第 2 期。

31. 何海林、涂建军、孙祥龙、王娜、林曦:《中国人口结构与经济结构耦合的关联分析》,《西南大学学报》(自然科学版)2013 年第 10 期。

32. 何云玲、李同艳、熊巧利等:《2000—2016 年云南地区植被覆盖时空变化及其对水热因子的响应》,《生态学报》2018 年第 24 期。

33. 洪菊花、骆华松、胡艳花等:《云南人口机会窗口与人口红利收获研究》,《西北人口》2007 年第 4 期。

34. 洪雪花、李作生、杨春伟:《云南湿地的现状和保护对策》,《云南环境科学》2006 年增刊第 1 期。

35. 胡聃、许开鹏等:《经济发展对环境质量的影响——环境库兹涅茨曲线国内外研究进展》,《生态学报》2004 年第 6 期。

36. 胡焕庸:《胡焕庸人口地理选集》,中国财政经济出版社 1990 年版。

37. 胡焕庸:《中国人口之分布——附统计表与密度图》,《地理学报》1935 年第 2 期。

38. 黄维海、袁连生:《1982—2010 年人口受教育水平的增长与 GIS 空间分布特征》,《人口学刊》2014 年第 36 期。

39. 黄祖辉、王鑫鑫、陈志钢、陈佳骊:《人口结构变迁背景下的中国经济增长——基于动态可计算一般均衡模型的模拟》,《浙江大学学报》(人文社会科学版)2014 年第 1 期。

40. 贾立斌:《城乡统筹背景下人口流动对资源与环境的影响》,《安徽农业科学》2012 年第 40 期。

41. 姜全保、果臻、李树苗:《中国未来婚姻挤压研究》,《人口与发展》2010 年第 16 期。

42. 姜全保、梅丽、邵秀军:《中国人口出生性别比的区间估计》,《中国人口科学》2019 年第 2 期。

43. 李斌:《认真贯彻落实十七届五中全会精神促进人口长期均衡发展》,《中国计划生育学杂志》2011 年第 19 期。

44. 李超群、杨文彩、奚琪等:《云南生物产业发展现状研究》,《安徽农业科学》2014 年第 36 期。

45. 李崇阳、陈昭扬、林登标:《欠发达地区可持续发展动态仿真模型研究》,《宁夏工学院学报》(自然科学版)1997 年第 9 期。

46. 李飞越:《老龄化、城镇化与碳排放——基于 1995—2012 年中国省级动态面板的研究》,《人口与经济》2015 年第 4 期。

47. 李建民:《论人口均衡发展的概念与要义》,《人口研究》2010 年第 3 期。

48. 李建民:《论人口均衡发展及其政策涵义》,《人口与计划生育》2010 年第 5 期。

49. 李金海:《区域生态承载力与可持续发展》,《中国人口、资源与环境》2001 年第 11 期。

50. 李龙、陈佳鞠:《马克思主义人口均衡思想及其中国化》,《人口研究》2019 年第 43 期。

51. 李通屏:《人口经济学》,清华大学出版社 2008 年版。

52. 李威:《中国消费不足背后的人口结构因素——基于省际动态面板的实证研究》,《西北人口》2014 年第 1 期。

53. 李文琴:《论人口均衡型社会构建的理论资源》,《陕西师范大学学报》(哲学社会科学版)2013 年第 42 期。

54. 李占峰、宋旭光:《辽宁人口发展功能区划分的定量研究》,2009 年第 3 期。

55. 李志群、陈耀光、李伟中等:《云南省矿产资源主要矿种及其可持续发展探讨》,《矿业快报》2004 年第 12 期。

56. 李仲生:《欧美人口经济学说史》,世界图书出版公司 2013 年版。

57. 李仲生:《人口经济学》,清华大学出版社 2006 年版。

58. 刘传江:《科学发展观视角的区域人口发展规划与大人口政策》,《人口与发展》2008 年第 5 期。

59. 刘东霞、张兵兵、卢欣石:《草地生态承载力研究进展与展望》,《中国草地学报》2007 年第 29 期。

60. 刘冬梅、施济普、李俊生等:《西南生态安全屏障战略视阈下云南生物多样性保护对策》,《环境与可持续发展》2017 年第 6 期。

61. 刘辉煌、李子豪:《中国人口老龄化与碳排放的关系——基于因素分解和动态面板的实证分析》,《山西财经大学学报》2012 年第 1 期。

62. 刘某承、李文华、谢高地:《基于净初级生产力的中国生态足迹产量因子测算》,《生态学杂志》2010 年第 29 期。

63. 刘珊珊、王建雄、牛超杰等:《基于 NDVI 的云南省植被覆被变化趋势分析》,《湖北农业科学》2017 年第 11 期。

64. 刘亦晴、胡鹏:《中西部地区人才流失:一个文献综述》,《企业活力》2011 年第 1 期。

65. 刘玉萍、郭郡郡、刘成玉:《人口因素对 CO_2 排放的影响——基于面板分位数回归的实证研究》,《人口与经济》2012 年第 3 期。

66. 娄峰、侯慧丽:《基于国家主体功能区规划的人口空间分布预测和建议》,《中国人口·资源与环境》2012 年第 22 期。

67. 陆杰华、黄匡时:《关于构建人口均衡型社会的几点理论思考》,《人口学刊》2010 年第 5 期。

68. 陆杰华、朱荟:《建设人口均衡型社会的现实困境与出路》,《人口研究》2010 年第 4 期。

69. 罗淳、吕昭河:《中国东西部人口发展比较研究》,中国社会科学出版社 2007 年版。

70. 罗淳、庆红、戴琼瑶:《"单独二孩"政策实施与云南人口发展预期研究》,《中国人口科学》2014 年第 3 期。

71. 罗平:《欠发达地区均衡人口发展研究》,经济科学出版社 2016 年版。

72. 吕昭河:《"教育抽水机"假说引发的思考——兼论农村教育发展问题》,《中国人口科学》2010 年第 5 期。

73. 吕昭河:《人口资源合计与可持续发展研究——云南案例》,中国社会科学出版社 2008 年版。

74. 吕昭河:《云南未来人口发展预测及经济影响》,《云南民族大学学报》(哲学社会科学版)2005 年第 2 期。

75. 马力、桂江丰:《以科学发展为主导构建人口均衡型社会》,《人口研究》2010 年第 5 期。

76. 马莉萍、刘彦林、罗乐:《高校毕业生返乡就业的性别差异:趋势与特点》,《教育与经济》2017 年第 1 期。

77. 毛中根、孙武福、洪涛:《中国人口年龄结构与居民消费关系的比较分析》,《人口研究》2013 年第 37 期。

78. 茆长宝、陈勇:《人口内部均衡发展研究——以西部地区为例》,《人口研究》2011 年第 1 期。

79. 穆光宗:《国家人口发展功能区规划之评价》,《人口与发展》2008 年第 14 期。

80. 穆光宗:《人口优化论:实现人口长期均衡发展的必由之路》,《人口研究》2008 年第 3 期。

81. 倪红福、李善同、何建武:《人口结构变化对经济结构的影响——基于投入产出模型的分析》,《劳动经济研究》2014 年第 3 期。

82. 潘文良:《生物产业领航云南绿色发展》,云南省第四届生态文明与生态经济学术大会会议论文。

83. 彭松建:《西方人口经济学概论》,北京大学出版社 1987 年版。

84. 彭松建:《伊斯特林有关生育供给与需求分析理论》,《中国人口科学》1989 年第 4 期。

85. 彭希哲、朱勤:《我国人口态势与消费模式对碳排放的影响分析》,《人口研究》2010 年第 1 期。

86. 钱谷平:《云南水资源现状及可持续利用》,《云南农业科技》2009 增刊第 1 期。

87. 秦中春:《中国未来人口变化的三大转折点预测——基于年龄移算人口预测模型的分析》,《区域经济评论》2013 年第 5 期。

88. 邱东:《我国资源、环境、人口与经济承载能力研究》,经济科学出版社 2014 年版。

89. 人口长期均衡发展课题组:《以科学发展为主导,构建人口均衡型社会》,《人口研究》2010 年第 5 期。

90. 阮荣平、郑风田:《"教育抽水机"假说及其检验》,《中国人口科学》2009 年第 5 期。

91. 沈可、史倩:《人口结构与家庭规模对生活能源消费的影响——基于中国省级面板数据的实证研究》,《人口研究》2018 年第 6 期。

92. 生态屏障、功能区划与人口发展课题组:《科学界定人口发展功能区促进区域人口与资源环境》,《人口研究》2008 年第 3 期。

93. 石雅茗、刘爽:《中国出生性别比的新变化及其思考》,《人口研究》2015 年第 39 期。

94. 苏智先、王仁卿:《生态学概论》,高等教育出版社 1983 年版。

95. 孙百才、刘云鹏:《中国地区间与性别间的教育公平测度:2002—2012年——基于人口受教育年限的基尼系数分析》,《清华大学教育研究》2014 年第 3 期。

96. 佟新:《人口社会学》,北京大学出版社 2010 年版。

97. 童玉芬:《国外人口与环境关系研究的理论与方法综述》,《中国人口·资源与环境》2004 年第 5 期。

98. 童玉芬:《人口承载力研究的演进、问题与展望》,《人口研究》2012 年第 5 期。

99. 涂平:《我国出生婴儿性别比问题探讨》,《人口研究》1993 年第 1 期。

100. 王桂新、潘泽瀚、陆燕秋:《中国省际人口迁移区域模式变化及其影响因素》,《中国人口科学》2012 年第 5 期。

101. 王桂新、潘泽瀚:《中国人口迁移分布的顽健性与胡焕庸线》,《中国人口科学》2016 年第 1 期。

102. 王金营、戈艳霞:《全面二孩政策实施下的中国人口发展态势》,《人口研究》2016 年第 6 期。

103. 王金营、顾瑶:《建设人口均衡型社会:条件、问题及对策》,《人口研究》2011 年第 1 期。

104. 王金营、杨磊:《中国人口转变、人口红利与经济增长的实证》,《人口学刊》2010 年第 5 期。

105. 王军平:《中国人口发展指数研究》,《人口学刊》2010 年第 2 期。

106. 王俊祥:《孩子的价值及对孩子数量、素质和性别的选择》,《中国人口科学》1990 年第 2 期。

107. 王露、杨艳昭、封志明等:《基于分县尺度的 2020—2030 年中国未来人口分布》,《地理研究》2014 年第 2 期。

108. 王钦池:《基于非线性假设的人口和碳排放关系研究》,《人口研究》2011 年第 35 期。

109. 王钦池:《促进人口均衡发展　建设人口均衡型社会——中国人口与发展咨询会(2010)观点综述》,《人口与计划生育》2010 年第 7 期。

110. 王颖、黄进、赵娟莹等:《人口长期均衡发展及其评价监测模型的构建与应用》,《中国人口·资源与环境》2011 年第 4 期。

111. 王颖、倪超:《人口结构转变、经济增长与人口红利的实证分析》,《统计与决策》2014 年第 12 期。

112. 王颖、佟健、蒋正华:《人口红利、经济增长与人口政策》,《人口研究》2010 年第 5 期。

113. 韦静、曾维华:《生态承载力约束下的区域可持续发展的动态模拟——以博鳌特别规划区为例》,《中国环境科学》2009 年第 3 期。

114. 武永生:《人口老龄化的经济效应研究综述》,《西北人口》2011 年第 32 期。

115. 肖子华:《建设"人口均衡型社会"统筹解决人口问题——人口学会年会暨"人口均衡型社会"建设研讨会综述》,《人口与计划生育》2010 年第 9 期。

116. 谢高地、曹淑艳:《生态足迹方法作为生态系统评估工具的潜力》,《资源科学》2006 年第 4 期。

117. 邢婷、郑有飞、朱勇等:《云南风能资源及其开发利用研究进展》,《气象与环境科学》2013 年第 4 期。

118. 徐宏、李明:《试论区域竞争力评价指标体系的构建》,《特区经济》2005 年第 5 期。

119. 严登才、施国庆:《人口流动对农村水环境的影响——以皖南 M 村为例》,《绿叶》2009 年第 12 期。

120. 严维青:《关于"人口均衡型社会"的理论思考》,《攀登》2011 年第 1 期。

121. 杨舸:《日、韩、印人口结构变动趋势及给中国的启示》,《北京社会科学》2013 年第 4 期。

122. 杨筠、付耀华:《人口安全视域下的婚姻挤压问题研究——以云南省 7 个人口较少民族为例》,《西南民族大学学报》(人文社科版)2016 年第 3 期。

123. 杨寿川:《云南矿业开发史》,社会科学文献出版社 2014 年版。

124. 杨晓兰:《桥头堡建设战略下中缅边民跨境婚姻管理创新探索》,《云南财经大学学报》2011 年第 4 期。

125. 杨育华、杨洪福、段燕楠等:《云南省水生态现状及其保护对策》,《环境科学导刊》2019 年增刊第 1 期,

126. 杨云彦:《试论人口、资源与环境经济理论的演进与融合》,《生态经济》1999 年第 6 期。

127. 姚继军:《中国教育平等状况的演变——基于教育基尼系数的估算》,《教育科学》2009 年第 1 期。

128. 叶琪:《区域竞争力评价指标体系的国内外研究综述》,《福建师范大学学报》,哲学社会科学版 2008 年第 1 期。

129. 易昕:《人口老龄化对中国产业结构变化影响研究——基于 2000—2012 年省级面板数据的实证分析》,《商业经济研究》2015 年第 3 期。

130. 尹文耀、尹星星、颜卉:《从六十五年发展看胡焕庸线》,《中国人口科学》2016 年第 1 期。

131. 于琦:《中西部高校人才流失的现状、原因及对策——基于人本原理的视角》,《人力资源管理》2017 年第 6 期。

132. 于学军、翟振武、杨凡等:《为什么要建设"人口均衡型社会"?》,《人口研究》2010 年第 3 期。

133. 袁蓓、郭熙保:《人口老龄化对经济增长影响研究评述》,《经济学动态》2009 年第 11 期。

134. 原新、刘厚莲:《中国人口红利真的结束了吗?》,《人口与经济》2014年第6版。

135. 原新、唐家龙:《四种竞争与环境可持续性》,《中国人口·资源与环境》2000年第1期。

136. 原新:《对低生育率水平与人口安全的思考》,《学海》2005年第6期。

137. 原新:《对我国出生性别比失衡人口规模的判断》,《人口研究》2007年第6期。

138. 原新:《可持续适度人口的理论构想》,《人口与经济》1999年第4期。

139. 翟振武、明艳:《定义"人口安全"》,《人口研究》2005年第3期。

140. 翟振武、杨凡:《解决人口问题本质上是追求人口均衡发展》,《人口研究》2010年第3期。

141. 张车伟、王智勇:《中国人口合理分布研究——人口空间分布与区域协调发展》,中国社会科学出版社2015年版。

142. 张车伟:《树立新的人口观 实现人口均衡协调发展》,《人口与计划生育》2010年第5期。

143. 张俊良、郭显超:《人口长期均衡发展研究——理论与实证》,西南财经大学出版社2015版。

144. 张维庆:《关注人口安全,促进协调发展》,《人口与计划生育》2003年第12期。

145. 张延玲、朱清海:《人口流动对城乡生态环境和谐的影响研究——以安徽省为例》,《西北人口》2015年第4期。

146. 张耀军、陈伟、张颖:《区域人口均衡:主体功能区规划的关键》,《人口研究》2010年第4期。

147. 张翼:《人口结构调整与人口均衡型社会的建设》,《中国特色社会主义研究》2010年第6期。

148. 赵春燕:《人口红利、结构红利与区域经济增长差异》,《西北人口》2018年第39期。

149. 赵庆丽、方豪、吴政声等:《云南新能源电力发展空间及布局研究》,《云南电力技术》2015年第3期。

150. 赵士洞、王礼茂:《可持续发展的概念和内涵》,《自然资源学报》1996年第 3 期。

151. 周海生、战焰磊:《人口结构和产业结构的互动影响与协调思路——以南京市为例》,《技术经济与管理研究》2013 年第 2 期。

152. 周树平:《劳动力的无限供给与农民工短缺》,《人口与经济》2006 年第 1 期。

153. 朱勤、魏涛远:《居民消费视角下人口城镇化对碳排放的影响》,《中国人口·资源与环境》2013 年第 11 期。

154. Retherford R.D.,Choe M.K.,Jiajian C.等:《中国的生育率:到底下降了多少?》,《人口研究》2004 年第 4 期。

155. [美]V.奥斯特罗姆:《制度分析与发展的反思——问题与抉择》,王诚等译,商务印书馆 1992 年版。

156. [美]赫尔曼·E.戴利:《超越增长:可持续发展的经济学》,诸大建译,上海译文出版社 2001 年 9 月版。

157. [美]加里·贝克尔:《人类行为的经济分析》,王业宇、陈琪译,上海三联书店 1995 年版。

158. [美]泰格、列维:《法律与资本主义的兴起》,纪琨译,学林出版社 1996 年版。

159. [英]E.库拉,《环境经济学思想史》,谢扬举译,世纪出版集团、上海人民出版社 2007 年版。

160. Cohen,Joel E.,"Population Growth and Earth's Human Carrying Capacity".*Sciences*,1995. 269(21).

161. Daily G.C. and Ehrlich, P.R., "Population, Sustainability and Earth's Carrying Capacity".*BioScience*,1992. 42(10).

162. Graham Haughton, "Environmental Justice and theSustainable City". Journal of Planning Education and Research,1999. 8(3).

163. Hardin G., "Cultural Carrying Capacity:a Biological Approach to Human Problems".*BioScience*,1986. 36(9).

164. Hardin G.,"Paramount Positions in Ecological Economics In R.Costsn-

za", *Ecological Economics : The Science and Management of Sustainability*, Columbia University, 1991.

165. Irmi Seidl and Clem A. Tisdell, "Carrying capacity reconsidered : from Malthus'population theory to cultural carrying capacity". *Ecological Economics*, 1999. 31(3).

166. Pearl, R.and Reed L.S., "On the Rate of Growth of the Population of the US since 1790 and its Mathematical Representation". *Proceedings of the National Academy of Sciences*, 1920. 6.

167. Rees W., "Ecological footprint and appropriated carrying : what urban economics leaves out". *Environment and Urbanization*, 1991. 4(2).

168. Taylor A.M., Williamson J.G., "Convergence in the age of mass migration". *European Review of Economic History*, 1997. 1(1).

169. Toth G., Szigeti, Cecília, "The historical ecological footprint : From over-population to over-consumption". *Ecological indicators*, 2016. 60(jan.).

170. Wackernagel M., Rees W., "*Our Ecological Footprint : Reducing Human Input on the earth*".Gabriela Island : New Society Publishes, 1996.

171. Wackernagel M., Rees W., "Perceptual and structural barriers toinvesting in natural capital : economics from an ecological foot-print perspective". *Ecological Economics*, 1997. 20(1).

172. Zuo Xuejin, Yang Xiaoping, "The Long-term Impact on the Chinese Economy of an Aging Population". *Social Sciences in China*, 2009.(1).

后　记

　　均衡人口是当下人口理论与人口实践领域的新的热点,是根据中国人口社会经济发展的情势变化,从人口系统特征角度构建的对人类人口行为价值与意义解读新的概念体系。这一新生理论架构与概念体系的解释、分析与批判性思维,将有助于推进我国人口理论的发展,也有助于为中国人口实践提供新的理论解释。就区域层面而言,人口特征具有更强的可变性和可塑性,人口与社会经济的发展也更多地受到区域外因素的影响。如何根据区域发展的需求,通过均衡人口系统特征的构建和调试来匹配其他社会经济要素特征并推动整个社会健康、持续发展是一个值得深入探讨的理论问题,也是解决人口与资源、环境、经济现实矛盾的可行途径。基于均衡人口问题的重大理论意义和现实价值,本书作者所组成的研究团队在长期关注人口均衡发展以及人口与经济、环境、社会等协调关系问题的理论与实证研究基础上促成了本书的问世。

　　本书的研究内容是在云南省哲学与社会科学研究创新团队(人口转变与云南人口发展)首席专家吕昭河教授和团队成员徐晓勇副研究员、晏月平教授承担的相关项目研究成果的基础上凝练而成。本书也是集体智慧的结晶,各章的完成人如下:第一章,徐晓勇;第二章,徐晓勇、王娜;第三章,徐晓勇、吕昭河;第四章,徐晓勇、王树;第五章,徐晓勇、吕昭河、王树;第六章,晏月平、廖爱娣。部分章节内容已在学术期刊上公开发表。

　　本书的撰写和出版得到了云南大学人口学学科带头人罗淳教授的大力支持与指导;陈丹、熊清雨、尹琦琦等研究生在数据收集、图表设计、文字校对等方面做了大量的工作;在出版过程中得到了"云南大学一流大学国家级智库建设项目"的资助,得到了云南大学晏月平教授主持的"一流大学建设创新团队项目"的资助和支持;此外,人民出版社侯俊智老师、程露老师在本书的出版过程中也倾注了大量的心血,在此一并表示感谢。由于水平和能力有限,书中的错误和疏漏一定不少,请读者予以批评指正。

2020 年 6 月 23 日
于云南大学东陆园